Die Qualifikationsproblematik im deutschen Recht der Doppelbesteuerungsabkommen

Europäische Hochschulschriften

Publications Universitaires Européennes
European University Studies

Reihe II
Rechtswissenschaft

Série II Series II
Droit
Law

Bd./Vol. 3369

PETER LANG
Frankfurt am Main · Berlin · Bern · Bruxelles · New York · Oxford · Wien

Anton Chebounov

Die Qualifikationsproblematik im deutschen Recht der Doppelbesteuerungsabkommen

PETER LANG
Europäischer Verlag der Wissenschaften

Die Deutsche Bibliothek - CIP-Einheitsaufnahme

Chebounov, Anton:

Die Qualifikationsproblematik im deutschen Recht der Doppelbesteuerungsabkommen / Anton Chebounov. - Frankfurt am Main ; Berlin ; Bern ; Bruxelles ; New York ; Oxford ; Wien : Lang, 2002
(Europäische Hochschulschriften : Reihe 2, Rechtswissenschaft ; Bd. 3369)
Zugl.: Augsburg, Univ., Diss., 2001
ISBN 3-631-38730-X

D 384
ISSN 0531-7312
ISBN 3-631-38730-X

www.peterlang.de

Inhaltsverzeichnis

Abkürzungsverzeichnis 11

A. Einleitung 15

I. Problemstellung 15
II. Untersuchungsgegenstand und Ziele der Arbeit 18
III. Gang der Arbeit 19

B. Wesen und Struktur des deutschen Internationalen Steuerrechts. Qualifikation im Internationalen Steuerrecht 23

I. Doppel- und Minderbesteuerung 24
1. Begriff und Entstehung 24
2. Methoden zur Vermeidung von Doppel- und Minderbesteuerung 26
II. Das Recht der DBA 28
1. Charakter der DBA 28
2. Aufbau der DBA 29
a) Anwendungsbereich 29
b) Regelungen 31
c) Rechtsfolgen 32
3. Ziele der DBA 35
III. Die Bedeutung der Qualifikation im Internationalen Steuerrecht und im Internationalen Privatrecht 36
1. Unterschiede und Gemeinsamkeiten von Internationalem Privatrecht und Internationalem Steuerrecht 36
a) Wechselseitige Beziehung von Zivilrecht und Steuerrecht 36
b) Essentielle Unterschiede zwischen den Kollisionsnormen des IPR und den Verzichtsnormen des Internationalen Steuerrechts 38
2. Lösungsmöglichkeiten für Qualifikationskonflikte im IPR 40
3. Die Rolle der Qualifikation im Internationalen Steuerrecht 41

C. Die Auslegung als Auftakt der Konfliktentstehung im Recht der Doppelbesteuerungsabkommen 45

I. Die Grundsätze der Auslegung von DBA 45
1. Qualifikation als Auslegungsproblem 45
2. Die eigenständige Begriffswelt der DBA 46
3. Die Auslegungsanweisung des Art. 3 Abs. 2 OECD-MA 49
II. Die Auslegung der DBA unter Berücksichtigung ihrer Begriffsdefinitionen 51
1. Die Subjekte und das Verfahren der Abkommensauslegung 51
2. Die in den DBA definierten Ausdrücke bzw. Definitionsverweise 54
3. Fehlende Bestimmtheit des zur Konkretisierung berufenen Staates 55
a) Die weniger umstrittenen Fälle 55
b) Abkommensberechtigung der Gesellschaften 56
c) Dividendenproblematik 59
4. Unterschiedliche Bedeutung in verschiedenen Rechtsbereichen 62
III. Die Auslegung aus dem Sinnzusammenhang der DBA 64
1. Die Auslegungsreihenfolge im Hinblick auf Art. 3 Abs. 2 OECD-MA 64
2. Die Methoden der Auslegung von DBA 67
a) Die grammatische Auslegungsmethode 68
b) Die systematische Auslegungsmethode 70
c) Die teleologische Auslegungsmethode 71
d) Die historische Auslegungsmethode 73
e) Die Heranziehung von Parallelabkommen 74
f) Der Grundsatz der Entscheidungsharmonie 75
IV. Die Auslegung nach Maßgabe des innerstaatlichen Rechts 76
1. Der Streit um die Stellung des Rückgriffs innerhalb der Auslegungsreihenfolge 76
2. Qualifikationskonflikte beim Auslegungsrückgriff 80

D. Ursachen und Auswirkungen der Qualifikationskonflikte 83

I. Die mit der Abkommensauslegung nicht verbundenen Qualifikationskonflikte 83
1. Konflikte außerhalb der Abkommensanwendung 83
a) Konflikte bei der Ermittlung der Einkünfte 85

b) Konflikte bei der Zurechnung des Steuerobjekts ______ 87
2. Subsumtionskonflikte bei der Einordnung eines Sachverhalts 89
II. Die mit der Auslegung der DBA verbundenen Qualifikationskonflikte ______ 92
1. Qualifikationskonflikte bei der Auslegung nach Maßgabe des DBA-Wortlauts ______ 93
a) Die Behandlung der Personengesellschaften nach Art. 3 Abs. 2 lit. b) OECD-MA ______ 94
1) Überblick über die Unterschiede bei der Besteuerung von Personengesellschaften ______ 94
2) Zusammentreffen von Transparenz- und Subjektbesteuerung im DBA-Sachverhalt ______ 96
3) Probleme bei Dreiecksbeziehungen ______ 99
b) Ansässigkeitsproblematik nach Art. 4 OECD-MA ______ 101
1) Allgemeine Merkmale der Ansässigkeit ______ 101
2) Streitfall ______ 103
c) Steuerliche Behandlung von Dividendeneinkünften ______ 105
1) Problemstellung ______ 105
2) Lösungsmöglichkeiten ______ 106
2. Qualifikationskonflikte bei der Auslegung aus dem DBA-Sinnzusammenhang ______ 108
a) Die Ursachen für die Auslegungsdivergenzen ______ 108
1) Rechtspolitische Gründe ______ 108
2) Zwischenstaatliche Meinungsverschiedenheiten ______ 111
3) Das Problem der Lösbarkeit ______ 112
b) Die Auslegung aus dem Sinnzusammenhang in einigen Konfliktfällen ______ 113
1) Qualifikationskonflikte bei Sondervergütungen ______ 114
aa) Lösungsvorschläge des OECD-Steuerausschusses 114
bb) Auslegung aus dem Zusammenhang als alternative Lösung ______ 116
2) Veräußerung von Anteilen an Personengesellschaften 118
aa) Auffassung des OECD-Steuerausschusses ______ 118
bb) Auslegung aus dem Sinnzusammenhang als konfliktfreie Lösungsvariante ______ 119
c) Folgeprobleme im Hinblick auf Art. 23 A und B OECD-MA ______ 122
1) Die Auffassung der Autoren des OECD-Berichts ______ 122
2) Kritik an dem OECD-Vorschlag ______ 124
aa) Rücksicht auf Wortlaut und Sinnzusammenhang 124

bb) Art. 23 OECD-MA als „subject-to-tax“-Klausel? 125
cc) OECD-Vorschlag und Qualifikationskonflikte 126
III. Die Qualifikationskonflikte bei der abkommenskonformen Heranziehung des nationalen Rechts nach Art. 3 Abs. 2 OECD-MA 128
1. Parallele zu den mit der DBA-Auslegung verbundenen Qualifikationskonflikten 128
2. Qualifikationskonflikte bei der Anwendung von nationalen Missbrauchsvorschriften 131
a) Die Ausführungen des BFH 132
b) Die Folgen des BFH-Urteils für grenzüberschreitende Sachverhalte 134
1) Steuerliche Behandlung aus deutscher Sicht 134
2) Behandlung auf der Abkommensebene und Entstehung eines Qualifikationskonflikts 135
3) Steuerliche Behandlung im Ausland und Auswirkungen des Qualifikationskonflikts 136

E. Lösungsvorschläge unter Berücksichtigung der Systematik der Qualifikationskonflikte 139

I. Abkommensanwendung im Einklang mit der Auslegungsrichtlinie des Art. 3 Abs. 2 OECD-MA 140
1. Richtige Auslegungsreihenfolge 140
2. Die Bindung des Quellenstaates an die Qualifikation des Sitzstaates 142
3. Anwendbarkeit der Auslegungsrichtlinie des Art. 3 Abs. 2 OECD-MA in der Praxis 144
a) Die Frage der Durchsetzbarkeit 144
b) Grundsätzliche Geeignetheit der vorgeschlagenen Auslegungsmethode für die Lösung der Qualifikationsprobleme 146
II. Das Verständigungsverfahren 147
1. Die Grundsätze der Verständigung 147
2. Rechtsanspruch auf Durchführung eines Verständigungsverfahrens? 149
3. Die Rechtsfolgen einer Verständigungsvereinbarung 152
4. Praktische Anwendbarkeit eines Verständigungsverfahrens für die Lösung der Qualifikationskonflikte 153
a) Die Problematik der Durchführbarkeit 153
b) Eignung für die Lösung der Qualifikationskonflikte 154
III. Andere Lösungsmöglichkeiten 154

1. Schiedsverfahren 154
a) Schiedsklauseln in einzelnen DBA 154
b) EG-Schiedsverfahrenskonvention 155
c) Würdigung 157
2. Switch-Over-Klausel in Art. 23 A Abs. 4 OECD-MA 158
3. Die Konkretisierung der Auslegungsrichtlinie des Art. 3 Abs. 2 OECD-MA 160

F. Schlussbetrachtung 163

I. Die Auslegung als Auftakt der Qualifikation und der Qualifikationskonflikte bei der Abkommensanwendung 163
II. Die Systematik der Qualifikationskonflikte 164
III. Die Bedeutung der systematischen Betrachtungsweise für die Lösung der Qualifikationskonflikte 166

Literaturverzeichnis 167

Abkürzungsverzeichnis

aaO.	am angegebenen Ort
Abs.	Absatz
AG	Aktiengesellschaft
AO	Abgabenordnung
Art.	Artikel
AStR	Außensteuerrecht
AWD	Außenwirtschaftsdienst (Z)
BB	Betriebs-Berater (Z)
Bd.	Band
BFH	Bundesfinanzhof
BFHE	Sammlung der Entscheidungen des Bundesfinanzhofs
BGB	Bürgerliches Gesetzbuch
BGBl.	Bundesgesetzesblatt
BGH	Bundesgerichtshof
BIFD	Bulletin for International Fiscal Documentation (Z)
BMF	Bundesminister der Finanzen
BStBl.	Bundessteuerblatt
BT-Drucks.	Bundestagsdrucksache
BVerfG	Bundesverfassungsgericht
BVerfGE	Entscheidungen des Bundesverfassungsgerichts
DB	Der Betrieb (Z)
DBA	Doppelbesteuerungsabkommen
d.h.	das heißt
DM	Deutsche Mark
DStR	Deutsches Steuerrecht (Z)
DStZ	Deutsche Steuer-Zeitung (Z)
DStZ/A	Deutsche Steuer-Zeitung Ausgabe A
Einf.	Einführung
Einl.	Einleitung
ErbStG	Erbschaftsteuer- und Schenkungsteuergesetz
ESt	Einkommensteuer
EStG	Einkommensteuergesetz
EStR	Einkommensteuer-Richtlinien
f./ff.	folgende(r)/fortfolgende

FGO	Finanzgerichtsordnung
Fn.	Fußnote
FR	Finanz-Rundschau (Z)
FS	Festschrift
GbR	Gesellschaft bürgerlichen Rechts
GG	Grundgesetz
ggf.	gegebenenfalls
GmbH	Gesellschaft mit beschränkter Haftung
GmbHR	GmbH-Rundschau (Z)
GrS	Großer Senat
HGB	Handelsgesetzbuch
h. M.	herrschende Meinung
Hrsg.	Herausgeber
IPR	Internationales Privatrecht
i.S.	im Sinne
IStR	Internationales Steuerrecht (Z)
i.V.m.	in Verbindung mit
JbFfSt	Jahrbuch der Fachanwälte für Steuerrecht
KG	Kommanditgesellschaft
KStG	Körperschaftsteuergesetz
LG	Landesgericht
lit.	litera, Buchstabe
m.w.H.	mit weiteren Hinweisen
Nr.	Nummer
NWB	Neue Wirtschaftsbriefe (Z)
OECD	Organization for Economic Cooperation and Development
OECD-MA	OECD-Musterabkommen
OECD-MK	OECD-Musterkommentar
OHG	Offene Handelsgesellschaft
OLG	Oberlandesgericht
R	Richtlinie
RFH	Reichsfinanzhof
RG	Reichsgericht
RGBl.	Reichsgesetzesblatt
RIW	Recht der Internationalen Wirtschaft
Rn.	Randnummer
RStBl.	Reichssteuerblatt
S.	Seite
sog.	sogenannte(r)
StbJb	Steuerberater-Jahrbuch

StBp	Die steuerliche Betriebsprüfung
StuW	Steuer und Wirtschaft (Z)
SWI	Steuer & Wirtschaft International (Z)
Tz.	Textziffer
u.a.	unter anderem / und andere
v.	vom/von
vgl.	vergleiche
Z	Zeitschrift
z.B.	zum Beispiel
z.T.	zum Teil

A. Einleitung

I. Problemstellung

Grenzüberschreitende wirtschaftliche Aktivitäten von Unternehmen und Privatpersonen ziehen stets umfangreiche steuerliche Folgen nach sich. Diese Folgen sind zweiseitig, d.h. sie treten sowohl im Ansässigkeitsstaat (Heimatstaat des international agierenden Steuersubjekts) auf als auch in dem jeweiligen ausländischen Staat, in welchem die Tätigkeiten dieses Steuerpflichtigen entfaltet werden. Dabei wird jede Form der wirtschaftlichen Betätigung in beiden Ländern steuerlich registriert. Da sich die Steueransprüche des Ansässigkeitsstaates im Einklang mit dem allgemein anerkannten und weit verbreiteten Prinzip der unbeschränkten Steuerpflicht auf das gesamte Welteinkommen des jeweiligen Steuerinländers erstrecken[1], dessen Einkünfte jedoch häufig nicht nur aus den Quellen in seinem Heimatstaat stammen, kollidiert die Abgabenhoheit des Ansässigkeitsstaates mit den eventuellen Steueransprüchen der Staaten, aus welchen der betroffene Steuerpflichtige (dort als Steuerausländer betrachtet) ebenfalls Einkünfte bezieht. Diese jeweils anderen Staaten, im allgemeinen als Quellenstaaten bezeichnet, können auch nicht ohne weiteres auf ihre durch die nationalen Rechtsordnungen begründeten Steueransprüche bezüglich der Steuergüter verzichten, die in ihrem Hoheitsgebiet erwirtschaftet werden.

Um die sich aus einer derartigen Überschneidung von steuerlichen Kompetenzen ergebenden Nachteile für die Steuerpflichtigen und die beteiligten Staaten zumindest abzumildern, werden schon seit mehreren Jahrzehnten in der internationalen Praxis bilaterale zwischenstaatliche Abkommen zur Vermeidung der Doppelbesteuerung auf dem Gebiet der Steuern vom Einkommen und vom Vermögen (DBA) abgeschlossen. Von großen internationalen Organisationen werden mittlerweile sogar allgemeine Musterformulierungen für solche Verträge ausgearbeitet. Besonders bekannt und beachtenswert sind das OECD-Musterabkommen, das seit 1963 eine Grundlage für die meisten DBA zwischen den OECD-Staaten darstellt[2], und das UN-Musterabkommen[3], welches seit 1980 insbesonde-

1 Die Rechtsgrundlage hierfür ist im deutschen Steuerrecht z.B. § 1 Abs. 1 Satz 1 EStG.

2 Das OECD-MA wird fortwährend revidiert, die letzte umfassende Revision hat im Jahr 2000 stattgefunden.

3 Aktuelle Darstellung bei *Krabbe*, IStR 2000, S. 618 ff.

re für die Verhandlungen anlässlich der DBA-Abschlüsse zwischen Industriestaaten und Entwicklungsländern empfohlen ist.

Dank dieser zwischenstaatlichen Bemühungen hat sich ein besonderes Rechtsgebiet herauskristallisiert – das Internationale Steuerrecht. Die DBA sind ein wichtiger Teil dieses Rechtsgebiets. Wie auch in jedem anderen großen Rechtsgebiet, existiert hier eine Vielzahl von Problemkreisen, die mit der Komplexität und Vielschichtigkeit des Internationalen Steuerrechts zusammenhängen. Diese Problemkreise werden von verschiedenen Staaten unterschiedlich aufgefasst und mit unterschiedlicher Intensität erforscht. Die Bundesrepublik Deutschland zählt zu den Ländern, in denen die Problematik des Internationalen Steuerrechts und insbesondere des DBA-Rechts schon seit langem sehr vertieft und vielseitig diskutiert wird. Als einer der bedeutendsten Industriestaaten verfügt sie über ein dichtes „DBA-Netz", zum Stichtag 01.01.2000 hatte Deutschland fast 80 DBA mit Ländern von verschiedenstem wirtschaftlichen Entwicklungsstand abgeschlossen[4]. Die deutsche Finanzverwaltung und die höchstrichterliche Rechtsprechung beschäftigen sich seit Jahrzehnten mit komplizierten Fragen der DBA-Anwendung. Allein der Bundesfinanzhof (BFH) hat zur Mitte der 90-er Jahre bereits über 400 begründete Entscheidungen zu diversen Fragen der DBA getroffen[5]. Auch die wissenschaftlichen Abhandlungen im Zusammenhang mit der DBA-Thematik füllen zur Zeit Bände.

Dennoch wirft die Abkommensanwendung immer wieder neue Fragen auf, die nicht in jedem Fall eindeutig beantwortet werden können. Diese Fragen entstammen häufig der Problematik der DBA-Auslegung. Die Auslegung, die Sinnermittlung der Abkommensbestimmungen hat bekanntlich essentielle Bedeutung für die richtige Abkommensanwendung. DBA-Normen können nur dann zutreffend auf einen wirtschaftlichen Vorgang angewandt werden, wenn sich der Anwenderstaat über den Wesensgehalt der Regelungen im Klaren ist. Daher stellt die Auslegung gewissermaßen den Auftakt für die Abkommensanwendung dar. Die Ergebnisse der Auslegung bilden die Grundlage für die juristisch bedeutsame Qualifikation eines rechtlich relevanten Vorgangs. Aufgrund dieser juristischen Qualifikation wird das Geschehene in entsprechender Weise steuerrechtlich eingeordnet.

Verlaufen die Auslegung und schließlich die entsprechende juristische Qualifizierung im Rahmen einer nationalen Rechtsordnung, so sind sie verständlicherweise von den Prämissen des jeweiligen innerstaatlichen Rechtsdenkens geprägt. Die für die weitere Rechtsanwendung ausschlaggebende Qualifikation beruht in diesem Fall gleichsam auf dem Fundament des jeweiligen nationalen Rechtsver-

4 Vgl. BMF IV D 3 – S 1300 – 219/99, BStBl. I 2000, S. 37 ff.

5 Vgl. *Wassermeyer* in: FS 75 Jahre Reichfinanzhof-Bundesfinanzhof, S. 642.

ständnisses. Diese für jeden Staat selbstverständliche und an sich korrekte Vorgehensweise birgt indessen die Gefahr beachtlicher konfliktvoller Divergenzen in sich, wenn die Rechtsanwendung – wie im DBA-Fall – nicht ausschließlich auf der Ebene nur eines Vertragsstaates erfolgt, sondern sich in beiden betroffenen Staaten widerspiegelt. Denn die Rechtssysteme von DBA-Staaten sind nicht gleich, sie unterscheiden sich oft in vielen wesentlichen Zügen[6]. Daraus folgt, dass die für sich genommen richtigen Auslegungsergebnisse nach Maßgabe des jeweiligen innerstaatlichen Rechts auf der zwischenstaatlichen Abkommensebene auseinanderfallen können und folglich keine einheitliche DBA-Anwendung ermöglichen. Dieser Umstand ist im Hinblick auf die daraus resultierenden steuerlichen Verzerrungen oft sehr folgenschwer. Die Auslegungs- und Anwendungskollisionen dieser Art werden im DBA-Recht allgemein als Qualifikationskonflikte bezeichnet[7].

Der Fiskus und das wissenschaftliche Schrifttum haben schon seit langem die Reichweite der Rechtsfolgen derartiger Konflikte erkannt. Divergierende und unkoordinierte Auslegung und Anwendung der DBA lösen unter anderem die dem DBA-Zweck widersprechende Doppelbesteuerung und mithin auch eine Beeinträchtigung grenzüberschreitender wirtschaftlicher Aktivitäten aus, was für die Entwicklung des Weltmarktes gefährlich sein kann. Dies wird in keinem Land der Welt billigend hingenommen. Viele Staaten haben daher durch entsprechende innerstaatliche Regelungen umfangreiche Maßnahmen zur Vermeidung der Doppelbesteuerung und zur Lösung der Qualifikationskonflikte ergriffen[8]. Auch auf der Ebene der DBA zeichnet sich kontinuierlich eine deutliche Tendenz zur Verbesserung des Regelwerks der Abkommen ab, die gegen die Rechtsfolgen der Qualifikationskonflikte gerichtet ist[9].

Auch in der Literatur werden verstärkt Versuche unternommen, die Problematik der Qualifikationskonflikte zu erforschen. Dies hat zu einem Feuerwerk von Publikationen geführt, deren Autoren sich in einem permanenten und zum Teil mit harten Bandagen geführten Meinungsstreit befinden[10]. Zumindest im deutschen Schrifttum wurden indessen in den letzten zwei Jahrzehnten viele Ein-

6 Man denke z.B. an die Unterschiede zwischen den Ländern des anglo-amerikanischen Rechtskreises und Kontinentaleuropa oder zwischen West- und Osteuropa.

7 Zur Definition des Begriffs „Qualifikationskonflikt" siehe Kapitel B..

8 In Deutschland kommen diese Maßnahmen z.B. in § 34c EStG, §§ 8b und 26 KStG und § 21 ErbStG deutlich zum Ausdruck.

9 Vgl. insbesondere die Änderungen des OECD-MA im Rahmen der Revisionen 1992, 1995 und 2000.

10 Vgl. z.B. die große Diskussion zwischen *Debatin* und *Vogel* in den 80-er Jahren oder die letzte Auseinandersetzung zwischen *Vogel* und *Wassermeyer* in IStR 1998/1999.

zelfragen hinsichtlich des Qualifikationsproblems im DBA-Recht eingehend untersucht. Dabei wurden auch viele interessante Vorschläge für die Lösung von Qualifikationskonflikten ausgearbeitet. Es ist allerdings zu bemerken, dass der überwiegende Teil der Abhandlungen hauptsächlich der praktischen Handhabung bei der Beseitigung der Rechtsfolgen von Anwendungskollisionen gewidmet ist[11]. Eine umfassende systematische Betrachtung von Qualifikationskonflikten und ihrer Lösungsoptionen als allgemeines wissenschaftliches Problem enthalten dabei nur wenige Werke[12].

II. Untersuchungsgegenstand und Ziele der Arbeit

Im Hinblick auf obige Problemstellung sollen nachstehend die Rechtsnatur, die Ursachen und die Auswirkungen der Qualifikationskonflikte untersucht werden, um die Konflikterscheinungen im DBA-Recht in all ihrer Vielfalt schließlich systematisch aufzufassen. Dabei soll zuerst auf die Frage der Auslegung von DBA eingegangen werden, um ihre Rolle und Bedeutung sowohl bei der Entstehung, als auch bei der Beilegung von Qualifikationskonflikten zu begreifen. Das gegenseitige Verhältnis zwischen der Auslegung und der Qualifikation im DBA-Recht muss dahingehend geklärt werden, ob und inwiefern Auslegungsergebnisse eine endgültige juristische Beurteilung respektive Qualifikation von DBA-Sachverhalten und folglich die entsprechende Abkommensanwendung determinieren.

Das OECD-Musterabkommen wird den meisten DBA im europäischen Wirtschaftsraum zugrunde gelegt. Deswegen soll für die Zwecke dieser Arbeit primär dieses Musterabkommen betrachtet werden[13], anschließend werden aber auch einige besonders aufschlussreiche bilaterale DBA zu den Einzelfragen analysiert. Das Ziel der Untersuchung wird dabei vor allem darauf gerichtet, jedwede Hinweise bezüglich der Abkommensauslegung im Wortlaut und Sinnzusammenhang des OECD-MA auszuwerten und deren Anwendbarkeit in Einzelfällen unter Berücksichtigung von einschlägigen DBA zu prüfen.

---

11 Als Standardwerke gelten z.B. *Schaumburg*, Internationales Steuerrecht, 2. Auflage, 1998; *Jacobs*, Internationale Unternehmensbesteuerung, 4. Auflage, 1999; *Mössner u.a.*, Steuerrecht international tätiger Unternehmen, 2. Auflage, 1998 sowie einige Praktikerkommentare zu einzelnen DBA, wie z.B. *Arthur Andersen & Co. GmbH*, Doppelbesteuerungsabkommen Deutschland-USA, 1990.

12 Vgl. z.B. *Vogel*, DBA, Kommentar, 3. Auflage, 1996; *Debatin/Wassermeyer*, Doppelbesteuerung.

13 OECD-MA in der Fassung 2000.

Nicht jeder Auslegungs- bzw. Qualifikationsvorgang ruft sofort Qualifikationskonflikte ins Leben, vielmehr entspringen diese den divergierenden Qualifikationsergebnissen in den Rechtsordnungen der betroffenen Vertragsstaaten. Daher soll untersucht werden, unter welchen Bedingungen unterschiedliche Rechtsauffassungen zu den Qualifikationskonflikten führen - mit anderen Worten: welchen Intensitätsgrad müssen zwischenstaatliche Auslegungs- und Anwendungsdivergenzen haben, um als Qualifikationskonflikte eingestuft zu werden. Dabei ist zu beachten, dass es in der Praxis genügend Konfliktsituationen gibt, die offensichtlich nicht mit der unmittelbaren Abkommensauslegung zusammenhängen – wie z.B. die Ermittlung von Einkommensgrößen nach Maßgabe des jeweiligen nationalen Rechts, die Zurechnung des Steuerobjekts zu einem bestimmten Steuersubjekt und die Anwendung innerstaatlicher Missbrauchsvorschriften[14]. Die Konflikte in diesem „Umfeld“ der DBA sollen dahingehend untersucht werden, in welchem Umfang ihre Rechtsfolgen die Abkommensanwendung erschweren können.

Die Erforschung des Qualifikationsproblems soll im Endergebnis zu einer verallgemeinerungsfähigen Zusammenstellung von verschiedenartigen Konflikterscheinungen führen. Es müssen letztlich einheitliche Kriterien für eine in sich stimmige systematische Betrachtungsweise in Bezug auf die gesamte Problematik der Qualifikationskonflikte im DBA-Recht herausgearbeitet werden. Nur wenn einzelne Qualifikationskonflikte als Bestandteile eines allgemeinen Qualifikationsproblems verstanden und in diesem Rahmen zumindest nach ihren Ursachen und Erscheinungsformen in bestimmte Unterarten eingeordnet werden, können sie auch systematisch – und nicht nur einzelfallbezogen, wie dies heutzutage in der Abkommenspraxis üblicherweise geschieht[15] – beseitigt werden. Diese These soll ebenfalls im folgenden aufgrund einschlägiger Beispielfälle und rechtsdogmatischer Überlegungen bestätigt werden.

III. Gang der Arbeit

Das erste Kapitel (Kapitel B.) hat die Funktion einer Einführung in die zu erforschende Rechtsmaterie. In diesem Kapitel werden die in der vorliegenden Arbeit angewandten Rechtsbegriffe definiert und die Problematik der Qualifikation im Internationalen Steuerrecht allgemein angesprochen. Es werden auch die Rechts-

14 Diese Konflikte werden in der Literatur mitunter auch als Subsumtionskonflikte bezeichnet.

15 Hauptsächlich durch die nur für einen Einzelfall geltenden Verständigungsvereinbarungen.

natur, die Struktur und das Regelwerk der DBA in ihrem Wesensgehalt dargestellt. Außerdem werden die Parallelen zwischen dem Qualifikationsbegriff des Internationalen Privatrechts und dem des Internationalen Steuerrechts aufgezeigt, hierbei wird die Eigenständigkeit der Begriffswelt des Internationalen Steuerrechts begründet, die auf die rechtsdogmatische Gleichrangigkeit des Steuerrechts gegenüber dem Zivilrecht zurückzuführen ist.

Das zweite Kapitel (Kapitel C.) wird der Entstehung von Qualifikationsdivergenzen im DBA-Recht gewidmet. Dabei wird versucht, die allgemeingültigen Grundsätze der Abkommensauslegung im Einklang mit der Auslegungsklausel des Art. 3 Abs. 2 OECD-MA herauszuarbeiten. Es wird davon ausgegangen, dass Art. 3 Abs. 2 OECD-MA und sämtliche ihm nachgebildeten Auslegungsanweisungen deutscher DBA eine bestimmte Auslegungsrichtlinie für die DBA-Anwendung enthalten: Zuerst hat die Auslegung nach Maßgabe des Abkommenswortlauts zu erfolgen, in Zweifellsfällen können dabei zusätzliche Auslegungsergebnisse auch aus dem Sinnzusammenhang des DBA gewonnen werden und erst wenn diese zwei nacheinander vorgenommenen Interpretationen keine Abkommensanwendung ermöglichen, darf ausnahmsweise auf das nationale Recht des jeweiligen Anwenderstaates zurückgegriffen werden, damit die steuerliche Beurteilung des grenzüberschreitenden Sachverhalts im Ergebnis nicht scheitert. Neben diesem Auslegungsmodell werden parallel auch andere Auslegungsvorschläge aus der Literatur und Praxis kritisch ausgewertet und es soll anschließend aufgrund eines umfassenden theoretischen Vergleichs verifiziert werden, dass die hier vorgeschlagene Auslegungsreihenfolge auf allen Ebenen der Abkommensanwendung - rechtsdogmatisch gesehen - deutliche Vorteile gegenüber anderen Interpretationsversuchen aufweist.

Im dritten Kapitel (Kapitel D.) wird anhand zahlreicher Fallbeispiele aus der internationalen Abkommenspraxis nachgewiesen, dass die im Kapitel C. herausgearbeitete theoretische Auslegungsformel auch in praktischer Hinsicht durchweg brauchbare Lösungen für die Qualifikationsprobleme im DBA-Recht bringen kann. Außerdem werden die betrachteten Qualifikationskonflikte einer Systematisierung je nach ihrer Herkunft und ihrem Verhältnis zur Abkommensauslegung unterzogen. Es wird sich hierbei im wesentlichen um drei große Unterarten handeln, und zwar: (1) die mit der DBA-Auslegung verbundenen Qualifikationskonflikte, (2) die mit der DBA-Auslegung unmittelbar nicht zusammenhängenden Qualifikationskonflikte und (3) die Konflikte bei der abkommenskonformen Heranziehung des innerstaatlichen Rechts. Diese Konflikte werden in ihren typischen Erscheinungsformen je nach Unterart dargestellt, wobei ihre Ursachen und Auswirkungen untersucht und zusammengefasst werden.

Im vierten Kapitel (Kapitel E.) erfolgt die Auswertung der Lösungsmöglichkeiten für die Qualifikationskonflikte unter Berücksichtigung ihrer im Kapitel D.

aufgestellten Systematik. Besonderer Wert wird dabei auf die Feststellung gelegt, welche Lösungsoption sich für welche Unterart der Qualifikationskonflikte am besten eignet. Hieraus wird ein allgemeiner Grundsatz abgeleitet, wonach bei einer systematischen Betrachtungsweise sowohl die Aufdeckung als auch die Beilegung der Qualifikationskonflikte einheitlich und koordiniert erfolgen müssen, was für Belange der internationalen Abkommenspraxis von großer Bedeutung ist.

In der Schlussbetrachtung werden die gesamten Ergebnisse dieser Arbeit abschließend zusammengefasst.

B. Wesen und Struktur des deutschen Internationalen Steuerrechts. Qualifikation im Internationalen Steuerrecht.

Unter dem Begriff des Internationalen Steuerrechts wird in dieser Arbeit die Gesamtheit der Rechtsvorschriften verstanden, die sich auf die Besteuerung von grenzüberschreitenden Sachverhalten beziehen. Die Untersuchungen beschränken sich allerdings auf das Steuerrecht der Bundesrepublik Deutschland, also auf das „deutsche Internationale Steuerrecht“. Dieser Teil des deutschen Steuerrechts umfasst alle nationalen, völker- und europarechtlichen Normen mit Steuerfolgen für den internationalen Wirtschaftsverkehr[1]. Der Schwerpunkt dieser Arbeit wird auf das Recht der deutschen Doppelbesteuerungsabkommen (DBA) gelegt.

Bei DBA handelt es sich um völkerrechtliche Staatsverträge[2], mithin um Steuerrecht aus internationaler Quelle. Ob das nationale Außensteuerrecht (AStR) ebenfalls zum Internationalen Steuerrecht zählt, ist umstritten[3], denn hierunter wird aus nationaler Quelle stammendes, folglich vom nationalen Gesetzgeber geschaffenes Steuerrecht verstanden. Dieses sei damit nicht der Quelle, sondern nur dem Gegenstand nach international, da es sich mit der Besteuerung von Sachverhalten mit Auslands- oder Ausländerbezug befasst[4]. Die Arbeit wird auf die weitere Betrachtung dieses Streites verzichten, da er für die Erforschung des Wesens der Qualifikationskonflikte bedeutungslos ist.

Die Hauptaufgabe des Internationalen Steuerrechts besteht in der Aufdeckung und Beseitigung von Doppel- und Minderbesteuerung der grenzüberschreitenden wirtschaftlichen Vorgänge sowie in der Sicherung des Steueraufkommens der durch diese Vorgänge betroffenen Staaten. Daher wird nachfolgend die Rechtsnatur der Doppel- und Minderbesteuerung untersucht, DBA als Mittel für die Beseitigung steuerlicher Verwerfungen bei grenzüberschreitenden Sachverhalten dargestellt und ausgewertet sowie die Bedeutung der Qualifikation im Internationalen Steuerrecht erörtert und wechselseitige Beziehung zwischen dem Internationalen Privatrecht und dem Internationalen Steuerrecht analysiert.

---

1 *Tipke/Lang*, Steuerrecht, 16. Auflage, § 2, Rn.32; ähnlich auch *Schaumburg*, Internationales Steuerrecht, Außensteuerrecht, Doppelbesteuerungsrecht, 2. Auflage, § 2.

2 Vgl. *Weber-Fas*, RIW 1979, S. 585 (586).

3 *Debatin/Wassermeyer*, Doppelbesteuerung, SYST. I, Rn. 2; *Vogel*, Doppelbesteuerungsabkommen, Kommentar, 2. Auflage, Einl. Rn. 4.

4 Z.B. *Rieger*, Prinzipien des internationalen Steuerrechts als Problem der Steuerplanung in der multinationalen Unternehmung, 1978, S. 149.

I. Doppel- und Minderbesteuerung

1. Begriff und Entstehung

Die herrschende Meinung sieht eine juristische Doppelbesteuerung als gegeben an, wenn von zwei oder mehreren ursprünglichen Abgabenhoheiten, in der Regel Staaten, von demselben Steuerpflichtigen für denselben Steuergegenstand und denselben Zeitraum vergleichbare Steuern erhoben werden[5]. Davon wird die wirtschaftliche Doppelbesteuerung unterschieden, die durch den Wegfall des zweiten Kriteriums in obiger Definition – gleicher Steuerpflichtiger – gekennzeichnet ist[6]. Abgegrenzt werden soll ferner die virtuelle Doppelbesteuerung, die mangels Ausnutzung der Besteuerungskompetenz keine Auswirkung auf den Steuerpflichtigen zeitigt, von der effektiven Doppelbesteuerung, die sich tatsächlich auswirkt[7].

Eine Doppelbesteuerung entsteht, wenn sich die Besteuerungskompetenzen souveräner Staaten überschneiden. Aus der völkerrechtlichen Souveränität der Staaten folgt die Steuersouveränität, also das Recht jedes Staates, auf seinem Hoheitsgebiet die Steuergewalt ausschließlich auszuüben. Damit ist auch die Besteuerung ausländischer Personen zulässig, wenn diese einen „wirtschaftlichen Nexus“[8] zum besteuernden Staat, z.B. inländische Einkünfte haben (sog. „inlandsradizierte“ Einkünfte[9]). Diesem Grundsatz steht jedoch nicht entgegen, dass auch Tatbestände, die außerhalb der Staatsgrenzen des jeweiligen Staates verwirklicht werden, von dessen Besteuerung erfasst werden können, sofern die betreffende Person mit dem besteuernden Staat, z.B. durch Wohnsitz oder Sitz, verbunden ist[10]. Es ist in diesem Zusammenhang zwischen unbeschränkter[11] und beschränkter[12] Steuerpflicht im Sinne des deutschen AStR zu unterscheiden.

---

5 *Vogel*, aaO., Einl. Rn.1; *Debatin/Wassermeyer*, aaO., SYST. I, Rn. 9.

6 *Vogel*, aaO., Einl. Rn. 2; *Debatin/Wassermeyer*, aaO., SYST. I, Rn. 11.

7 *Debatin*, Probleme der internationalen Doppelbesteuerung; in: Handbuch der Finanzwissenschaft, 3. Auflage, 1982, Bd. IV, S. 281.

8 *Weber-Fas*, aaO., S. 586; vgl. im deutschen Steuerrecht z.B. § 1 Abs. 4 EStG i.V.m. § 49 EStG (beschränkte Steuerpflicht).

9 Siehe *Jakob*, Einkommensteuerrecht, 2. Auflage, 1996, § 2, Rn. 2 ff., § 9, Rn. 8.

10 Vgl. im deutschen Steuerrecht z.B. § 1 Abs. 1 EStG und § 1 KStG (unbeschränkte Steuerpflicht).

11 Siehe z.B. § 1 Abs. 1 EStG: „Natürliche Personen, die im Inland einen Wohnsitz oder ihren gewöhnlichen Aufenthalt haben, sind unbeschränkt einkommensteuerpflichtig.“ Diese Steuerpflichtigen unterliegen mit ihrem gesamten Welteinkommen der deutschen Besteuerung. Es sei bemerkt, dass die Begriffe „Wohnsitz“ und „gewöhnlicher Aufenthalt“ in §§ 8, 9 AO definiert sind.

12 Siehe § 1 Abs. 4 EStG für die Personen, welche in Deutschland weder einen Wohn-

Aus diesen Besteuerungsprinzipien ergeben sich Überschneidungen in der Besteuerungskompetenz mit anderen Staaten, da deren Steuergesetze in der Regel ebenfalls diesen Prinzipien folgen. Diese Überschneidungen können in der Form auftreten, dass sich die unbeschränkte Steuerpflicht im Wohnsitzstaat und die beschränkte Steuerpflicht im Quellenstaat überschneiden oder dass eine beschränkte oder unbeschränkte Steuerpflicht in zwei oder mehreren Staaten besteht.

Die in dieser Arbeit untersuchten Qualifikationskonflikte werden in der Literatur teilweise ebenfalls als eigenständige Ursache der Doppelbesteuerung genannt[13]. Dieser Auffassung kann jedoch nicht gefolgt werden. Doppelbesteuerung kann, wie dargelegt, nur durch die Überschneidung von Besteuerungskompetenzen entstehen, denn die DBA können keine Steuerpflicht dem Grunde nach schaffen[14]. Hierfür ist stets ein innerstaatliches Gesetz notwendig. Die Überschneidung der Besteuerungskompetenzen und damit die Doppelbesteuerung soll durch die Regelungen in den DBA beseitigt werden. Qualifikationskonflikte können dann, aber auch erst dann, dazu führen, dass dieses misslingt und die Doppelbesteuerung bestehen bleibt.

Als Folge der Doppelbesteuerung ist die gesamte Besteuerung eines internationalen Sachverhaltes höher, als sie es ohne Doppelbesteuerung im höchstbesteuernden Staat wäre. Wie erheblich die steuerlichen Auswirkungen dieser Art bereits bei relativ einfachen Fallgestaltungen sein können, zeigt das folgende Beispiel:

Beispiel: A ist US-Staatsbürger. Er verfügt sowohl in der Bundesrepublik Deutschland, als auch in den USA über eine ständige Wohnstätte. Der Mittelpunkt seiner Lebensinteressen befindet sich in Deutschland. A ist freier Erfinder und bezieht Lizenzeinnahmen, unter anderem auch aus Drittstaaten. Dürfen diese Lizenzeinnahmen in der Bundesrepublik und/oder den USA besteuert werden?

Gemäß Art. 4 Abs. 1 DBA USA-Deutschland ist A in beiden Vertragsstaaten ansässig. Er ist somit nach Art. 1 abkommensberechtigt. Im vorliegenden Fall findet die Saving Clause aus Abschn. 1 des deutsch-amerikanischen Protokolls zum Art. 1 DBA Anwendung. Dementsprechend besteuern die USA die Einkünfte des A im wesentlichen ohne Rücksicht auf das DBA. In Deutschland soll gleichfalls das Welteinkommen des A besteuert werden, da die Bundesrepublik

---

sitz noch ihren gewöhnlichen Aufenthalt haben, jedoch inländische Einkünfte im Sinne des § 49 EStG beziehen. Eine Sonderregelung bezüglich der erweiterten beschränkten Steuerpflicht sieht darüber hinaus § 2 Abs. 1 AStG vor.

13 z.B. *Haberstock*, Die Steuerplanung der internationalen Unternehmung, 1976, S. 24.

14 *Burmester*, RIW 1988, S. 294 (296) ; *Hannes*, Qualifikationskonflikte im IStR, 1992, S. 8.

maßgeblicher Ansässigkeitsstaat im Sinne des Art. 4 Abs. 2 DBA USA-Deutschland ist. Davon ausgehend sollte die gesamte steuerliche Belastung des A in diesem Fall höher sein, als sie es ohne Doppelbesteuerung im höchstbesteuernden Land (hier: Deutschland) wäre. Im Ergebnis wird eine solche Doppelbesteuerung allerdings durch die Regelung des Art. 23 Abs. 3 DBA USA-Deutschland (gegenseitige Anrechnung von Steuern) vermieden.

Unter dem Begriff der Minderbesteuerung lassen sich sowohl strafbare Handlungen (Steuerhinterziehung, Steuerverkürzung), als auch nicht strafbare Handlungen (Steuerumgehung) sowie Fälle unrichtiger Rechtsanwendung subsumieren[15]. Auf Grund der Brückenfunktion der DBA kann es allerdings auch dann, wenn die DBA richtig angewandt werden, zu einer Minderbesteuerung kommen. Dies wird unten näher auszuführen sein. Der Begriff der Minderbesteuerung ist im Schrifttum leider weniger deutlich abgegrenzt, als der der Doppelbesteuerung. Dies ist darauf zurückzuführen, dass die Ursachen der Minderbesteuerung erheblich vielschichtiger sind, als die Ursachen der Doppelbesteuerung. In dieser Arbeit soll der Begriff der Minderbesteuerung auf den Bereich der nicht strafbaren, legalen Handlungen beschränkt bleiben, da die hier betrachteten Qualifikationskonflikte in der Regel nicht durch strafbare Handlungen entstehen.

Gemeinsam ist in allen Fällen der Minderbesteuerung, dass die gesamte Steuerbelastung eines internationalen Sachverhaltes geringer ist, als sie es ohne Minderbesteuerung im niedrigstbesteuernden Staat wäre. Die Minderbesteuerung kann somit in ihren Auswirkungen als das wirtschaftliche Gegenstück zur Doppelbesteuerung verstanden werden.

2. Methoden zur Vermeidung von Doppel- und Minderbesteuerung

Die Vermeidung der Doppelbesteuerung erfolgt im deutschen Internationalen Steuerrecht sowohl durch unilaterale Maßnahmen im nationalen Außensteuerrecht, als auch durch bilaterale Maßnahmen in DBA. Zu erwähnen sind im nationalen Außensteuerrecht vor allem die beschränkte Anrechnung (§ 34c Abs. 1 EStG, § 26 Abs. 1 bis 5 KStG), die Abzugsmethode (§ 34 c Abs. 2 und 3 EStG, § 26 Abs. 6 KStG) sowie die Pauschalierung und der Erlass nach § 34c Abs. 5 EStG. Im Bereich der DBA wird neben der Anrechnungsmethode auch die Freistellungsmethode angewandt, um bei Aufrechterhaltung der Quellenstaatbesteuerung eine Entlastung durch den Wohnsitzstaat herbeizuführen.

15 *Weber-Fas*, Staatsverträge im Internationalen Steuerrecht, 1982, S. 29; *Rose*, Betrieb und Steuer, 5. Buch, Grundzüge des Außensteuerrechts, 1982, S. 53 ff.

Bei der Anrechnungsmethode wird die im Ausland gezahlte Steuer auf die inländische Steuer angerechnet. Dieses führt bei der beschränkten Anrechnung aufgrund einer Höchstbetragsregelung nur dann zu einer vollständigen Beseitigung der Doppelbesteuerung, wenn der durchschnittliche Steuersatz im Inland höher ist als im jeweiligen ausländischen Staat. Durch die Anrechnungsmethode wird daher stets die Steuerlast im höher besteuernden Staat effektiv[16].

Bei der Anwendung der Freistellungsmethode wird der im Ausland angefallene Teil des Einkommens im Inland von der Besteuerung ausgenommen. Er ist daher nur mit der im Ausland angefallenen Steuer belastet und damit der Konkurrenz im Betätigungsstaat steuerlich gleichgestellt. Im Bereich der DBA wird die Freistellungsmethode regelmäßig mit einem Progressionsvorbehalt verbunden, um den aus der Aufteilung des Einkommens auf zwei Staaten resultierenden Vorteil der Progressionsminderung zu kompensieren. Durch den Progressionsvorbehalt wird das inländische Resteinkommen dem Steuersatz unterworfen, der sich bei der Versteuerung des Gesamteinkommens im Inland ergeben würde[17]. Bei der Abzugsmethode kann die im Ausland angefallene Steuer von der inländischen Bemessungsgrundlage abgezogen werden. Dies führt lediglich zu einer Minderung der Doppelbesteuerung und allenfalls zufällig zu ihrer Beseitigung[18].

Im Bereich des deutschen nationalen Außensteuerrechts (AStR) wird versucht, die Minderbesteuerung durch Maßnahmen der zwischenstaatlichen Amtshilfe[19], der erweiterten Aufklärungspflicht des Steuerpflichtigen[20] und durch Straf- und Bußgeldvorschriften[21] zu vermeiden. Im Bereich der zwischenstaatlichen Vereinbarungen finden sich sowohl in den DBA verankerte Bestimmungen zum Informationsaustausch (Art. 26 OECD-MA) oder zur Amtshilfe (z.B. Art. 27 DBA Deutschland-Belgien), als auch gesondert vereinbarte Amts- und Rechtshilfeabkommen[22]. Über die Möglichkeiten, die zur Vermeidung der durch Qualifikationskonflikte entstehenden Minderbesteuerung bestehen, wird in den nachfolgenden Kapiteln Näheres ausgeführt.

---

16 Vgl. *Storck*, Ausländische Betriebstätten im Ertrag- und Vermögensteuerrecht, 1980, S. 81.

17 Zur technischen Durchführung des Progressionsvorbehalts vgl. A 185 EStR.

18 Ausführlich dazu *Haberstock*, aaO., S. 60, auch *Hannes*, aaO., S. 10.

19 Vgl. BMF-Schreiben zur zwischenstaatlichen Amtshilfe vom 01.12.1988, IV C 5 – S 1320 – 29/88, BStBl. I 1988, S. 466 bzw. § 117 AO.

20 §§ 16 f. AStG und § 90 Abs. 2 AO.

21 Vgl. den 8. Teil der Abgabenordnung.

22 Z.B. der Vertrag vom 14.05.1935 über Amts- und Rechtshilfe in Steuersachen mit Schweden, RGBl. II 1935, S. 866.

II. Das Recht der DBA

1. Charakter der DBA

Bei DBA handelt es sich um Staatsverträge, die in der Regel zwischen zwei Staaten (bilateral) abgeschlossen werden[23]. Für Verträge zwischen Staaten findet die Wiener Vertragsrechtskonvention (WVK) Anwendung[24]. Die Bundesrepublik Deutschland ist der WVK am 21.07.1987 mit Hinterlegung der Ratifikationsurkunde beigetreten. Für die Bundesrepublik Deutschland ist die WVK damit gemäß Art. 84 der Konvention am 20.08.1987 in Kraft getreten[25]. Für die vorher abgeschlossenen DBA und für Abkommen mit Staaten, die der WVK nicht beigetreten sind, wird die Anwendung der Regeln der WVK mit gewohnheitsrechtlicher Geltung der in ihr niedergelegten Grundsätze gerechtfertigt[26].

Zum Abschluss von Staatsverträgen ist gem. Art. 9 Abs. 1 WVK die Zustimmung der beteiligten Staaten erforderlich. Diese erfolgt bei DBA regelmäßig durch die Ratifikation (Art. 29 OECD-MA, Art. 14 WVK). Innerstaatlich ist darüber hinaus nach Art. 59 Abs. 2 GG die Zustimmung in Form eines Gesetzes durch den Bundestag und nach Art. 105 Abs. 3 GG auch die Zustimmung des Bundesrats erforderlich. Erst hierdurch wird der Bundespräsident zum endgültigen Abschluss des Vertrages ermächtigt. Das völkerrechtlich wirksame Inkrafttreten der DBA kann dann mit dem Tage des Austausches der Ratifikationsurkunden erfolgen (Art. 29 OECD-MA). Mit dem Zustimmungsgesetz gem. Art. 59 Abs. 2 GG wird zugleich aber auch ein Anwendungsbefehl erteilt, mit dem die DBA als unmittelbar geltendes innerstaatliches Recht wie ein Gesetz anwendbar werden, ohne dass dabei die völkerrechtliche Herkunft des Abkommens verloren geht[27].

Aus der unmittelbaren innerstaatlichen Anwendbarkeit der DBA folgt, dass diese einem früheren bzw. einem allgemeineren Gesetz vorgehen[28]. Ob sie aber auch durch ein späteres Gesetz mit innerstaatlicher Wirksamkeit abgeändert werden können, ist umstritten. Einerseits wird die Auffassung vertreten, dass die

---

23 Die bilateralen Abkommen sind der Regelfall. Die wichtigsten Ausnahmen auf dem Gebiet der vertraglichen Ausschaltung der Doppelbesteuerung bei direkten Steuern stellen das multilaterale Abkommen der Länder des Nordischen Rates vom 18.02.1987 und das Abkommen der OCAM-Staaten vom 29.01.1971 dar.

24 Wiener Übereinkommen über das Recht der Verträge vom 23.05.1969, BGBl. II 1985, S. 927 ff.; ebenso Art. 1 WVK.

25 BGBl. II 1987, S. 757 ff.

26 *Vogel*, aaO., Einl. Rn. 17; *Seidl-Hohenveldern*, Völkerrecht, 6. Auflage, 1987, Rn. 196.

27 *Debatin*, BB 1988, S. 727 (727).

28 *Weber-Fas*, Staatsverträge im Internationalen Steuerrecht, 1982, S. 74.

DBA innerstaatlich keinen höheren Rang besitzen als das sonstige Recht und demnach abgeändert werden könnten, wobei aber unter Umständen eine völkerrechtliche Verpflichtung verletzt wird[29]. Der BFH indes geht vom Vorrang der Abkommen gegenüber den Steuergesetzen aus und folgert daraus, dass der Inhalt der von den Vertragsstaaten im Zeitpunkt des Vertragsabschlusses gewollten Regelung durch die Änderung des innerstaatlichen Steuerrechts nicht verändert werden kann[30]. Aus dem Gesetzescharakter der DBA ergibt sich ferner, dass diese von der Finanzverwaltung von Amts wegen anzuwenden sind; auch der Steuerpflichtige kann nicht auf die Anwendung des Abkommens verzichten[31].

Die DBA enthalten Regelungen, die einen der beiden von einem internationalen Steuerfall betroffenen Vertragsstaaten veranlassen, seinen durch nationales Recht geschaffenen Steueranspruch ganz oder teilweise einzuschränken[32]. Daraus ergibt sich gleichzeitig, dass eine Steuerpflicht durch DBA nicht geschaffen werden kann[33], obwohl bei der Anwendbarkeit eines DBA auch eine höhere Steuerbelastung als ohne DBA eintreten kann.

2. *Aufbau der DBA*

Um die Rechtsfolgen ihrer Anwendung zu erreichen, müssen die DBA eine Vielzahl von Regelungen treffen, die nicht nur den Bereich des eigentlichen Verzichts auf Besteuerungsansprüche anbelangen. Im folgenden soll daher der Aufbau der DBA nachgezeichnet werden, wobei – sofern nichts anderes angegeben – auf die Regelungen des OECD-Musterabkommens 1977 (OECD-MA) mit nachfolgenden Änderungen Bezug genommen wird[34].

a) Anwendungsbereich

Vor der Anwendung eines DBA stellt sich die Frage, ob für den betreffenden Steuerfall die tatbestandlichen Voraussetzungen seiner Anwendung überhaupt er-

---

29 *Weber-Fas*, aaO., S. 75.

30 BFH vom 15.06.1973, III R 118/70, BStBl. II 1973, S. 810 und BFH vom 26.01.1977, VIII R 109/75, BStBl. II 1977, S. 283; auch FG Hamburg vom 15.01.1987, V 124/86, EFG 1987, S. 161.

31 *Debatin*, aaO., S.727.

32 *Debatin*, aaO., S. 728; *Vogel*, StuW 1982, S. 111 (117).

33 *Bühler*, Prinzipien des internationalen Steuerrechts, 1964, S. 61; *Debatin/Wassermeyer*, aaO., SYST. III, Rn. 42.

34 Vgl. zum Folgenden insbesondere: *Bühler*, aaO., S. 50 ff.; *Weber-Fas*, aaO., S. 50 ff.; *Vogel*, aaO., Einl. Rn. 28 ff.; *Debatin/Wassermeyer*, aaO., SYST. III, Rn. 1 ff.

füllt sind. Bei der Prüfung der Anwendungsvoraussetzungen ist zwischen dem territorialen, sachlichen, persönlichen und zeitlichen Geltungsbereich des Abkommens zu unterscheiden[35].

Das OECD-MA trifft für die Abgrenzung des territorialen Geltungsbereichs, also für die Frage, ob der Ort der Einkunftserzielung vom DBA überhaupt erfasst ist, zum Zeitpunkt des Abkommensabschlusses keine Regelung. Es beschränkt sich vielmehr lediglich darauf, in Art. 28 OECD-MA einen Vorschlag für die Fälle der eventuellen nachträglichen Ausdehnung des räumlichen Geltungsbereichs zu machen. Die DBA der Bundesrepublik Deutschland enthalten hingegen regelmäßig eine über diesen Formulierungsvorschlag hinausgehende Bestimmung des räumlichen Geltungsbereichs, indem in einem der ersten Artikel des jeweiligen Abkommens bereits die räumliche Ausdehnung der Abkommenswirkungen zum Zeitpunkt der Abkommensunterzeichnung festgelegt worden ist[36].

Der sachliche Geltungsbereich, also die Frage, welche der in den Vertragsstaaten erhobenen Steuern vom Abkommen erfasst sind, ist in aller Regel nach den Vorschlägen des Art. 2 OECD-MA in Form einer Aufzählung geregelt. Der Möglichkeit der späteren Einführung neuer Steuern gleicher oder ähnlicher Art trägt dementsprechend Art. 2 Abs. 4 OECD-MA durch eine Ausdehnungsklausel Rechnung.

Der persönliche Anwendungsbereich ist nach Art. 1 OECD-MA auf Personen beschränkt, die in einem der Vertragsstaaten oder in beiden Vertragsstaaten ansässig sind. Die Abgrenzung des Begriffs „Vertragsstaat" ergibt sich aus der Bestimmung des räumlichen Geltungsbereichs. Die Frage, wer als Person im Sinne des Abkommens zu verstehen ist, wird in Art. 3 Abs. 1 lit. a) und b) OECD-MA geregelt (allerdings nicht lückenlos), die Ansässigkeit ist in Art. 4 OECD-MA definiert. Betriebstätten[37] stellen keine Personen im Sinne des Abkommens dar[38]. Die deutschen DBA sind diesen Vorschlägen weitgehend gefolgt. Eine Ausnahme stellt jedoch das DBA Deutschland-Italien dar, dessen Anwendung sich nur auf die Staatsangehörigen eines der beiden Vertragsstaaten beschränkt[39].

---

35 *Bühler*, aaO., S. 54 ff.; *Vogel*, aaO., Art. 1, Rn. 13 ff.

36 Vgl. z.B. Art. 3 Abs. 1 Satz 1 DBA Deutschland-Belgien, Art. 3 Abs. 1 lit. a) DBA Deutschland-Schweiz oder Art. 3 Abs. 1 lit. a) DBA Deutschland-Russland.

37 Siehe Art. 5 Abs. 1 OECD-MA: „Im Sinne dieses Abkommens (OECD-MA) bedeutet der Ausdruck „Betriebstätte" eine feste Geschäftseinrichtung, durch die die Tätigkeit eines Unternehmens ganz oder teilweise ausgeübt wird". Dieser Definition folgen auch alle deutschen DBA.

38 *Vogel*, aaO., Art. 1, Rn. 17.

39 Art. 1 Abs. 4 DBA Deutschland-Italien; BFH vom 15.09.1971, I R 202/67, BStBl. II 1972, S. 281; BFH vom 13.10.1976, I R 261/70, BStBl. II 1977, S. 76.

Der zeitliche Geltungsbereich ergibt sich aus den Regelungen der Art. 29 und 30 OECD-MA, die das Inkrafttreten, eine eventuelle Rückwirkung und die Kündigung des Abkommens regeln.

b) Regelungen

Nach der Prüfung der Anwendungsvoraussetzungen kann der eigentliche Kernbereich der Normen des Abkommens betrachtet werden. Es ist hierbei jeweils zwischen dem Tatbestand einer Abkommensnorm und ihrer Rechtsfolge[40] zu unterscheiden, die immer dann eintritt, wenn ein steuerlicher Sachverhalt sich unter den Tatbestand der Abkommensnorm einordnen lässt. Durch den Tatbestand wird zunächst bestimmt, auf welchen Teil des innerstaatlichen Besteuerungsanspruchs die Abkommensnorm anwendbar sein soll, indem z.B. auf das Merkmal „Gewinn“[41] oder auf die „Einkünfte“[42] des nationalen Rechts Bezug genommen wird. Derartige Begriffe – von *Vogel* als Objekttatbestand bezeichnet[43] – sind im Abkommen üblicherweise nicht bestimmt. Das Abkommen will sich in diesen Fällen vielmehr durch stillschweigende Verweisung bzw. Rückanknüpfung auf das innerstaatliche Recht beziehen, da es keine allumfassende Steuerordnung aufstellen kann[44]. Folglich bleibt die Ausfüllung des „Objekttatbestandes“ dem innerstaatlichen Recht überlassen.

Das Regelungswerk des Abkommens kommt erst dann zur Geltung, wenn die Behandlung des Objekttatbestandes durch die Verzichtsnormen zu betrachten ist. Um das Ziel der Abkommen – die Besteuerung nur durch einen der betroffenen Staaten – zu erreichen, sind für die Einkünfte in den Art. 6 bis 21 OECD-MA und für das Vermögen in Art. 22 OECD-MA Regelungen getroffen worden, welcher der beiden Vertragsstaaten sein Besteuerungsrecht behält und welcher zurücktritt. Hierzu grenzen die Abkommensnormen verschiedene Einkunftskategorien ab, die jeweils einer unterschiedlichen Behandlung unterliegen.

Der Objekttatbestand des nationalen Rechts ist daher zunächst daraufhin zu untersuchen, in welche der Einkunftskategorien des Abkommens er sich dem Grunde nach einordnen lässt. Um diesen Vorgang zu erleichtern, bieten die Abkommensnormen zum Teil eigene Definitionen[45] an, zum Teil wird auf das Recht

40 *Vogel*, aaO., Einl. Rn. 48.
41 Z.B. Art. 7 Abs. 1 oder 8 Abs. 1 OECD-MA.
42 Z.B. Art. 6 Abs. 1 OECD-MA.
43 *Vogel*, aaO., Einl. Rn. 48.
44 *Debatin*, DStZ 1987, S. 212 (212).
45 Z.B. Art. 5, Art. 11 Abs. 3 OECD-MA.

eines bestimmten Staates verwiesen[46], teilweise wird aber auch jede eigene Begriffsbestimmung unterlassen.

Neben der Abgrenzung des Objekttatbestandes dem Grunde nach ist es erforderlich, ihn der Höhe nach zu bestimmen. Die Abkommen enthalten hierzu nur spärliche Regelungen, die zudem nur für einige Einkunftskategorien aufgestellt sind[47]. Dies hat zur Folge, dass die Höhe der der Anwendung von Abkommensnormen zugrundezulegenden Bemessungsgrundlage im wesentlichen nach den innerstaatlichen Rechtsvorschriften zu ermitteln ist. Auch dies ist eine Konsequenz dessen, dass die Abkommen nicht in der Lage sind, eine allumfassende Steuerordnung zu liefern.

Weiterhin muss geklärt werden, welchem konkreten Steuerpflichtigen der Objekttatbestand zuzurechnen ist. Auch dieser Bereich ist aus den oben genannten Gründen in den DBA nur sehr unvollkommen und nur für die Einkunftskategorie der Unternehmensgewinne geregelt[48]. Daher muss auch für die Frage der Zurechnung in erster Linie das nationale Steuerrecht der Vertragspartner angewandt werden[49].

Der letzte Bereich des Tatbestandes der Verzichtsnormen stellt die Bestimmung des Quellen- und des Wohnsitzstaates dar. Die Bestimmung des Quellenstaates erfolgt in den Art. 6 bis 21 bzw. Art. 22 OECD-MA über Sachverhaltselemente, so z.B. über die „Belegenheit“[50], die „Herkunft der Einkünfte“[51] oder das „Bestehen einer Betriebstätte“[52]. Der Wohnsitzstaat für natürliche Personen bestimmt sich nach Art. 4 OECD-MA entweder über den Wohnsitz bzw. den ständigen Aufenthalt, den Mittelpunkt der Lebensinteressen, den gewöhnlichen Aufenthaltsort oder die Staatsangehörigkeit des Steuerpflichtigen. Bei juristischen Personen bestimmt sich korrespondierend der Sitzstaat über den Ort der Geschäftsleitung, im Zweifel über den Ort der tatsächlichen Geschäftsleitung.

c) Rechtsfolgen

Neben der Bestimmung der Anwendungsvoraussetzungen und der Tatbestandselemente ist als dritter Bereich der Verzichtsnormen eines DBA die Anordnung einer Rechtsfolge bedeutsam. Die Rechtsfolge für den Quellenstaat besteht darin,

46 Z.B. Art. 6 Abs. 2, Art. 10 Abs. 3 OECD-MA.
47 So nur in Art. 7 Abs. 3, 4 und 6, Art. 11 Abs. 6 und Art. 12 Abs. 4 OECD-MA.
48 Art. 7 Abs. 2 und 5, Art. 9 OECD-MA.
49 So z.B. BFH vom 13.09.1972, I R 130/70, BStBl. II 1973, S. 57; BFH vom 21.01.1976, I R 234/73, BFHE 118, S. 553.
50 *Vogel*, aaO., Einl. Rn. 48; z.B. Art. 6 Abs. 1 oder Art. 13 Abs. 1 OECD-MA.
51 Z.B. Art. 11 Abs. 1 oder Art. 12 Abs. 1 OECD-MA.
52 Z.B. Art. 11 Abs. 1 i.V.m. Art. 5 OECD-MA.

dass das Besteuerungsrecht des Quellenstaates nach Steuerhöhe und/oder Besteuerungsgrundlage[53] entweder nicht[54] oder ganz[55] oder nur teilweise[56] eingeschränkt wird. Die Rechtsfolge des Abkommens für den Quellenstaat ist für jede Einkunftskategorie gesondert in Art. 6 bis 21 OECD-MA und für das Vermögen in Art. 22 OECD-MA geregelt. Der Grad der Einschränkung richtet sich demnach nach der Zuordnung zu einer der Einkunftskategorien des Abkommens. In den Fällen, in denen die Bundesrepublik Deutschland als Quellenstaat anzusehen ist, kommt es allerdings nicht zu einer unmittelbaren Einschränkung der Besteuerung auf die zulässige Höhe. Vielmehr wird die Besteuerung im Quellenstaat, d.h. in Deutschland, zunächst nach innerstaatlichen Vorschriften durchgeführt und erst durch das Erstattungs-, das Freistellungs- oder das Kontrollmeldeverfahren eingeschränkt[57].

Beim Erstattungsverfahren führt der Steuerschuldner die volle, nach innerstaatlichen Vorschriften zu erhebende Quellensteuer an das örtlich zuständige Finanzamt ab; der Gläubiger kann den zuviel erhobenen Teil über einen Erstattungsantrag an das Bundesamt für Finanzen zurückerlangen. Das Erstattungsverfahren ist bei allen dem Kapitalertragsteuerabzug unterliegenden Einkünften zulässig.

Beim Freistellungsverfahren bescheinigt das Bundesamt für Finanzen dem Schuldner durch einen Freistellungsbescheid, dass die Abkommensvoraussetzungen beim Gläubiger der Steuerschuld vorliegen. Der Schuldner darf dann den Steuerabzug bis zur durch das DBA vorgesehenen Höhe unterlassen. Das Freistellungsverfahren ist nur bei Zinsen aus Hypotheken, Grundschulden und sonstigen Kapitalforderungen sowie bei Renten aus Rentenschulden zulässig.

Zur Durchführung des Kontrollmeldeverfahrens muss der Schuldner ebenfalls vom Bundesamt für Finanzen speziell ermächtigt werden. Dann darf dieser den Steuerabzug ganz bzw. teilweise unterlassen, muss jedoch dem Bundesamt für Finanzen die ohne Steuerabzug ausgezahlten Beträge jährlich mitteilen. Das Bundesamt ist dann berechtigt, die Zahlungen der für den Gläubiger örtlich zuständigen ausländischen Steuerbehörde mitzuteilen.

---

53 *Debatin/Wassermeyer*, aaO., SYST. I, Rn. 44 ff. Nach der Besteuerungsgrundlage wird z.B. durch das Betriebstättenprinzip, nach der Steuerhöhe bei Dividenden und Zinsen eingeschränkt.

54 Vgl. z.B. Art. 6 oder Art. 7 Abs. 1 OECD-MA.

55 Vgl. z.B. Art. 12 Abs. 1 OECD-MA.

56 Vgl. z.B. Art. 10 Abs. 2 oder Art. 11 Abs. 2 OECD-MA.

57 Vgl. hierzu das Merkblatt des BMF vom 05.12.1988, IV C 5 – S 1300 – 239/88, BStBl. I 1988, S. 492 über die Regelungen zur „Entlastung von deutscher Kapitalertragsteuer nach den Bestimmungen der DBA über Dividenden und Zinsen oder sonstigen zwischenstaatlichen Abkommen.“

Die Rechtsfolge des Abkommens für den Wohnsitzstaat besteht darin, dass seine Besteuerung in dem Maße aufrechterhalten bleibt, wie sie nicht durch das Besteuerungsrecht des Quellenstaates eingeschränkt ist. Dies ergibt sich zunächst aus den Artikeln 6 bis 21 und 22 OECD-MA, die auch die Rechtsfolge des Abkommens für den Quellenstaat regeln[58]. In Ergänzung dazu sehen die Abkommen entsprechend Art. 23 OECD-MA die Verpflichtung des Wohnsitzstaates vor, eine bei der Aufrechterhaltung der Quellenstaatbesteuerung entstandene Doppelbesteuerung entweder durch die Anrechnung der im Quellenstaat erhobenen Steuern oder durch die Freistellung der ausländischen Einkünfte von der eigenen Besteuerung zu beseitigen. Die Durchführung des Anrechnungs- oder Freistellungsverfahrens bestimmt sich häufig nach den innerstaatlichen Verfahrensvorschriften[59] - in der Bundesrepublik Deutschland nach den Regelungen des § 34c EStG i.V.m. §§ 68a ff. EStDV und R 212a ff. EStR für die Anrechnung und nach § 32b EStG und R 185 EStR für die Feistellung mit Progressionsvorbehalt.

Eine im Abkommen vereinbarte Einschränkung der Besteuerungskompetenz ist endgültig, d.h. sie lebt auch dann nicht wieder auf, wenn der nach dem DBA besteuerungsberechtigte Vertragsstaat von seinem Recht mangels innerstaatlicher Steuerpflicht keinen Gebrauch macht[60]. Zur Durchführung der Besteuerung im DBA-Fall ist also sowohl eine innerstaatliche Steuerpflicht als auch das Besteuerungsrecht nach dem jeweils maßgeblichen DBA erforderlich. Andererseits führt die Zuweisung des Besteuerungsrechts zu nur einem der Staaten aber auch dazu, dass Verluste nur in diesem Staat berücksichtigungsfähig bleiben[61].

Neben den Normen zur Abgrenzung des Anwendungsbereiches und zur Vermeidung der Doppelbesteuerung enthalten die Abkommen häufig noch weitere Bestimmungen. Das sind beispielweise Diskriminierungsverbote (Art. 24 OECD-MA), Regeln über das Verständigungsverfahren (Art. 25), Regelungen über den Informationsaustausch zwischen den Vertragsstaaten (Art. 26) sowie Regeln über die Rechts- und Amtshilfe.

58 *Mössner*, in: Böckstiegel, u.a., FS für Seidl-Hohenveldern, 1988, S. 416; *Hannes*, aaO., S. 19; vgl. z.B. Art. 10 Abs. 1 i.V.m. Art. 10 Abs. 2 OECD-MA.

59 *Vogel*, aaO., Art. 23, Rn. 167 ff.

60 Es handelt sich um das Verbot der sogenannten „virtuellen Doppelbesteuerung". Vgl. hierzu: BFH vom 07.07.1967, III 210/61, BStBl. III 1967, S. 588; BFH vom 31.07.1974, I R 27/73, BStBl. II 1975, S. 61.

61 *Debatin*, BB 1988, S. 1155 (1156); *Burmester*, aaO., S. 296 f.

3. Ziele der DBA

„Primärer Zweck aller deutschen DBA ist die Ausschaltung der internationalen Doppelbesteuerung.“[62] Diese Feststellung besitzt Gültigkeit für alle geltenden deutschen DBA[63], denn die wesentlichen und grundlegenden Bestimmungen der Abkommen dienen dazu, eine doppelte Steuerbelastung zu vermeiden. Hieraus kann jedoch kein Anspruch der Steuerpflichtigen auf Vermeidung jeder Doppelbesteuerung bei Bestehen eines DBA hergeleitet werden[64]. Vielmehr hat der Steuerpflichtige einen Anspruch auf die Vermeidung der Doppelbesteuerung insoweit der Abkommensschutz reicht, während die vom DBA nicht erfassten Doppelbesteuerungsfälle auf Abkommensebene auch nicht gelöst werden können[65].

Neben diesem Hauptzweck der Abkommen bestehen noch eine Reihe weiterer Nebenziele, wobei jedoch teilweise Unterschiede in der Gewichtung hinsichtlich des Abschlusszeitpunktes, der Abkommensvorbilder und der Partnerstaaten bestehen[66]. Hierbei ist als wichtigstes Nebenziel die Verhinderung der Minderbesteuerung oder Doppelbegünstigung zu nennen[67]. Die Verwirklichung dieses Abkommenszweckes erfolgt durch die der Aufklärung internationaler Sachverhalte dienenden Informationsklauseln, durch Amts- und Rechtshilfe-Klauseln und durch vereinzelt vereinbarte Regelungen, die den Vertragsstaaten ausdrücklich gestatten, ihre nationale Gesetzgebung zur Verhinderung der Steuerflucht weiter anzuwenden[68].

Besonders den DBA, die nach den OECD-Mustern gestaltet sind, kommt zudem auch eine Liberalisierungsfunktion zur Förderung der internationalen Wirtschaftstätigkeit zu[69]. Bei den Abkommen mit Entwicklungsländern lässt sich als weiteres Ziel die Förderung von Investitionen im Vertragsstaat feststellen[70].

---

62 *Weber-Fas*, aaO., 1982, S. 24; vgl. ferner: *Bühler*, Prinzipien des internationalen Steuerrechts, 1964, S. 166; *Lüdicke*, Steuerermäßigung bei ausländischen Einkünften, 1985, S. 8.

63 Vgl. *Preuninger*, Rechtsprobleme des Funktionswandels deutscher Doppelbesteuerungsabkommen, 1980, S. 56 ff., S. 133 ff., S. 285 ff.

64 *Bühler*, aaO., S. 58; *Preuninger*, aaO., S. 65; BFH vom 14.02.1975, VI R 210/72, BStBl. II 1975, S. 497.

65 Vgl. *Bühler*, aaO., S. 167 ff.

66 Ausführlich dazu *Preuninger*, aaO., S. 56 ff., S. 133 ff., S. 311 ff.

67 Vgl. *Bühler*, aaO., S. 169; *Weber-Fas*, aaO., S. 29; *Lüdicke*, aaO., S. 8.

68 Vgl. z.B. Art. 4 Abs. 4 DBA Deutschland-Schweiz.

69 *Preuninger*, aaO., S. 210 ff., S. 285 ff.; *Weber-Fas*, aaO., S. 25.

70 *Preuninger*, aaO., S. 288 ff.

III. Die Bedeutung der Qualifikation im Internatonalen Steuerrecht und im Internationalen Privatrecht

1. Unterschiede und Gemeinsamkeiten von Internationalem Privatrecht und Internationalem Steuerrecht

Es sei zunächst bemerkt, dass sich das Steuerrecht in Deutschland erst nach dem Ersten Weltkrieg von dem bürgerlichen Recht abgehoben hat. Bei dem Steuerrecht handelt es sich daher um eine relativ junge Rechtsmaterie, was die enge Verbindung von deutschem Internationalem Steuerrecht und Internationalem Privatrecht bei der Wahl der Begriffsbezeichnungen und Lösungsansätze bedingt. Diese Verbindung ist auch auf der Ebene der deutschen nationalen Rechtsordnung zu erkennen, obwohl das deutsche Steuerrecht systematisch zu dem öffentlichen Recht gehört[71].

a) Wechselseitige Beziehung von Zivilrecht und Steuerrecht

Die Beziehungen zwischen Steuerrecht und Zivilrecht werden im Schrifttum kontrovers diskutiert. Einige wenige Autoren[72] vertreten sogar die Auffassung, dass das Steuerrecht als Annexrecht oder Folgerecht des Zivilrechts anzusehen sei und das Zivilrecht dem Steuerrecht prävalent sei. Die meisten Vertreter der Literatur sind indessen dazu geneigt, das Steuerrecht als ein vom Zivilrecht völlig emanzipiertes Rechtsgebiet zu betrachten[73]. Man erkennt zwar an, dass das Zivilrecht die Institutionen für den Rechtsverkehr liefert, der für die am Rechtsverkehr Beteiligten wirtschaftliche Ergebnisse hervorbringt, an die das Steuerrecht anknüpft. Jedoch verwenden die Steuergesetze zum weit überwiegenden Teil Begriffe zivilrechtlicher Herkunft, wie z.B. Vermietung, Verpachtung, Nießbrauch, Leibrente, Veräußerung usw., ohne eine Maßgeblichkeit des zivilrechtlichen Begriffsinhalts für den steuerlichen Tatbestand erkennbar zu machen[74].

Die herrschende Lehre empfiehlt ferner, bei der Auslegung zivilrechtlich vorgegebener Begriffe im Steuerrecht stets davon auszugehen, dass es keine teleologische Prävalenz des Zivilrechts gibt[75]. Auch nach der Meinung des Bundesverfassungsgerichts (BVerfG) habe das dem Zivilrecht nebengeordnete Steuerrecht seine eigene Teleologie, die bei der Auslegung von Steuergesetzen zu entfalten

---

71 Vgl. *Tipke/Lang*, aaO., § 1, Rn. 16.

72 z.B. *Crezelius*, Steuerrecht II, 1994, S. 6 ff.; *Flume*, Steuerwesen und Rechtsordnung, 1986, S. 24.

73 Zusammenfassend bei *Tipke*, Die Steuerrechtsordnung, Band I, 1993, S. 89 ff.

74 Vgl. *Tipke/Lang*, aaO., § 1, Rn. 17 ff.

75 *Tipke/Lang*, aaO., § 1, Rn. 19.

sei[76]. Daher seien steuerrechtliche Tatbestandsmerkmale, auch wenn sie einem anderen Rechtsgebiet entnommen sind, nach dem steuerrechtlichen Bedeutungszusammenhang zu interpretieren[77]. Dieser Ansatz ist auch für die Lösung der Probleme des Internationalen Steuerrechts bedeutsam, da dieses eine eigenständige, vom Internationalen Privatrecht abgelöste Begrifflichkeit insbesondere in Bezug auf Qualifikationskonflikte statuiert. Die Orientierung auf eine privatrechtliche Auslegung der umstrittenen Begriffe des Internationalen Steuerrechts beseitigt nicht deren Widersprüchlichkeit, vielmehr führt sie zu weiteren Missverständnissen. Darauf wird in den nachfolgenden Kapiteln ausführlich eingegangen.

Das Steuerrecht und das Zivilrecht sowie das Internationale Steuerrecht und das Internationale Privatrecht haben allerdings trotz ihrer Unterschiede ein gemeinsames Anwendungsgebiet, da bei unternehmerischen Entscheidungen sowohl im nationalen, als auch im internationalen Bereich die Rechtsvorschriften beider Rechtsgebiete zu berücksichtigen sind. So korrespondiert beispielweise die internationalprivatrechtliche Fragestellung nach der Rechtsfähigkeit einer ausländischen Gesellschaftsform als Kapitalgesellschaft mit der steuerlichen Fragestellung nach der Körperschaftsteuerpflicht dieses ausländischen Rechtsgebildes bzw. der Einkommensteuerpflicht seiner Gesellschafter bei einer Betriebstätte in der Bundesrepublik Deutschland. Eine weitere Gemeinsamkeit der beiden Rechtsgebiete ist die in beiden Fällen vorgenommene Unterscheidung von Sachnormen und Nicht-Sachnormen[78]. Im IPR werden diese als Kollisionsnormen bezeichnet, da sie Fälle der Kollision nationaler Rechtsordnungen lösen sollen. Auch in den DBA finden sich in erster Linie Rechtsnormen, die Aussagen über die Besteuerung in den Vertragsstaaten treffen, ohne diese materiell zu regeln. Selbst das nationale Außensteuerrecht enthält Normen, die der Abgrenzung des Besteuerungsanspruchs dienen[79]. Es stellt sich aber die Frage, ob auch die Normen des Internationalen Steuerrechts den Charakter von Kollisionsnormen besitzen und daher als solche bezeichnet werden sollten.

76 Vgl. *Ruppe*, in: Herrmann/Heuer/Raupach, EStG/KStG, Einf. ESt. Anm. 451.

77 BVerfG, StuW 1992, S. 186 ff.

78 Vgl. *Mössner*, in: Böckstiegel u.a., FS für Seidl-Hohenveldern, 1988, S. 414 ff.

79 Siehe z.B. *Vogel*, Der räumliche Anwendungsbereich der Verwaltungsrechtsnorm, 1965, S. 299 ff.; *Knechtle*, Grundfragen des Internationalen Steuerrechts, 1976, S. 158 ff.

b) Essentielle Unterschiede zwischen den Kollisionsnormen des IPR und den Verzichtnormen des Internationalen Steuerrechts

Kollisionsnormen im IPR sind dadurch gekennzeichnet, dass sie zur Lösung grenzüberschreitender Sachverhalte eine allein anwendbare Rechtsordnung suchen, zu diesem Zweck die des einen oder die des anderen Staates für anwendbar erklären und die jeweils andere Rechtsordnung gänzlich dahinter zurücktreten lassen. Sie sind häufig sogenannte zweiseitige Kollisionsnormen, die nicht nur – wie einseitige Kollisionsnormen – eine Aussage über die Anwendbarkeit oder die Nicht-Anwendbarkeit der Sachnormen der eigenen Rechtsordnung enthalten, sondern auch die Anwendbarkeit von Sachnormen ausländischer Rechtsordnungen statuieren. Aus der Natur der im Privatrecht zu entscheidenden Fragen ergibt sich, dass zwei Rechtsordnungen nicht gleichzeitig angewandt werden können. Somit bleibt als Kernfrage bei der Qualifikation nur, welche der in Frage kommenden Rechtsordnungen anzuwenden ist[80].

Im Steuerrecht besteht eine andere Situation. In den DBA wird nicht das eine oder das andere innerstaatliche Recht völlig beiseite geschoben, sondern beide Rechtsordnungen bleiben in gewissen Bereichen anwendbar, während die Vertragsstaaten in anderen Bereichen einen Verzicht der Anwendbarkeit des eigenen Rechts vereinbaren[81]. Dies wird insbesondere bei der Anrechnungsmethode, bei der Überlassung eines begrenzten Besteuerungsrechts an den Quellenstaat oder beim Progressionsvorbehalt deutlich. Ebenso zeigt sich dieses Charakteristikum der DBA-Normen auch daran, dass z.B. die Berechnung der Einkünfte auch im DBA-Fall fast ausschließlich nach nationalem Recht vorgenommen wird[82]. Schon aus diesem Grund kann ein vollständiger Rücktritt der einen oder der anderen Steuerrechtsordnung nicht in Frage kommen. Die doppelte Besteuerung wird bei DBA damit nicht durch die Auswahl einer von mehreren Rechtsordnungen beseitigt, sondern durch die Ausschaltung der Konkurrenz mehrerer materieller Steuerrechtsnormen mittels der vertraglich vereinbarten Begrenzung des Besteuerungsrechts des einen oder des anderen Staates[83]. Dabei erlegen die DBA-

---

80 Siehe z.B. *Firsching*, Einführung in das internationale Privatrecht, S. 37, S. 46.

81 *Vogel*, StuW 1982, S. 111 (117); *Debatin*, RIW 1988, S. 727 (728).

82 Ausnahmen stellen z.B. die „dealing at arms length"-Regel des Art. 9 OECD-MA oder die Vorschriften des Art. 7 Abs. 3 OECD-MA über die Abzugsfähigkeit bestimmter Aufwendungen bei der Gewinnermittlung für Betriebstätten dar.

83 Vgl. *Strobl*, Zur Auslegung von Doppelbesteuerungsabkommen unter besonderer Berücksichtigung ausländischer Rechtsordnungen, in: Knobbe-Keuk, FS für Döllerer, Düsseldorf 1988, S.635 (636); *Debatin/Wassermeyer*, aaO., SYST. I, Rn. 39 und SYST. II, Rn. 1 ff.

Normen den Vertragsstaaten Besteuerungsverzichte auf und sollten deswegen treffender als Verzichtsnormen bezeichnet werden[84].

Auch bei der Anwendung des deutschen nationalen Außensteuerrechts bleiben beide Rechtsordnungen in gewissen Bereichen anwendbar, während in anderen Bereichen entweder ausdrücklich[85] oder stillschweigend[86] einseitig auf die Anwendung des eigenen innerstaatlichen Rechts verzichtet wird. Ebenfalls im nationalen Außensteuerrecht geht es daher nicht um die Auswahl und Anwendung einer von mehreren Rechtsordnungen, sondern um die Festlegung des Anwendungsbereichs der Rechtsordnung des Staates, der diese Normen aufstellt.

Darüber hinaus kann im nationalen Außensteuerrecht eine so offensichtliche Trennung von Sach- und Nicht-Sachnormen wie bei den DBA nicht festgestellt werden. Die außensteuerrechtlichen Normen sind, da sie Bestandteil nur des nationalen Steuerrechts sind, nicht immer von nicht-außensteuerrechtlichen Normen abzugrenzen. In vielen außensteuerrechtlichen Normen sind zugleich Regelungen über die Besteuerung und über die Abgrenzung des Geltungsbereichs der Besteuerung getroffen, in anderen Normen entfällt der Abgrenzungscharakter jedoch völlig. Sie erstrecken ihre Geltung ohne jede räumliche Begrenzung auf das In- und Ausland[87]. Im Bereich des nationalen Außensteuerrechts sollte daher der Begriff der „Kollisions- oder Verzichtsnormen“ vermieden werden, zu sprechen ist vielmehr von Sachnormen. Diese mögen, wenn eine Unterscheidung sinnvoll erscheint und möglich ist, als Sachnormen mit Abgrenzungscharakter bezeichnet werden.

Weiterhin ist zu beachten, dass die Besteuerung eines grenzüberschreitenden Sachverhalts aus deutscher Sicht in der Überzeugung stattfindet, dass das deutsche Steuerrecht grundsätzlich anwendbar ist. Damit ist ein weiterer grundlegender Unterschied zum IPR gegeben, denn im IPR wird mit der Qualifikation erst das anwendbare Recht ermittelt, während dieses im Internationalen Steuerrecht bereits vorher bekannt ist[88]. Der Qualifikationsvorgang findet im Internationalen Steuerrecht also zu einem anderen Zeitpunkt als im IPR statt: Nicht vor, sondern erst nach der Bestimmung des anwendbaren Rechts[89]. Auch dieses Merkmal zeigt, dass der im IPR mit dem Ausdruck „Qualifikation“ bezeichnete Vorgang

---

84 Siehe *Debatin/Wassermeyer*, aaO., SYST. I, Rn. 36 ff.

85 Z.B. § 34c EStG oder § 1 Abs. 4 i.V.m. § 49 EStG.

86 Ausländische Einkünfte eines unbeschränkt Steuerpflichtigen unterliegen nur dann der deutschen Einkommensbesteuerung, wenn sie sich in eine der Einkunftsarten des EStG einordnen lassen.

87 So z.B. fast alle Normen, die die Steuerpflicht von Einkünften eines unbeschränkt Steuerpflichtigen regeln.

88 Vgl. *Vogel*, aaO., Einl., Rn 26.

89 Vgl. *Vogel*, IStR 1999, S. 5 (6 ff.).

im Internationalen Steuerrecht nicht die Aufgabe haben kann, eine der beteiligten Rechtsordnungen als anwendbar zu bestimmen.

Es bleibt also festzuhalten, dass es sowohl im IPR, als auch im Internationalen Steuerrecht eine Unterscheidung von Sachnormen und Nicht-Sachnormen gibt. Für die Ziele der vorliegenden Arbeit ist jedoch von Bedeutung, dass die Nicht-Sachnormen des Internationalen Steuerrechts eine andere Funktion als die Kollisionsnormen im IPR haben. Während die Kollisionsnormen im IPR der Auswahl des zuständigen Rechts dienen, besteht die Aufgabe der Verzichtsnormen und der Sachnormen mit Abgrenzungscharakter im Internationalen Steuerrecht in der Festlegung des Anwendungsbereiches der jeweiligen Steuerrechtsordnung.

2. Lösungsmöglichkeiten für Qualifikationskonflikte im IPR

Ein Qualifikationskonflikt im IPR ist dadurch bedingt, dass ein gleichlautender Gattungsbegriff in den Kollisionsnormen der beteiligten Staaten A und B unterschiedlich ausgelegt wird. Ein Richter im Staat A, der die Rechtslage zu prüfen hat, muss jedoch eine eindeutige Entscheidung treffen. Dafür bestehen im IPR drei Möglichkeiten[90]:

– Die Ansicht im Staat A ist entscheidend. Diese Lösung wird als Qualifikation nach der *lex fori* bezeichnet. Nach der lex-fori-Theorie bestimmen sich die Gattungsbegriffe in der Kollisionsnorm des zur Entscheidung berufenen Staates entsprechend dem Sinngehalt der gleichlautenden Ausdrücke in den Sachnormen dieses Staates.

– Die Ansicht im Staat B ist entscheidend. Die Qualifikation nach der Auffassung in dem Staat, dessen Rechtsordnung von der fraglichen Rechtsnorm berufen wird (Wirkungsstatut), folgt der lex-causae-Theorie.

– Es wird ein von den Rechtsauffassungen in den betroffenen Staaten unabhängiges Verständnis vom Charakter des Gattungsbegriffes gesucht. Diese Qualifikationsmethode wird als die autonome oder rechtsvergleichende Qualifikation bezeichnet[91]. Eine Beschränkung auf den Sinngehalt des einen oder des anderen Rechts kommt dementsprechend nicht in Frage, vielmehr muss der besonderen

---

90 Siehe z.B. *Firsching*, aaO., S. 46 ff.; *Kegel*, Internationales Privatrecht, 6. Auflage, S. 203 ff.

91 Siehe *Rabel*, Das Problem der Qualifikation, Zeitschrift für ausländisches und internationales Privatrecht, 1931, S. 241 (282 ff.).

Funktion des Kollisionsrechts Rechnung getragen werden. Die Tatsache, dass in Kollisions- und Sachnormen häufig gleichlautende Ausdrücke verwendet werden, ist daher lediglich darauf zurückzuführen, dass bisher keine einheitliche internationale Rechtssprache existiert und deswegen für die Schaffung von Kollisionsnormen auf die Begriffsbezeichnungen der Sachnormen zurückgegriffen werden muss. Die Bedeutung kollisionsrechtlicher Ausdrücke ist nach dieser Auffassung durch Rechtsvergleichung zu ermitteln, indem festgestellt wird, was rechtsvergleichend zusammengehört[92].

Im Rahmen dieser kurzen Darstellung der Lösungsmöglichkeiten im IPR kann keine umfassende Diskussion der verschiedenen Qualifikationsmethoden erfolgen. Es wäre jedoch sinnvoll, die obengenannten Optionen auch für die Zwecke der Lösung steuerrechtlicher Qualifikationskonflikte im Auge zu behalten.

3. Die Rolle der Qualifikation im Internationalen Steuerrecht

Die Anwendung des Ausdrucks „Qualifikation“ für das Steuerrecht wurde in Deutschland bereits Anfang der 30er Jahre diskutiert[93]. Das Qualifikationsproblem bezeichnete man damals als ein Auslegungsproblem, bei dem es sich darum drehte, „Begriffe der Steuerrechtsordnung A mit Rechtserscheinungen aus dem Lebenskreise der Rechtsordnung B auszufüllen“[94]. Ein Qualifikationskonflikt bestehe demnach darin, „dass Begriffe, die vom Recht mehrfach verwendet werden, in den verschiedenen Rechtsnormen, die den Begriff benutzen, denselben Inhalt haben sollten, dass aber in Wirklichkeit nur eine unvollständige Übereinstimmung der Begriffsinhalte vorhanden ist“[95].

Diese ersten Definitionen der Begriffe im Internationalen Steuerecht sind in der Folge von einer Vielzahl von Autoren aufgegriffen, erweitert und verfeinert worden. Für diese Arbeit wird daher von folgenden neueren Begriffsbestimmungen ausgegangen: Unter „Qualifikation“ soll im Internationalen Steuerrecht die Subsumtion von in einer Rechtsordnung verwirklichten und von ihr geprägten, vorgeformten und gestalteten Sachverhalten oder in ihr enthaltenen Rechtsbegrif-

---

92 Ausführlich dazu *Vogel*, Der räumliche Anwendungsbereich der Verwaltungsrechtsnorm, 1965, S. 281 f.

93 Siehe *Herzfeld*, Probleme des internationalen Steuerrechts unter besonderer Berücksichtigung des Territorialitätsproblems und des Qualifikationsproblems, Vierteljahresschrift für Steuer- und Finanzrecht, 1932, S. 422 ff.; darstellend *Hannes*, aaO., S. 31 f.

94 *Herzfeld*, aaO., S. 457.

95 *Wengler*, Beiträge zum Problem der internationalen Doppelbesteuerung, 1935, S. 8.

fen unter die in den Normen einer anderen Rechtsordnung enthaltenen Tatbestände verstanden werden. Die Normen der anderen Rechtsordnung sind zu diesem Zweck auszulegen. Bei den auszulegenden Normen kann es sich um solche einer zwischenstaatlichen Rechtsordnung (DBA) handeln, also um Verzichtsnormen. Es ist aber ebenso möglich, dass die Qualifikation bei der Anwendung der Sachnormen mit Abgrenzungscharakter des AStR erforderlich wird.

Es sei bemerkt, dass die Verwendung des Begriffes „Qualifikation" für die im Bereich des nationalen AStR vorzunehmenden Aufgaben der Einordnung in der Literatur zum Teil abgelehnt wird[96]. Begründet wird dies damit, dass im nationalen Außensteuerrecht nicht die Subsumtion unter Kollisionsnormen, sondern nur unter Sachnormen in Frage käme. Daher wird für solche Fragen im Bereich des AStR die Verwendung des Begriffs „Subsumtion" vorgeschlagen[97], aber zugleich darauf hingewiesen, dass es sich nur um einen Sonderfall der Qualifikation handelt.

In dieser Arbeit soll auch für den Bereich des AStR am Begriff der „Qualifikation" festgehalten werden. Der Streit um Begriffe ist m.E. nicht von wissenschaftlichem Wert und daher nur dann berechtigt, wenn es sich um die Vermeidung fundamentaler Unklarheiten handelt. Diese sind hier jedoch nicht gegeben. Es ist offensichtlich, dass die Qualifikation im Internationalen Steuerrecht von der Qualifikation im IPR sachlich getrennt zu sehen ist. Dieser Umstand, auf den auch immer wieder hingewiesen wird[98], ist allgemein bekannt.

Im übrigen ist die steuerrechtliche Qualifikation nicht nur für den Bereich des AStR, sondern ebenso für den Bereich der DBA von der privatrechtlichen Qualifikation getrennt zu betrachten. Auch bei den DBA liegt keine Qualifikation im international-privatrechtlichen Sinne vor, denn die Abkommensanwendung führt, wie oben dargelegt, nicht zur Auswahl einer allein anwendbaren Rechtsordnung.

Die DBA gehören wegen ihrer Doppelnatur als völkerrechtliche Verträge und als Gesetze keiner innerstaatlichen Rechtsordnung allein an, sondern üben eine Brückenfunktion zwischen diesen aus[99]. Daher ist deren Auslegung durch die Schwierigkeit gekennzeichnet, dass Sachverhalte und Rechtsbegriffe, die in einer Rechtsordnung verwirklicht wurden, der das DBA nicht allein zuzuordnen ist, unter seine Normen zu subsumieren sind. Aber auch bei der Anwendung von nationalen Normen im AStR stellen sich gleichartige Probleme, denn auch hier geht

96 So vor allem *Vogel*, aaO., Einl., Rn. 90 ff.

97 Siehe *Vischer*, Die rechtsvergleichenden Tatbestände im internationalen Privatrecht, 1953, S. 44 ff.

98 Vgl. *Bühler*, aaO., S. 76; *Mössner*, aaO., S. 8; *Vogel*, aaO., Einl., Rn. 91.

99 Siehe *Widmer*, Probleme des internationalen Steuerrechts, StbJB 1976/77, S. 395 (403).

es um die Subsumtion von Sachverhalten und Rechtsbegriffen der einen Rechtsordnung unter die Tatbestände der Normen einer anderen Rechtsordnung.

Dabei kann für die Wahl der Begriffsbezeichnung im Vergleich zum IPR nicht ausschlaggebend sein, dass es sich bei den Normen des AStR um Sachnormen handelt. Auch im Bereich der DBA gelangen keine Kollisionsnormen zur Anwendung, dennoch wird von Qualifikation gesprochen[100]. Entscheidend muss vielmehr sein, dass die Funktion der Sachnormen des AStR und der Verzichtsnormen der DBA ähnlich ist; in beiden Fällen geht es um die Festlegung des Anwendungsbereichs des Steuerrechts. Daher ist auch die Verwendung eines einheitlichen Ausdrucks für die in beiden Bereichen ähnlichen Probleme gerechtfertigt. Es stellt sich nur noch die Frage, ob dies der Ausdruck „Qualifikation" sein sollte.

Es ist in diesem Zusammenhang zu berücksichtigen, dass sich dieser Ausdruck seit fast 70 Jahren in der Sprache des Internationalen Steuerrechts eingebürgert hat und wahrscheinlich nicht mehr zu tilgen sein wird. Er hat sich mittlerweile zu einem technischen Ausdruck für einen Sonderfall der Auslegung von Normen des Steuerrechts entwickelt[101]. Es erscheint deswegen wenig sinnvoll, einen neuen Ausdruck einzuführen, der möglicherweise ebenfalls mit gewissen Mängeln behaftet sein wird. Daher sollte der Ausdruck „Qualifikation" für das angesprochene Problem beibehalten werden, wobei immer dann, wenn eine Abgrenzung notwendig erscheint, von „steuerrechtlicher Qualifikation" im Gegensatz zur „privatrechtlichen Qualifikation" gesprochen werden sollte.

Bei der Durchführung der Qualifikation kann es zu Schwierigkeiten kommen, wenn die Qualifikation zu einer widerstreitenden Subsumtion eines in einer ausländischen Rechtsordnung verwirklichten Sachverhaltes oder eines in ihr enthaltenen Rechtsbegriffs unter eine in einer anderen Rechtsordnung befindliche Norm des Internationalen Steuerrechts führt, da die in der entsprechenden Norm enthaltenen Begriffe von Auslegungssubjekten verschiedener Rechtsordnungen unterschiedlich ausgelegt werden. Diese Situation soll als Qualifikationskonflikt bezeichnet werden.

Die Folgen eines Qualifikationskonfliktes können einerseits Minderbesteuerung und andererseits das systemwidrige Bestehenbleiben von Doppelbesteuerung sein. Zur Kennzeichnung der Auswirkungen des Konfliktes soll von einem positiven Qualifikationskonflikt beim Bestehenbleiben von Doppelbesteuerung und vom negativen Qualifikationskonflikt beim Entstehen von Minderbesteue-

---

100 Vgl. *Bühler*, aaO., S. 59 ff.; *Vogel*, aaO., Einl., Rn. 90 ff.; *Debatin/Wassermeyer*, aaO., SYST. III, Rn. 138 ff.

101 *Schlütter*, Personengesellschaft oder Körperschaft?, in: Vogel (Hrsg.), Grundfragen des internationalen Steuerrechts, 1985, S. 215 (217).

rung gesprochen werden[102]. Die Auswirkungen eines Qualifikationskonfliktes lassen sich in der Regel umkehren, wenn der in Frage stehende steuerliche Sachverhalt in den anderen beteiligten Staat gelegt wird. Wie nachfolgend zu zeigen sein wird, ist es allerdings auch denkbar, dass keine Veränderung der Steuerbelastung eintritt, obwohl ein Qualifikationskonflikt vorliegt. Es soll in solchen Fällen von einem virtuellen Qualifikationskonflikt gesprochen werden.

Neben diesen materiellen Folgen des Qualifikationskonfliktes lassen sich auch formelle Qualifikationskonflikte abgrenzen. So hatte z.B. der BFH mit Urteil vom 16.04.1986[103] über einen Fall zu entscheiden, in dem der Steuerpflichtige Ermittlungsmaßnahmen ausgesetzt war, die nach seiner Ansicht gegen Art. 27 DBA Deutschland-Schweiz verstießen. *Hofmann* weist ferner darauf hin, dass ein Quellenstaat häufig erst einmal abkommenswidrig Quellensteuern erhebt, um sie später in einem bürokratischen und damit teueren Verfahren an den Steuerpflichtigen zurückzuerstatten[104]. Diese Fälle, die auch durch formelle Qualifikationskonflikte verursacht werden können, sollen wegen ihrer im Verhältnis zu den materiellen Konflikten geringeren Bedeutung in dieser Arbeit jedoch nicht weiter betrachtet werden.

---

102 Vgl. z.B. *Pilzt*, Doppelbesteuerungsabkommen und Steuerumgehung unter besonderer Berücksichtigung des treaty-shopping, Hefte zur internationalen Besteuerung, Heft 25, 1986, S. 52 ff.

103 I R 32/84, BStBl. II 1986, S. 736.

104 Siehe *Hofmann*, Doppelbesteuerung von Zinsen trotz DBA und Gestaltungen zu deren Vermeidung, Münchner Schriften zum internationalen Steuerrecht, Heft 9, 1985, S. 17.

C. Die Auslegung als Auftakt der Konfliktentstehung im Recht der Doppelbesteuerungsabkommen

Eine Qualifikation im rechtlichen Sinne beginnt mit der Auslegung der anzuwendenden Rechtsnorm. Da die Rechtswissenschaft im Gegensatz zu den Naturwissenschaften nicht auf „einzig wahren" Regeln, sondern eher auf vielfältigen, zum Teil kollidierenden Auffassungen beruht, sind die Ergebnisse der Rechtsanwendung häufig widersprüchlich und verwirrend. Die Auslegung von Rechtsnormen als ein unentbehrlicher Teil der Rechtsanwendung ist ebenfalls mit diesen Mängeln behaftet. Dies gilt in vollem Maße auch für das DBA-Recht.

Das nachstehende Kapitel ist daher der Problematik der DBA-Auslegung gewidmet, da die Wurzeln der Qualifikationskonflikte in divergierenden Auslegungsergebnissen zu suchen sind. Es wird versucht, einheitliche Regeln der Auslegung von DBA aufzustellen und auf die Gefahr der Entstehung von Qualifikationskonflikten im Fall der Abweichung von diesen Regeln hinzuweisen. Als Gegenstand der Untersuchungen werden primär die Regelungen des OECD-MA in der Fassung des Jahres 2000 betrachtet, da das Musterabkommen allen neueren DBA der OECD-Länder zugrunde gelegt wurde. Sein Regelwerk ist daher die Quintessenz des deutschen DBA-Rechts.

I. Die Grundsätze der Auslegung von DBA

1. Qualifikation als Auslegungsproblem

Das Verständnis von einem Rechtsbegriff eines DBA erlangt man nur durch Auslegung, da die Sprache ein unvollkommenes Mittel ist, um das Gedachte in die Wirklichkeit umzusetzen.[1] Dieses Auslegungsproblem, das bei jeder Rechtsanwendung auftritt, wird durch den Charakter der DBA als Verzichtsnormen noch verstärkt, da die DBA zwischen zwei verschiedenen Steuerrechtsordnungen stehen, deren Anwendungsbereich sie jeweils einschränken und auf deren unterschiedliche Rechtssprache sie sich jeweils beziehen müssen. Da somit die Auslegung aus der Sicht von beiden Rechtsordnungen erfolgt, besteht die Gefahr, dass unterschiedliche innerstaatliche Auslegungsauffassungen in die Abkommensauslegung hineingetragen werden und es zu einer divergierenden Auslegung des

1 Vgl. *Vogel*, Doppelbesteuerungsabkommen, Kommentar, 3. Auflage, Einl. Rn. 61.

DBA kommt. In deren Folge kann eine widersprüchliche Subsumtion des in Frage stehenden Sachverhaltes oder Rechtsbegriffes unter eine Abkommensnorm vorgenommen werden.

Der bei der Qualifikation im deutschen Außensteuerrecht erforderliche Typenvergleich ist hingegen bei der Qualifikation im DBA-Recht nicht vorzunehmen. Hierzu wäre es erforderlich, dass sich in der Rechtsordnung, unter deren Normen zu qualifizieren ist, tatsächliche Vorgänge abspielen können, die eine Vergleichsgrundlage darstellen könnten. Die DBA gehören jedoch wegen ihrer Brückenfunktion zwischen den Vertragspartnern (sog. Regelungssouveränität) keiner der Rechtsordnungen der Vertragsstaaten ausschließlich an.[2] Nur in diesen können sich tatsächliche Vorgänge ereignen, nicht hingegen auf der Ebene der Abkommen. Damit scheidet auch die Durchführung eines dem Außensteuerrecht vergleichbaren Qualifikationsverfahrens aus. Die Qualifikation im Abkommensrecht reduziert sich vielmehr auf die Auslegung der DBA. Damit stellt sich der Qualifikationskonflikt als Auslegungsproblem dar.[3] Dies bedeutet, dass zunächst zu klären ist, welche Regeln bei der Auslegung der in den DBA enthaltenen Ausdrücke anzuwenden sind.

Die Regelungen eines DBA werden durch einen Anwendungsbefehl (Zustimmungsgesetz) zum unmittelbar innerstaatlich anwendbaren Recht.[4] Es wäre daher denkbar, die für die sonstigen nationalen Steuergesetze geltenden Auslegungsregeln auch auf die Vorschriften des jeweiligen DBA anzuwenden, da das Abkommen durch das Zustimmungsgesetz neben die sonstigen nationalen Steuergesetze gestellt ist. Diese Überlegung müsste dann für beide Vertragspartner gelten, so dass die Auslegung eines DBA in den beiden Vertragsstaaten jeweils nach deren innerstaatlichen Auslegungsregeln zu erfolgen hätte. Die Entstehung von Subsumtions- bzw. Qualifikationskonflikten wäre damit vorprogrammiert. Es ist daher zu prüfen, ob besondere Auslegungsregeln für DBA zu beachten sind.

2. Die eigenständige Begriffswelt der DBA

Die Auslegung von Rechtsnormen bedeutet die Erfassung und die Klarstellung ihres Sinnes.[5] Wenn der Sinn von Rechtsnormen in DBA mittels Auslegung aus dem Regelungswerk des DBA selbst zu ermitteln ist, so sollten zwei Voraussetzungen erfüllt sein. Zunächst muß das Regelungswerk des jeweiligen DBA hin-

2 Siehe *Schaumburg*, Internationales Steuerrecht, 2. Auflage, S. 781, Rn. 16.51.

3 Vgl. *von Poser und Gross-Naedlitz*, Der Qualifikationskonflikt bei Doppelbesteuerungsabkommen, 1972, S. 35 f.

4 Vgl. oben Kapitel B., Abschnitt II., Punkt 1.

5 *Larenz*, Juristische Methodenlehre, 6. Auflage, S. 85.

reichende Anhaltspunkte bieten, um die Sinnermittlung zu ermöglichen. Dieses ist jedoch keine Besonderheit des DBA-Rechts, denn auch bei anderen Rechtsnormen können Anhaltspunkte für die Sinnermittlung fehlen und die Auslegung soweit erschweren. Es sei außerdem darauf hingewiesen, daß die Auslegung aus der Rechtsordnung eines DBA selbst nur dann möglich ist, wenn den DBA grundsätzlich ein eigenständiges Begriffsverständnis zuzusprechen ist, so daß die Sinnermittlung ohne Rückgriff auf andere Rechtsordnungen, insbesondere ohne Rückgriff auf die innerstaatlichen Rechtsordnungen der Vertragspartner, erfolgen kann.

Im folgenden soll daher geklärt werden, ob den DBA ein eigenes Begriffsverständnis zuerkannt werden kann. Nach der Auffassung der herrschenden Lehre sind die Normen der DBA und die des jeweiligen innerstaatlichen Rechts auf verschiedenen Ebenen angesiedelt und infolge ihres unterschiedlichen Funktionsgehaltes - Begründung der innerstaatlichen Steuerpflicht einerseits und hiergegen gerichtete Beschränkungen andererseits – sollte die Begriffswelt dieser voneinander getrennten Rechtskreise ebenfalls unterschiedlich sein.

Beim Lesen der DBA fällt jedoch auf, dass eine Vielzahl ihrer Ausdrücke aus dem innerstaatlichen Steuerrecht bekannt ist. Man denke z.B. an solche Termini wie Betriebsstätte (Art. 5 OECD-MA), Einkünfte aus unbeweglichem Vermögen (Art. 6 OECD-MA), Gewinn (u.a. Art. 7 OECD-MA). Diese Ausdrucksgleichheit zwischen Abkommensrecht und nationalem Recht legt die Überlegung nahe, dass mit den gleichlautenden Ausdrücken auch gleiche Rechtsbegriffe gemeint sind. Es ist aber auch denkbar, dass die Ausdrücke in den DBA aus anderen Gründen (z.B. die seit langem bemühte Bildung einer einheitlichen internationalen Steuersprache) ihre gleichlautende Entsprechung in nationalen Steuerrechtssystemen der Vertragsstaaten finden.

Das DBA setzt dem innerstaatlichen Recht gewisse Schranken und muss daher zur Bezeichnung seines Anwendungsgegenstandes auf das innerstaatliche Recht Bezug nehmen.[6] Dabei hat es sich der Ausdrücke des jeweiligen innerstaatlichen Rechts – wie etwa „Gewinn“ oder „Einkünfte“ – zu bedienen, denn gerade deren Bestimmung kann und will das DBA nicht vornehmen. Diese Begriffsdefinitionen bleiben vielmehr bewusst dem innerstaatlichen Recht überlassen. Durch diesen Rückgriff auf das Recht des Anwenderstaates wird dem DBA seine eigene Aussage aber nicht genommen, vielmehr nimmt die Abkommensaussage gerade auf diesen Rückgriff Bezug.[7] Er gehört somit zu ihren Bestandteilen.

---

6 *Debatin*, DStZ/A, 1987, S. 211 ff.

7 *Debatin*, aaO., S. 211 (212).

Bei manchen gleichlautenden Ausdrücken – wie z.B. bei „Betriebstätte“ oder „Unselbständiger Arbeit“ – besteht allerdings eher eine äußerliche als inhaltliche Gleichheit.[8] Dies wird schon dadurch deutlich, daß das OECD-MA in der Fassung 2000 14 Einkunftskategorien kennt, während es z.B. im deutschen innerstaatlichen Steuerrecht lediglich 7 Einkunftsarten gibt (siehe § 2 Abs. 1 EStG). Diese lediglich äußerliche Gleichheit lässt sich beispielweise am Ausdruck „Betriebstätte“ deutlich aufzeigen, denn dieser bezeichnet seinem Inhalt nach im innerstaatlichen Recht (§ 12 AO) und im DBA-Recht (Art. 5 OECD-MA) offensichtlich nicht deckungsgleiche Begriffe.

Aus den obigen Ausführungen wird deutlich, dass trotz zeitweiliger Parallelität der Ausdrücke eine Begriffsidentität kaum besteht.[9] Die DBA besitzen vielmehr eine eigene Begriffssprache, deren Regelwerk im Abschnitt II OECD-MA niedergelegt ist. Diese Begriffssprache ist jedoch weder klar noch lückenlos. In vielen Fällen verzichten die DBA bewusst auf eine Definition.[10] Dies könnte bedeuten, daß die Vertragspartner in solchen Fällen einen Rückgriff auf innerstaatliches Recht zulassen wollten. Dazu ist allerdings zunächst festzustellen, dass ein Rückgriff in bestimmten Fällen abkommensrechtlich zulässig ist, wie z.B. in Art. 6 Abs. 2 OECD-MA für den Begriff des unbeweglichen Vermögens. Es deutet nichts darauf hin, dass es in den Fällen, in welchen es keinen ausdrücklichen Hinweis auf die Anwendbarkeit des innerstaatlichen

Rechts gibt, ein solcher Rückgriff ohne weiteres zu erfolgen hat. Außerdem kann selbst der zulässige Rückgriff nicht immer von Nutzen sein, wenn die fragliche Begriffsbestimmung auch dem nationalen Steuerrecht des jeweiligen Vertragsstaates unbekannt ist. Man denke in diesem Zusammenhang z.B. an den dem deutschen Steuerrecht fremden Begriff der Lizenzgebühren (Art. 12 OECD-MA), der zwar in deutschen DBA definiert ist, dessen Abkommensdefinition aber möglicherweise in einem konkreten Fall nicht weiterhilft.

Die Situation, dass eine Abkommensdefinition die DBA-Anwendung noch nicht ermöglicht, ist durchaus denkbar, denn die Ausdrücke in den DBA sind nicht so exakt aufeinander abgestimmt, wie dies bei Ausdrücken in den innerstaatlichen Rechtsordnungen normalerweise der Fall ist. Hier macht sich der Umstand bemerkbar, dass die DBA das Ergebnis von Verhandlungen zwischen zwei Staaten mit verschiedenen Rechtssystemen in unterschiedlichem Entwicklungsstadium sind und die Bedeutung der Ausdrücke eines DBA deswegen nicht wie im innerstaatlichen Steuerrecht über lange Zeit gewachsen ist.

---

8 Vgl. *Jacobs*, Internationale Unternehmensbesteuerung, S. 69 ff.

9 Vgl. *Debatin*, aaO., S. 212 (211), BFH vom 05.06.1986, IV R 268/82, BStBl. II 1986, S. 659.

10 Wie z.B. beim Begriff „Unselbständige Arbeit“ (Art. 15 OECD-MA).

Diese Schwierigkeiten sollen aber kein Grund dafür sein, auf eine einheitliche Auslegung von DBA zu verzichten, da die DBA als das Ergebnis zwischenstaatlicher, zweiseitiger Verhandlungen in sich den Anspruch tragen, von beiden Staaten gleich verstanden und ausgelegt zu werden.[11] Dies gilt umso mehr, als jeder der Vertragspartner mit der Auslegung eines DBA zugleich auch das Recht auslegt, an dessen Zustandekommen ein anderer Vertragsstaat mitgewirkt hat.[12] Der Doppelnatur des DBA als völkerrechtlicher Vertrag und als innerstaatliches Gesetz ist daher bei der Auslegung Rechnung zu tragen, damit die Ergebnisse der Auslegung von beiden Vertragsstaaten akzeptiert werden. Im Schrifttum wird aus dieser Erkenntnis das Prinzip der Entscheidungsharmonie hergeleitet.[13] Aus dem Bestehen einer eigenen Begriffswelt der DBA und dem Grundsatz der abkommensrechtlichen Regelungshomogenität[14] lässt sich eine bestimmte Auslegungsreihenfolge ableiten. So wird in der Mehrzahl der deutschen DBA regelmäßig in einer dem Art. 3 Abs. 2 OECD-MA entsprechenden Weise eine eigene Auslegungsanweisung gegeben. *Schaumburg* bezeichnet sie als „Auslegungsrichtlinie", zu deren Anwendung die jeweiligen Vertragsstaaten verpflichtet sind.[15] Welche Bedeutung diese Regelung für die Abkommensauslegung hat, ist der Gegenstand des nächsten Abschnitts.

3. Die Auslegungsanweisung des Art. 3 Abs. 2 OECD-MA

Art. 3 Abs. 2 OECD-MA in der Fassung des Jahres 2000 lautet in seiner deutschen Übersetzung:

> „Bei der Anwendung des Abkommens durch einen Vertragsstaat hat, wenn der Zusammenhang nicht anderes erfordert, jeder im Abkommen nicht definierte Ausdruck die Bedeutung, die ihm im Anwendungszeitraum nach dem Recht dieses Staates über die Steuern zukommt, für die das Abkommen gilt, wobei die Bedeutung nach dem in diesem Staat anzuwendenden Steuerrecht den Vorrang vor einer Bedeutung hat, die der Ausdruck nach anderem Recht dieses Staates hat."

Diese Auslegungsanweisung ist – allerdings mit einigen Abweichungen – auch schon im OECD-MA 1963 enthalten gewesen. Das erste deutsche Abkommen, das eine dem Art. 3 Abs. 2 OECD-MA entsprechende Regelung enthält,

---

11 *Debatin*, FR 1979, S. 493 ff.

12 *Debatin*, Zur Auslegung von Doppelbesteuerungsabkommen, Wiesbaden, 1983, S. 305.

13 Vgl. *Schaumburg*, aaO., S. 782, Rn. 16.54; *Vogel*, aaO., Einl. Rn. 73 ff.

14 *Schaumburg*, aaO., S. 783, Rn. 16.54.

15 *Schaumburg*, aaO., S. 784, Rn. 16.55.

war jedoch bereits das DBA Deutschland-USA vom 22. Juli 1954 (Art. 2 Abs. 2). Damit enthalten fast alle deutschen DBA eine dem Art. 3 Abs. 2 OECD-MA mehr oder weniger entsprechende Auslegungsrichtlinie.

Aus dieser weiten Verbreitung der Auslegungsklausel lässt sich folgern, dass die Vertragspartner ihr die entscheidende Bedeutung bei der Anwendung und Auslegung der DBA zumessen. Es ist deshalb erforderlich, diese Bestimmung im Lichte des eigenen Begriffsverständnisses der DBA genauer zu betrachten. Seiner Struktur nach setzt sich Art. 3 Abs. 2 OECD-MA im wesentlichen aus fünf begrifflichen Bestandteilen zusammen:

(1.) Bei der Anwendung des Abkommens durch einen Vertragsstaat,

(2.) hat jeder im Abkommen nicht definierte Ausdruck,

(3.) wenn der Zusammenhang nichts anderes erfordert,

(4.) die Bedeutung, die ihm im Anwendungszeitraum nach dem Recht dieses Staates über die Steuern zukommt, für die das Abkommen gilt,

(5.) wobei die Bedeutung nach dem im in diesem Staat anzuwendenden Steuerrecht den Vorrang vor einer Bedeutung hat, die der Ausdruck nach dem anderen Recht dieses Staates hat.

Aus dem dargelegten Normenaufbau ergibt sich offensichtlich folgender Dreischritt der Auslegung: Zunächst sind die Definitionen des DBA zu beachten, dann hat eine Auslegung aus dem Zusammenhang des Abkommens zu erfolgen und erst wenn die Auslegung aus dem Sinnzusammenhang immer noch keine Anwendung des DBA erlaubt, ist als ultima ratio der Auslegungsrückgriff auf das innerstaatliche Recht des Anwenderstaates zugelassen.[16] Diese abkommensrechtliche Auslegungsanweisung soll für die Auslegung aller Abkommensregelungen verbindlich sein, soweit im jeweiligen DBA keine besonderen Auslegungsregelungen enthalten sind. Um diese These zu bekräftigen, werden die oben dargestellten Bestandteile der Vorschrift in den folgenden Abschnitten auf ihre Aussa-

---

16 Für diese Reihenfolge ist die sog. völkerrechtliche Theorie: BFH vom 15.01.1979, BStBl. II 1979, S. 379; BFH vom 21.08.1985, BStBl. II 1986, S. 4; BFH vom 27.01.1988, BStBl. II 1988, S. 574; BFH vom 11.04.1990, BFHE 160, S. 513; BFH vom 30.05.1990, BStBl. II 1990, S. 907; darstellend, allerdings ohne Begründung *Schaumburg*, aaO., S. 785 ff.; *Debatin* in *Debatin/Wassermeyer*, DBA, SYST. III, Rn. 122 ff.; *Erhard,* in: *Flick/Wassermeyer/Wingert/Kempermann*, DBA-Schweiz, Art. 3 Anm. 182; *Hannes*, Qualifikationskonflikte im Internationalen Steuerrecht, 1992, S. 51; *Locher*, Einführung in das Internationale Steuerrecht der Schweiz, 1996, S. 115 ff.

ge und ihre Bedeutung in der angegebenen Reihenfolge untersucht. Insbesondere wird dabei berücksichtigt, ob aus ihnen für die DBA, die diese Auslegungsanweisung enthalten, eine Modifizierung der oben entwickelten Auslegungsreihenfolge folgen kann.

II. Die Auslegung der DBA unter Berücksichtigung ihrer Begriffsdefinitionen

1. Die Subjekte und das Verfahren der Abkommensauslegung

Völkerrechtliche Verträge werden im Normalfall von den Vertragspartnern ausgelegt.[17] Dies kommt auch in Art. 3 Abs. 2 OECD-MA in den Worten „bei der Anwendung des Abkommens durch einen Vertragsstaat" deutlich zum Ausdruck. Die Vertragsstaaten werden durch ihre mit der Wahrnehmung der internationalen Beziehungen betrauten Staatsorgane vertreten. Im Falle von DBA sind das üblicherweise die Finanzminister oder auch die Außenminister.

Die hier als Normalfall angesprochene Auslegung von völkerrechtlichen Abkommen durch die Vertragspartner findet auch bei DBA statt. Zum einen werden einige Auslegungsfragen bereits anlässlich der Abkommensunterzeichnung geregelt und in schriftlicher Form als Protokolle oder Notenwechsel dem DBA beigelegt.[18] Es handelt sich um eine authentische Interpretation des DBA, die allgemein Geltung beansprucht und aufgrund ihrer vertraglichen Feststellung völkerrechtlich ebenso verbindlich ist, wie das DBA selbst. Die in Protokollen anlässlich der Unterzeichnung des DBA erzielten Auslegungsergebnisse werden aber auch von dem Zustimmungsgesetz erfasst.[19] Da sie hiermit innerstaatliche Gesetzeskraft erlangen, sollen sie wie das DBA selbst auch von inländischen Gerichten berücksichtigt werden.

Zum anderen werden Fragen der Abkommensauslegung auch nach der Unterzeichnung des DBA im Rahmen des Verständigungsverfahrens nach Art. 25 Abs. 3 OECD-MA zwischen den Finanzverwaltungen der Vertragsstaaten erörtert. Die getroffenen Vereinbarungen werden in Form von Verständigungsprotokollen

17 Vgl. *Bernhardt*, Die Auslegung völkerrechtlicher Verträge, 1963, S. 43 ff.

18 Vgl. Protokoll zu DBA Deutschland-Kanada vom 17.07.1981 oder Protokoll zu DBA Deutschland-Singapur vom 19.02.1972.

19 Vgl. Art. 1 der Zustimmungsgesetze zu DBA Deutschland-Kanada 1981 und zu DBA Deutschland-Singapur 1972.

festgehalten.[20] Auch hierbei handelt es sich um eine authentische Interpretation des DBA durch vertragliche Abmachungen zwischen den Partnerstaaten. Diese erlangen jedoch trotz ihrer völkerrechtlichen Verbindlichkeit innerstaatlich keine Gesetzeskraft, da sie weder durch ein Zustimmungsgesetz erfasst werden, noch ihnen die für eine Rechtsverordnung erforderliche Ermächtigung zugrunde liegt.[21] Daher sind auch die Gerichte hierdurch nicht gebunden. Gleiches gilt auch für das Konsultationsverfahren (Art. 25 Abs. 3 Satz 2 OECD-MA), das der Beseitigung der Doppelbesteuerung in den Fällen dient, die im Abkommen nicht behandelt sind. Die in einem solchen Verfahren gewonnenen Auslegungsergebnisse können vielmehr im Auslegungsvorgang nur zur Ermittlung des Willens der Vertragsstaaten hilfreich sein.[22]

Im Rahmen des Verständigungsverfahrens nach Art. 25 Abs. 1 und 2 OECD-MA, welches auf Antrag eines betroffenen Steuerpflichtigen eingeleitet werden kann, kommt es ebenfalls auf zwischenstaatlicher Ebene zu Verhandlungen über die Interpretation eines DBA. Die hierbei erzielten Ergebnisse gelten aber nur für den Einzelfall des betroffenen Steuerpflichtigen und werden darüber hinaus in der Regel nicht veröffentlicht. Sie können daher in anderen Fällen kaum berücksichtigt werden.

Die mit dem Zustimmungsgesetz in Kraft getretenen DBA sind wie ein nationales Steuergesetz anzuwenden.[23] Sie schaffen unmittelbar Rechte und Pflichten für die Steuerpflichtigen in den Vertragsstaaten. Daher werden nicht nur die Vertragsstaaten mit der Auslegung eines DBA befasst, sondern - ebenso wie bei sonstigem innerstaatlich geschaffenem Steuerrecht - auch andere Personen und Institutionen, die den Vertragsstaaten angehören.

An der ersten Stelle wäre hier der Steuerpflichtige und sein Berater zu nennen. Sie haben bei der Prüfung der steuerlichen Folgen eines geplanten internationalen Projekts nicht nur mit dem jeweiligen innerstaatlichen Recht der beteiligten Staaten zu tun, sondern zwangsläufig auch mit den Normen des einschlägigen DBA.[24] Hierzu haben sie diese auszulegen, um sich die Klarheit über ihre steuerliche Rechtslage zu verschaffen. Die Auslegungsauffassung von Steuerpflichtigen lässt sich in der Regel jedoch nicht in veröffentlichter Form nachwei-

---

20 Vgl. z.B. das Verständigungsprotokoll vom 10.12.1976 zu DBA Deutschland-Rumänien 1973, welches in Form eines BMF-Schreibens in BStBl. I 1978, S. 158 veröffentlicht wurde.

21 Vgl. *Lehner*, RIW 1981, S. 835 (832)

22 Siehe BFH vom 02.05.1969, I R 176/66, BFHE, 96, S. 163; *Vogel*, aaO., Art. 25, Rn. 106 ff.

23 Vgl. *Mössner*, in: FS für Seidl-Hohenveldern, 1988, S. 403 ff.

24 *Van Houtte*, Auslegungsgrundsätze im internen und internationalen Steuerrecht, 1968, S. 7; *Hannes*, aaO., S. 54.

sen. Ihre Berücksichtigung kann nur dann erfolgen, wenn sie z.B. in der Sachverhaltsdarstellung zu einer Gerichtsentscheidung deutlich wird.

An der zweiten Stelle ist die nationale Finanzverwaltung mit der Auslegung der DBA befasst.[25] Deren Auslegungsergebnisse können einerseits nur für den Einzelfall bedeutsam sein, so im Veranlagungs- und Einspruchsverfahren, beim Steuerbeitreibungsverfahren vor der Finanzgerichtsbarkeit sowie bei Außenprüfungen oder bei der Auskunftserteilung an Steuerpflichtige. Zur Sicherung einer einheitlichen Verwaltungshandhabung werden aber andererseits die Auslegungsergebnisse der Finanzverwaltung von den Landesfinanzministerien oder vom Bundesfinanzministerium regelmäßig in der Form von Richtlinien als Verwaltungsanweisungen erlassen.[26] Diese Richtlinien gelten normalerweise nicht nur für den Einzelfall. Als Meinungsäußerung der Finanzverwaltung sind sie allerdings für die Gerichte nicht verbindlich.

An dritter Stelle im nationalen Bereich sind die Finanzgerichte und der BFH (bei Verfassungsbeschwerden auch das BVerfG[27]) mit der Auslegung von DBA befasst. Sie überprüfen die Entscheidungen der Finanzverwaltung im Einzelfall. Die aus gerichtlichen Entscheidungen gewonnenen Auslegungsergebnisse können daher nicht ohne weiteres auf andere Fälle übertragen werden. Dennoch wird die höchstrichterliche Rechtsprechung bei der Auslegung von DBA-Normen häufig berücksichtigt.

Die Auslegung durch innerstaatliche Instanzen ist für den jeweils anderen Vertragspartner nicht verbindlich. Die Verbindlichkeit eines Auslegungsergebnisses kann nur - wie im Fall der oben erwähnten authentischen Interpretation – durch eine entsprechende völkerrechtliche Vereinbarung erreicht werden.[28]

Neben der Auslegung durch die Vertragspartner und die innerstaatlichen Instanzen ist aber auch die Abkommensauslegung durch internationale Gerichtshöfe (z.B. International Court of Justice in Den Haag oder der Europäische Gerichtshof in Luxemburg) zulässig. Diese Gerichte haben sich jedoch bis jetzt vergleichsweise selten mit steuerlichen Streitfragen beschäftigt. Der mit der Behandlung vor dem jeweiligen internationalen Gerichtshof verbundene Souveränitätsverzicht wird von den betroffenen Staaten bekanntlich nur ungern hingenommen.[29] Das gilt besonders für steuerliche Streitigkeiten, da diese die fiskalische Souveränität der Staaten berühren.

---

25 *Van Houtte*, aaO., S. 7-8.

26 Vgl. z.B. Erlass des FM Niedersachsen vom 19.06.1980, S 1301-291-33/2 zu DBA Deutschland-Schweiz in *Debatin/Wassermeyer*, Kommentierung zu DBA Schweiz.

27 Vgl. BVerfG vom 14.05.1986, BvL 2/83, BStBl. II 1986, S. 628 zum DBA Deutschland-Schweiz.

28 Siehe *Seidl-Hohenveldern*, Völkerrecht, 9. Auflage, 1997, S. 360 ff.

29 Vgl. *Fischer-Zernin*, DBA und Internationale Gerichtsbarkeit, 1988, S. 13 ff.

2. *Die in den DBA definierten Ausdrücke bzw. Definitionsverweise*

In den DBA oder in den Protokollen bzw. Notenwechseln anlässlich der Unterzeichnung von DBA werden häufig bestimmte Begriffsbestimmungen für die Anwendung des Abkommens gegeben. Dabei ist es zum einen möglich, dass das DBA selbst eine ausdrückliche Definition enthält, indem es den verwendeten Begriff entweder genau umschreibt (z.B. Art. 3 Abs. 1 lit. d) OECD-MA) oder durch eine Aufzählung von Merkmalen bzw. Beispielen abschließend erläutert.[30] Die Abkommensanwendung kann damit in der Regel sichergestellt werden. Sollte es trotz der Definition zu Auslegungsschwierigkeiten kommen, so ist der in Frage stehende Ausdruck nach den Regeln der Auslegung aus dem Sinnzusammenhang zu interpretieren.[31]

Zum anderen ist es jedoch ebenso möglich, dass das DBA selbst keine eindeutige Definition gibt, sondern ausdrücklich vorsieht, dass sich die Bestimmung des fraglichen Ausdrucks nach dessen Bedeutung im innerstaatlichen Recht des einen oder des anderen Vertragsstaates zu richten hat (sog. Definitionsverweis). Die Definitionsverweise sind im OECD-MA z.B. in Art. 3 Abs. 1 lit. b), Art. 4 Abs. 1, Art. 5 Abs. 5, Art. 6 Abs. 2, Art. 10 Abs. 3, Art. 24 Abs. 1 i.V.m. Art. 3 Abs. 1 lit. f) verwendet worden. Nicht im OECD-MA, jedoch in vielen DBA der Bundesrepublik Deutschland findet sich die Bestimmung des räumlichen Geltungsbereiches des betreffenden Abkommen ebenfalls in der Form eines Definitionsverweises[32], manchmal ergänzt durch eine Definition.[33]

Der Definitionsverweis hat dieselbe Wirkung wie eine Definition im DBA selbst. Das DBA greift hierbei lediglich auf den Begriffsinhalt des innerstaatlichen Rechts zurück und macht diesen zum für beide Staaten gleichermaßen verbindlichen Abkommensinhalt.[34] Obwohl auch die bereits angesprochene Vorschrift des Art. 3 Abs. 2 OECD-MA dadurch gekennzeichnet ist, daß ein Ausdruck unter Rückgriff auf das innerstaatliche Recht ausgelegt wird, besteht der wesentliche Unterschied darin, dass die Auslegung durch Definitionsverweis beide Staaten bindet, während beim Auslegungsrückgriff nach Art. 3 Abs. 2 OECD-MA diese beiderseitige Bindungswirkung nicht eintritt und somit die Möglichkeit für eine divergierende Abkommensauslegung bleibt.

---

30 Vgl. z.B. Art. 1 Abs. 2 oder Art. 2 Abs. 7 DBA Deutschland-Frankreich.

31 Siehe unten Abschnitt C.

32 Siehe z.B. Art. 3 Abs. 1 Punkt 1 DBA Deutschland-Belgien oder Art. 3 Abs. 1 lit. b) DBA Deutschland-Brasilien.

33 Siehe z.B. Art. 3 Abs. 1 lit. a) DBA Deutschland-China.

34 Vgl. *Debatin*, DStZ/A, 1987, S. 211 (212); *Mössner*, aaO., S. 403 (422); *Hannes*, aaO., S. 59.

3. Fehlende Bestimmtheit des zur Konkretisierung berufenen Staates

Eine Konfliktgefahr birgt die Frage, auf das Recht welchen Staates bei einem Definitionsverweis zurückzugreifen ist. Im Schrifttum wird in diesem Zusammenhang darauf hingewiesen, dass der Qualifikationskonflikt bei DBA sich nicht zwischen lex fori und lex causae wie im IPR abspielt, sondern dass es sich bei beiden internen Rechtsordnungen der beteiligten Staaten um eine lex fori handelt, da Qualifikationsfragen im Internationalen Steuerrecht erst nach der Bestimmung des anwendbaren Rechts auftauchen.[35] Daher kann nur eine Unterscheidung der Rechtsverordnungen hinsichtlich der Frage erfolgen, ob es sich beim betrachteten Staat um den der Einkunftserzielung (Quellenstaat) oder um den Wohnsitzstaat des Steuerpflichtigen handelt. In Anlehnung an das dem IPR entnommene Begriffspaar (lex fori – lex causae) wird hierbei der Begriff lex fontis – lex domicilii verwendet.[36]

a) Die weniger umstrittenen Fälle

Der oben erwähnte Art. 4 Abs. 1 OECD-MA verweist zur Bestimmung der Ansässigkeit auf das Recht des Wohnsitz- bzw. Aufenthaltsstaates (lex domicilii), denn der Wohnsitzstaat ist laut der Definition der Staat, in dem der Steuerpflichtige ansässig ist. Dies ist freilich ein Zirkelschluss, der immer dann nicht weiterhilft, wenn der Steuerpflichtige nach dem Recht zweier Staaten das Merkmal der Ansässigkeit erfüllt. Daher enthält das OECD-MA für natürliche Personen in Art. 4 Abs. 2 eine Liste von Hinweisen als Hilfsmittel für die Bestimmung der Ansässigkeit, die letztlich auf das Verständigungsverfahren hinausläuft. Für juristische Personen kommt es im Konfliktfall darauf an, wo sich der Ort der tatsächlichen Geschäftsleitung befindet (Art. 4 Abs. 3 OECD-MA). Die im Jahre 2000 vorgenommene Novellierung des Musterkommentars des OECD-Fiskalausschusses (weiter OECD-MK) zum OECD-MA hat dem bisher vagen Ausdruck „Ort der tatsächlichen Geschäftsleitung" eine präzise Definition gegeben.[37] Der OECD-MK versteht nunmehr unter diesem Begriff den Ort, an dem die geschäftsleitenden Entscheidungen getroffen werden. Gleichzeitig wird klargestellt, dass ein Unternehmen zwar mehr als einen Ort der Geschäftsleitung, aber nur einen Ort der tatsächlichen Geschäftsleitung haben kann (Art. 4 Nr. 24 OECD-MK).

Schnell zu klären ist die Frage nach der zur Konkretisierung maßgeblichen Rechtsordnung bei dem Definitionsverweis des Art. 5 Abs. 5 OECD-MA, wo-

---

35 Vgl. *von Poser und Gross-Naedlitz*, aaO., S. 20 ff.

36 *Von Poser und Gross-Naedlitz*, aaO., S. 20.

37 Siehe *Krabbe*, IStR 2000, S. 196 (198).

nach sich das Vorliegen einer Vollmacht nach dem Recht des Staates bestimmt, in dem der Vertreter tätig ist. Maßgebend ist hier die lex fontis, denn nur im Quellenstaat kann mit der Tätigkeit eines Vertreters eine Betriebstätte begründet werden. Genauso unproblematisch ist die Bestimmung des anwendbaren Rechts im Fall der Qualifizierung von Vermögen als unbeweglich nach Art. 6 Abs. 2 OECD-MA. Hier kann ebenfalls lediglich die lex fontis maßgebend sein, da nur im Quellenstaat das Vermögen belegen sein kann.

Beim Definitionsverweis zur Bestimmung der Staatsangehörigkeit von natürlichen Personen nach Art. 3 Abs. 1 lit. f) i OECD-MA kommt eine Unterscheidung zwischen lex fontis und lex domicilii nicht in Betracht. Dies ist nicht erforderlich, da es sich bei dieser Vorschrift (auch in Bezug auf das Diskriminierungsverbot des Art. 24 Abs. 1 OECD-MA) nicht um eine Verzichtsnorm handelt, sondern um eine zusätzliche Regelung des Musterabkommens, bei der die Frage nach der lex fontis bzw. der lex domicilii im Gegensatz zu den oben betrachteten Normen nicht relevant ist. In diesem Fall ist vielmehr das Recht desjenigen Staates heranzuziehen, dessen Staatsangehörigkeit die betreffende Person besitzt. Die gleichen Grundsätze können bei der Behandlung von juristischen Personen angewandt werden (Art. 3 Abs. 1 lit. f) ii OECD-MA). Hier ist das Recht desjenigen Staates maßgebend, nach dem die Gesellschaft errichtet wurde. Dabei können Qualifikationsprobleme auftauchen, wenn juristische Personen in einem Vertragsstaat gegründet wurden, ihre tatsächliche Geschäftsleitung jedoch im anderen Vertragsstaat oder in einem Drittstaat haben und folglich dort nach Art. 4 Abs. 3 OECD-MA ansässig sind.

b) Abkommensberechtigung der Gesellschaften

Stark umstritten ist die Frage des Rückgriffs auf die lex fontis bzw. lex domicilii im Fall des Definitionsverweises in Art. 3 Abs. 1 lit. b) OECD-MA.[38] Dieser Problemkreis wird im Zusammenhang mit den internationalen Unterschieden bei der steuerlichen Behandlung von Personengesellschaften unter der Bezeichnung „subjektiver Qualifikationskonflikt“ oder „Subjektkonflikt“ erörtert. Besonders streitig ist hierbei, ob der Definitionsverweis nach dem Steuerrecht des Wohnsitzstaates der Gesellschafter, des Quellenstaates der vom Rechtsträger bezogenen Einkünfte oder nach dem Steuerrecht des Sitzstaates des Rechtsträgers zu konkretisieren ist. Als Zweites ist daher zu klären, ob die vom als maßgeblich angesehenen Steuerrecht vorgenommene Konkretisierung des Definitionsverwei-

---

38 Siehe z.B. *Kluge*, DStR 1976, S. 365 ff.; *Debatin*, BB 1989, Beilage 2/1989; *Schlütter* in: *Vogel*, Grundfragen des Internationalen Steuerrechts, 1985, S. 215 ff.; *Schröder*, StBp 1989, S. 25 ff.; *Hannes*, aaO., S. 61.

ses auch für den jeweils anderen Vertragspartner im Rahmen der Abkommensanwendung bindend ist.

Vereinzelt wird die Auffassung vertreten, dass die Qualifikation des Wohnsitzstaatsrechts der Gesellschafter (insbesondere in Ländern mit „transparenter“ steuerlicher Behandlung von Personengesellschaften) maßgebend sein könnte, da bei der Anwendung des Transparenzprinzips eine Personengesellschaft im steuerlichen Sinne kein Steuersubjekt sei und daher keine Abkommensberechtigung selbst besäße.[39] Deswegen sollte auch für die Zwecke der Abkommensanwendung auf die Gesellschafter der Personengesellschaft durchgegriffen werden, was zur Folge hätte, dass das Recht des Wohnsitzstaates der Gesellschafter zu berücksichtigen wäre. Ob diese Auffassung aus dem Gesichtspunkt der Wettbewerbsgerechtigkeit im Sinne der Kapitalimportneutralität als sachgerecht angesehen werden kann, ist allerdings fraglich.[40] Zu einer einheitlichen Abkommensauslegung und Anwendung trägt sie ebenfalls kaum bei, insbesondere wenn nach dem Steuerrecht des einen DBA-Staates Personengesellschaften als ein selbständiges Steuersubjekt gelten, nach dem des anderen DBA-Staates jedoch transparent zu behandeln sind.

Für die Zuerkennung des Abkommensschutzes nach Maßgabe der Rechtsordnung des Staates, aus dem der Rechtsträger Einkünfte bezieht, plädieren z.B. *Debatin* [41] und *Vogel*.[42] Sie betonen aber, daß dies nur in dem Sonderfall zu empfehlen ist, wenn dem Rechtsträger zwar im Quellenstaat, nicht jedoch im Sitzstaat steuerliche Rechtspersönlichkeit zuerkannt wird. *Debatin* begründet das damit, dass es sinnvoll erscheint, „den Abkommensschutz der Wertung zur materiellen Steuerpflicht folgen zu lassen“, da aus „der Sicht der deutschen Besteuerung ... die den ausländischen Rechtsträger treffende Steuerpflicht unteilbar ist“.[43]

Für die Maßgeblichkeit des Rechts des Staates, in dem die Gesellschaft errichtet ist, spricht sich insbesondere der Musterkommentar des OECD-Fiskalausschusses in Ziffer 3 zu Art. 3 aus. Dieser Auffassung ist beizupflichten, denn es ergibt sich schon aus dem oben erwähnten Grundsatz der Wettbewerbsgerechtigkeit im Sinne der Kapitalimportneutralität, dass es auf das Recht desjenigen Staates ankommt, in dem der Rechtsträger den Mittelpunkt seiner Geschäftstätigkeit hat.[44] Da sich die unternehmerische Betätigung an den Bedingungen dieses

---

39 Vgl. *Wassermeyer*, IStR 1998, S. 489 ff.

40 Vgl. *Pott*, Die Kollision unterschiedlicher Formen der Gesellschaftsbesteuerung im Internationalen Steuerrecht, 1982, S. 218.

41 Z.B. *Debatin*, DB 1977, Beilage 13/1977, S. 4.

42 *Vogel*, aaO., Art. 1 Rn. 26.

43 *Debatin*, aaO., S. 4-5.

44 *Pott*, aaO., S. 217 f.; *Hannes*, aaO., S. 62.

Staates orientiert, ist auf die dortigen Marktverhältnisse abzustellen.[45] Hieraus folgt, dass beim Auseinanderfallen von Errichtungsstaat und Staat der tatsächlichen Geschäftsleitung nur die Rechtsauffassung in letzterem Staat maßgebend sein kann.[46]

Für die Anwendung von DBA ergibt sich noch die bereits oben angedeutete zweite Frage, ob die Maßgeblichkeit des Rechtes des Sitzstaates auch für den jeweils anderen Vertragsstaat im Rahmen der Abkommensanwendung bindend ist, wenn er nach seinem innerstaatlichen Recht der Gesellschaft keine steuerliche Subjekteigenschaft zuerkennt. Einige Autoren sind der Auffassung, daß die Wertung des Sitzstaates nur für diesen maßgeblich sei, der jeweilige Vertragsstaat hingegen bei der Anwendung des DBA von seinem eigenen Recht auszugehen und folglich der Gesellschaft den Abkommensschutz nicht zuzugestehen habe. Dies wird damit begründet, dass für eine beiderseitige Bindung die Anwendung von Art. 3 Abs. 2 OECD-MA erforderlich sei.[47]

Wenn aber ein Auslegungsrückgriff für erforderlich gehalten wird, wird zugleich verneint, dass es sich bei Art. 3 Abs. 1 lit. b) OECD-MA um einen Definitionsverweis handelt. Wie jedoch aus dem Wortlaut der Vorschrift klar ersichtlich ist, ist das Gegenteil der Fall.[48] Die vom Sitzstaat vorzunehmende Konkretisierung des Definitionsverweises ist daher nicht etwa durch Art. 3 Abs. 2, sondern durch Art. 3 Abs. 1 lit. b) OECD-MA selbst gefordert. Der dadurch gewonnene Abkommensinhalt ist mithin auch für den anderen Vertragsstaat verbindlich. Auch bei den anderen Definitionsverweisen muss die Maßgeblichkeit der Einordnung durch den dazu berufenen Staat für den anderen Vertragsstaat nicht in Frage gestellt werden.[49] Die Zuerkennung der Abkommensberechtigung für ausländische Rechtsträger hat daher aus der insoweit eindeutigen Anweisung des Definitionsverweises zu erfolgen.

Eine den obigen Ausführungen entgegengesetzte Regelung, wie z.B. in Art. 3 Abs. 1 Satz 4 DBA Deutschland-Belgien, wurde offensichtlich nur deswegen getroffen, weil ohne diese Sonderregelung das DBA im Sinne der im vorstehenden Absatz dargelegten Erläuterung anzuwenden wäre. Bezüglich der bisweilen vereinbarten Abweichungen vom Wortlaut des OECD-MA läßt sich jedenfalls die Auffassung vertreten, dass diese Abweichungen lediglich eine Klarstellung des

---

45 So auch *Jacobs*, aaO., S. 234

46 Vgl. *Pott*, aaO., S. 171 f. und S. 218.

47 Vgl. *Kluge*, DStR 1976, S. 365 (367); *Diel*, FR 1978, S. 517 (522); *Wassermeyer*, IStR 1999, S.481 ff.

48 Siehe *Debatin*, BB 1989, S. 2 f.

49 Z.B. Definitionsverweis in Art. 6 Abs. 2 OECD-MA.

Abkommensinhalts darstellen und dem Sinnzusammenhang des OECD-MA nicht zuwiderlaufen.[50]

Zusammenfassend ergibt sich daher, dass es für die Frage, ob einem Rechtsträger die Abkommensberechtigung zuzuerkennen ist, entscheidend auf das Recht des Staates ankommt, in dem sich der Sitz dieses Rechtsträgers bzw. der Ort der tatsächlichen Geschäftsleitung befindet. Die dem Rechtsträger in diesem Staat zuerkannte Eigenschaft als „Gesellschaft" im abkommensrechtlichen Sinne, die im Zusammenhang mit den Regelungen des Art. 3 Abs. 1 lit. a) und Art. 1 OECD-MA letztlich für die Abkommensberechtigung entscheidend ist, ist für den Zweck der einheitlichen Anwendung des DBA auch von dem jeweils anderen Vertragsstaat zu berücksichtigen.

Abschließend ist noch auf das insbesondere von *Debatin* angeführte Argument hinzuweisen, dass nur durch die zwischenstaatliche „Qualifikationsverkettung" der Sinn und Zweck von DBA erreicht werden kann, die Doppel- oder die Minderbesteuerung zu vermeiden.[51]

c) Dividendenproblematik

Als letzter hier zu behandelnder Fall des Definitionsverweises ist die Qualifikation der aus sonstigen Gesellschaftsanteilen stammenden Einkünfte als Dividenden in Art. 10 Abs. 3 OECD-MA zu betrachten. Nach dem Wortlaut des letzten Satzteils der genannten Vorschrift wird auf das Recht desjenigen Staates Bezug genommen, in dem die ausschüttende Gesellschaft ansässig ist.

Auch hier lassen sich zwei Problemkreise unterscheiden. Zum einen ist zu klären, welcher Staat berechtigt ist, den Definitionsverweis zu konkretisieren. Zum anderen ist zu prüfen, ob die so gewonnene Konkretisierung des Definitionsverweises auch für die jeweiligen Abkommenspartner maßgebend ist.

Die erste Frage ist im Hinblick auf den Art. 10 Abs. 3 OECD-MA gleich beantwortet. Dort heißt es ausdrücklich, dass zu den Dividenden die Einkünfte aus solchen Gesellschaftsanteilen zählen, „die nach dem Recht des Staates, in dem die ausschüttende Gesellschaft ansässig ist, den Einkünften aus Aktien steuerlich gleichgestellt sind". Diese Aussage wird auch durch den OECD-MK (Rn. 23 ff. zu Art. 10) bestätigt. Unter dem Ansässigkeitsstaat ist nach Art. 4 Abs. 3 OECD-MA der Staat zu verstehen, in dem sich der Ort der tatsächlichen Geschäftsleitung befindet. Umstritten ist dagegen die Frage, ob die vom Ansässigkeitsstaat

---

50 Vgl. *Debatin/Wassermeyer*, Doppelbesteuerung, Kommentierung zu Art. 3 DBA Deutschland-Belgien

51 *Debatin*, FR 1979, S. 493 ff.

vorgenommene Konkretisierung des Definitionsverweises auch für den jeweiligen Vertragsstaat verbindlich ist.

In der Literatur wird insbesondere für den Fall eines Rechtsträgers, dessen Ausschüttungen vom Ansässigkeitsstaat denen einer Aktiengesellschaft gleichgestellt werden, die Auffassung vertreten, dass diese Einordnung nur für die Anwendung des DBA durch den Sitzstaat zu gelten habe.[52] Für den Vertragspartner des Ansässigkeitsstaates sollte hiernach das eigene innerstaatliche Recht maßgeblich sein.[53] Die Folge dieser Auslegungsauffassung ist, dass die Gewinnausschüttung nur im Sitzstaat nach Art. 10 Abs. 2 OECD-MA als Dividende mit der für diese Einkunftskategorie vorgesehenen Quellensteuer besteuert wird. Der Wohnsitzstaat des Gesellschafters qualifiziert demgegenüber die Zahlung als Gewinn einer gewerblichen Betriebstätte, der vom Ansässigkeitsstaat bereits im Zeitpunkt der Gewinnerzielung entsprechend Art. 7 Abs. 1 OECD-MA hätte besteuert werden können. Er stellt die Zahlung daher von der Besteuerung frei.[54]

Gegen diese Auffassung haben sich in erster Linie *Vogel* [55] und *Debatin* gewandt und ausgeführt, dass in einem solchen Fall der Regelungszusammenhang von DBA willkürlich zerrissen werde, da die abkommensrechtliche Vergünstigung (Freistellung oder Anrechnung ausländischer Steuer), die der Wohnsitzstaat zu gewähren habe, an die Vorschrift anknüpfe, welche die Besteuerung im Ansässigkeitsstaat aufrechterhalte.[56] Den Ausführungen von *Vogel* und *Debatin* ist beizupflichten. Hierbei ist noch auf einige steuerliche Folgeprobleme hinzuweisen, die im Zusammenhang mit der Anwendung des Art. 10 OECD-MA entstehen können. Sie werden mit dem folgenden Beispiel illustriert:

Angenommen, der in Deutschland unbeschränkt steuerpflichtige A ist an einer in einem anderen Staat gegründeten Personengesellschaft (KG) zu 30% beteiligt. Zwischen dem Sitzstaat der KG und Deutschland ist ein DBA nach dem OECD-Muster abgeschlossen worden. In Deutschland wird eine Personengesellschaft bekanntlich nach dem „Transparenzprinzip" besteuert. Der andere Vertragsstaat besteuert sie allerdings als Körperschaft. Dementsprechend wird die KG ihren Gewinn am Ende des Wirtschaftsjahres an ihre Gesellschafter „ausschütten". A erhält eine „Dividende" in Höhe von 30% des erwirtschafteten Gewinns. Wie soll in dieser Situation Art. 10 des jeweiligen DBA angewandt werden?

---

52 *Haas*, BB 1978, S. 1253 ff.; *Wassermeyer*, IStR 1998, S.489 ff.; vermittelnd *Lang*, IStR 2000, S. 129ff.

53 Vgl. *Wassermeyer*, IStR 1998, S. 493 (489); *ders.*, IStR 1999, S. 481 ff.

54 Zu den sich daraus ergebenden Problemen siehe *Wassermeyer*, IStR 1998, S. 494 (489); *Djanani/Hartmann*, IStR 2000, S. 321 ff.

55 Vgl. *Vogel*, aaO., Art. 1, Rn. 24a; *ders.*, IStR 1999, S. 5 ff.

56 Vgl. *Debatin*, FR 1979, S. 493 f. (494).

Folgt man konsequent dem Vorschlag der oben dargestellten „separaten" Auslegung, so trennt man auch in diesem Fall die Abkommensanwendung auf der deutschen Ebene und der des anderen Vertragstaates. Der andere Vertragsstaat wendet Art. 10 Abs. 2, 3 DBA aus der Sicht seines innerstaatlichen Rechts an. Danach ist die Ausschüttung eine Dividende. A erzielt Einkünfte aus Kapitalvermögen im Sinne des innerstaatlichen Steuerrechts des anderen Vertragsstaates. Nach dem deutschen innerstaatlichen Recht ist diese „Dividende" allerdings eine Entnahme. Die Entnahme darf den Gewinn zwar nicht mindern, sie ist im übrigen auch nicht steuerbar. Daher kann Deutschland die „Dividende" in Ermangelung einer innerstaatlichen Rechtsgrundlage nicht besteuern.[57]

Bei solchen Fallkonstellationen kann es unter Umständen zu sog. „weißen Einkünften" kommen, wenn nicht nur der Wohnsitzstaat der Gesellschafter, sondern auch der Sitzstaat der als Körperschaft zu behandelnden Personengesellschaft (z.B. Rußland nach dem heutigen Stand des nationalen Steuerrechts) derartige „Ausschüttungen" an die im Ausland ansässigen Gesellschafter von der Besteuerung befreit. Die Anhänger der oben angeführten „separaten" Auslegung verkennen offensichtlich die Gefahr eines solchen Qualifikationskonfliktes. Werden hingegen die Regelungen des Art. 10 OECD-MA einheitlich von beiden Vertragsstaaten ausgelegt und angewandt, vermindert sich das Risiko der unerwünschten Qualifikationsdivergenzen.

Zusammenfassend ist also für den Definitionsverweis nach Art. 10 Abs. 3 OECD-MA festzuhalten, dass dieser nach dem Recht des Sitzstaates der ausschüttenden Gesellschaft zu konkretisieren ist und das hierdurch gefundene Ergebnis auch für die Besteuerung im Wohnsitzstaat der Gesellschafter maßgebend ist.

Es sei in diesem Zusammenhang bemerkt, dass der OECD-Fiskalausschuss sich schon seit langem darum bemüht hat, das Problem der aus den Qualifikationskonflikten herrührenden doppelten Freistellungen grundsätzlich zu lösen.[58] Diese Bestrebungen haben im Jahre 2000 zur Ergänzung des Artikels 23 A OECD-MA mit der sog. Switch-Over-Klausel geführt. Sie ist im neuen Absatz 4 des Art. 23 A niedergelegt. Dementsprechend findet die Freistellung nach Art. 23 A Abs. 1 OECD-MA keine Anwendung, wenn der Quellenstaat die Abkommensvorschriften so anwendet, dass er die Einkünfte oder Vermögenswerte von der Besteuerung befreit oder die Einkünfte nach Art. 10 oder 11 OECD-MA nur begrenzt besteuert.[59] Diese Vorschrift betrifft die Fälle, in denen die Vertragsstaaten die Abkommensvorschriften als solche unterschiedlich auslegen oder von ei-

57 Vgl. *Wassermeyer*, IStR 1998, S. 489 (493).
58 Siehe die Darstellung des OECD-Berichts bei *Menk*, IStR 1999, S. 147 ff.
59 *Krabbe*, IStR 2000, S. 196 (197).

nem unterschiedlichen Sachverhalt ausgehen (hauptsächlich die aus der unterschiedlichen steuerlichen Behandlung von Personengesellschaften resultierenden Qualifikationskonflikte[60]).

Die neue Regelung kann zwar die Rechtsfolgen der genannten Qualifikationskonflikte (Minderbesteuerung) beseitigen, sie vermag jedoch nicht diese Konflikte als solche zu lösen, da deren Ursache die fehlende Bereitschaft der Vertragsstaaten zur einheitlichen Abkommensauslegung in Bezug auf die Qualifikation der Einkünfte ist. Ob und inwieweit die Switch-Over-Klausel ihren Niederschlag in der Abkommenspraxis findet, ist im Moment noch schwierig abzuschätzen, denn es bleibt dem Ermessen der OECD-Staaten überlassen, sie in ihre DBA aufzunehmen oder von dieser Möglichkeit weiterhin keinen Gebrauch zu machen.

4. Unterschiedliche Bedeutung in verschiedenen Rechtsbereichen

Problematisch kann der Definitionsverweis aber auch sein, wenn keine Klarheit besteht, auf welchen Teil des jeweiligen innerstaatlichen Rechts – einerseits auf das Steuerrecht und andererseits auf andere Rechtsgebiete der innerstaatlichen Rechtsordnung – sich der Verweis bezieht und in den verschiedenen Bereichen des innerstaatlichen Rechts unterschiedliche Bedeutungen des gleichen Ausdrucks bestehen.

Diese Frage ist durch den Wortlaut des OECD-MA nur in den Fällen des Art. 3 Abs. 1 lit. b) („für die Besteuerung"), Art. 4 Abs. 1 („steuerpflichtig") und Art. 10 Abs. 3 („steuerlich gleichgestellt") ausdrücklich geklärt.

Für die Regelung des räumlichen Geltungsbereichs finden sich unterschiedliche Lösungen. In einem Teil der deutschen DBA bestimmt sich der Ausdruck „Bundesrepublik Deutschland" nach dem Geltungsbereich des Grundgesetzes[61] oder nach dem Geltungsbereich der Steuergesetze[62]. Diese Verweise ermöglichen einen eindeutigen Rückgriff auf ein Rechtsgebiet. Weniger klar ist die Bestimmung des räumlichen Geltungsbereiches allerdings in einigen anderen DBA, welche den Festlandsockel z.B. mit dem Ausdruck „Ausübung eigener Rechte in Übereinstimmung mit dem Völkerrecht" definieren[63]. Damit können allerdings nur Rechte eines Staates gemeint werden, die von einer völkerrechtlichen Vereinbarung oder allgemeinen Grundsätzen des Völkerrechts gedeckt sind. Ein-

60 *Krabbe*, IStR 2000, S. 196 f. (200).
61 So z.B. in Art. 3 Abs. 1 Punkt 1 DBA Deutschland-Belgien.
62 So z.B. in Art. 3 Abs. 1 lit. b) DBA Deutschland-Brasilien.
63 Vgl. z.B. Art. 3 Abs. 1 lit. a) DBA Deutschland-Finnland.

schlägig in dieser Frage ist das Genfer Übereinkommen über die hohe See vom 29.04.1958[64] sowie die Proklamation der Bundesregierung über die Erforschung und die Ausbeutung des deutschen Festlandsockels vom 20.01.1964[65] und das Gesetz zur vorläufigen Regelung der Rechte am Festlandsockel vom 24.07.1964[66]. Folglich ist der Definitionsverweis in solchen Fällen hierauf zu beziehen.

Im Hinblick auf weitere Unklarheiten lässt sich der Fall der Staatsangehörigkeit zumindest in Bezug auf die natürlichen Personen (Art. 3 Abs. 1 lit. f) i OECD-MA) für das in dieser Arbeit betrachtete deutsche Steuerrecht schnell lösen, denn alle deutschen DBA verweisen, sofern sie einen Definitionsverweis in der Frage der Gleichbehandlung überhaupt enthalten, für die Lösung der Staatsangehörigkeitsfrage bei natürlichen Personen ausdrücklich auf Art. 116 GG.

Im Fall des Art. 5 Abs. 5 OECD-MA kann das Vorliegen einer Abschlussvollmacht nicht allein nach dem Zivilrecht des betreffenden Staates beantwortet werden, da sich sonst zahlreiche Möglichkeiten öffnen würden, den Tatbestand des Bestehens einer Betriebstätte zu umgehen. So könnte beispielweise der Vertreter zwar zum Führen aller Verhandlungen ermächtigt sein, die bloße Unterzeichnung der Verträge indessen formal der Unternehmenszentrale vorbehalten bleiben. Daher soll das Vorhandensein einer Abschlussvollmacht nach den tatsächlichen Gegebenheiten zu beurteilen sein[67], damit der angedeutete Konflikt nicht auftreten kann.

Als Probleme verbleiben jedoch die Fälle des Definitionsverweises in Art. 6 Abs. 2 (der Ausdruck „unbewegliches Vermögen") und in Art. 3 Abs. 1 lit. f) ii OECD-MA („juristische Person, Personengesellschaft und andere Personenvereinigung"). Einen Anhaltspunkt zur Lösung kann hier Art. 3 Abs. 2 Halbsatz 5 OECD-MA geben, nach dem im Falle des Auslegungsrückgriffs die Bestimmungen des jeweiligen innerstaatlichen Steuerrechts den Vorrang vor denen des sonstigen Rechts des Vertragsstaates haben.[68] Gleiches gilt, wie oben ausgeführt, auch für die meisten anderen Fälle des Definitionsverweises. Darüber hinaus ist auch zu berücksichtigen, daß die DBA nur steuerliche Sachverhalte zu regeln haben und sich in ihrer Begriffsbildung daher auf das Steuerrecht beziehen. Auch im deutschen innerstaatlichen Steuerrecht hat im Konfliktfall stets die steuerrechtliche Bedeutung den Vorrang vor einer Bedeutung, die ein Ausdruck in ei-

64 BGBl. II 1972, S. 1090 (Text und Zustimmungsgesetz).

65 BGBl. II 1964, S. 104.

66 BGBl. I 1964, S. 497.

67 Vgl. *Vogel*, aaO., Art. 5 Rn. 140 f.; *Hannes*, aaO., S. 68.

68 Es ist dabei zu beachten, dass bei weitem nicht alle deutschen DBA eine dem aktuellen Wortlaut des Art. 3 Abs. 2 OECD-MA entsprechende Auslegungsklausel enthalten.

nem anderen Rechtsgebiet haben kann. Dies folgt schon aus der Eigenständigkeit des Steuerrechts im innerstaatlichen Rechtssystem[69]. Häufig werden Begriffe für die steuerliche Rechtsanwendung auch bewusst gesondert bezeichnet. Man denke z.B. an die Zurechnung des „wirtschaftlichen Eigentums" in § 39 Abs. 2 AO und vergleiche sie mit dem Eigentumsbegriff des Bürgerlichen Rechts (§ 903 BGB).

Von diesen Gesichtspunkten ausgehend erscheint es gerechtfertigt, der Bedeutung nach dem Steuerrecht auch in den Fällen des Art. 6 Abs. 2 und Art. 3 Abs. 1 lit. f) ii OECD-MA grundsätzlich den Vorrang einzuräumen. Sollten die Bedeutungen des in Frage stehenden Ausdrucks auch innerhalb des jeweiligen nationalen Steuerrechts differieren, so würde es der Abkommensauslegung eher entsprechen, wenn sich seine Bedeutung danach richtet, welche im DBA behandelte Steuerart jeweils in Frage steht.

III. Die Auslegung aus dem Sinnzusammenhang der DBA

1. Die Auslegungsreihenfolge im Hinblick auf Art. 3 Abs. 2 OECD-MA

Bei der Betrachtung des Satzteils „wenn der Zusammenhang nichts anderes erfordert" entsteht die Frage nach der Stellung des Zusammenhangs in der Auslegungsrichtlinie des Art. 3 Abs. 2 OECD-MA. Die DBA sind, wie oben bereits ausgeführt[70], als völkerrechtliche Vereinbarungen nach dem Wiener Übereinkommen über das Recht der völkerrechtlichen Verträge (WÜRV) auszulegen. Deswegen können für sie die allgemeinen Grundsätze völkerrechtlicher Vertragsauslegung angewandt werden[71]. Dies gilt insbesondere auch für die in den DBA enthaltene, dem Art. 3 Abs. 2 OECD-MA entsprechende Klausel, da diese nicht auf ihre eigene Auslegung bezogen werden kann[72].

Gemäß Art. 31 Abs. 1 und 2 WÜRV ist dem Wortlaut eines Abkommensausdrucks zuerst der Vorrang einzuräumen. Würde die Regelung des Art. 3 Abs. 2 OECD-MA in ihrem Wortlaut also der Auslegung aus dem innerstaatlichen Recht eindeutig den Vorrang vor der Auslegung aus dem Sinnzusammenhang einräumen, so müsste für die DBA, die eine dieser Klausel entsprechende Bestimmung

---

69 Ausführlich dazu Kapitel B., Abschnitt III., Punkt 1.

70 Siehe oben Kapitel B., Abschnitt II., Punkt 1.

71 Vgl. *Debatin*, Zur Auslegung von DBA, in: FS für Scherpf, 1983, S. 306 f.; *Kerath*, Maßstäbe zur Auslegung und Anwendung von DBA unter besonderer Berücksichtigung des Verständigungsverfahrens, 1995, S. 196 f.

72 *Gloria*, Das steuerliche Verständigungsverfahren und das Recht auf diplomatischen Schutz, 1986, S. 975.

enthalten, eine Modifizierung der Auslegungsreihenfolge eindeutig in Frage kommen.

Diese Eindeutigkeit ist jedoch keinesfalls festzustellen, denn der Wortlaut des Art. 3 Abs. 2 OECD-MA klärt nicht, wann die Auslegung aus dem Zusammenhang zu erfolgen hat[73]. Hier sind zwei Optionen zu beachten. Sieht man den Einschub „wenn der Zusammenhang nichts anderes erfordert" als eine Ausnahmeregelung an, so ist die Auslegung aus dem innerstaatlichen Recht als vorrangig zu betrachten. Es ist aber genauso möglich, dass die Auslegung aus dem Sinnzusammenhang vorher zu erfolgen hat, denn andernfalls könnte z.B. das Eintreten der mit „wenn der Zusammenhang ..." eingeleiteten Bedingung überhaupt nicht geprüft werden.[74]

Entscheidend ist dabei, dass aus dem gesamten Vorschriftenzusammenhang, der nach Art. 31 Abs. 1 WÜRV bei der Interpretation ebenfalls heranzuziehen ist, nur gefolgert werden kann, dass eine Modifizierung der Auslegungsreihenfolge in der oben beschriebenen Weise nicht in Frage kommt. Sonst würden die DBA selbst die Mehrdeutigkeit der Auslegungsergebnisse legitimieren – ein Ergebnis, das dem Ziel und Zweck der DBA sowie ihrem aus dem eigenen Begriffsverständnis herrührenden Anspruch auf eine eindeutige Rechtsaussage widersprechen würde.[75]

Hiergegen hat allerdings *Vogel* vorgetragen, der Ausdruck „erfordert" habe eine so starke Bindungswirkung, dass schon von seinem Wortlaut her nur Gründe von besonderem Gewicht die Auslegung aus dem Zusammenhang rechtfertigen würden.[76] *Vogel* selbst nennt diese Gründe nicht, obwohl er sich an mehreren Stellen auf sie bezieht.[77] Er weist allerdings darauf hin, dass das Entstehen einer Doppelbesteuerung oder einer Doppelfreistellung bei der Auslegung aus dem innerstaatlichen Recht Hinweise auf ein besonderes Gewicht zugunsten der Auslegung aus dem Zusammenhang geben könnte.[78] Diese Ansicht wurde in Deutschland die sog. „landesrechtliche Theorie" genannt. Im Endergebnis kommen ihre Anhänger zu dem Schluss, dass es nicht möglich sei, der Auslegungsregel des Art. 3 Abs. 2 OECD-MA einen systematischen Vorrang der Auslegung aus dem Sinnzusammenhang vor der Bezugnahme auf das nationale Recht zu entneh-

---

73 Vgl. *Kerath*, aaO., S. 164 ff.
74 Vgl. *Gloria*, aaO., S. 975 f.
75 Vgl. *Debatin*, BB 1978, S. 2437 (2438); *Mössner*, aaO., S. 426; *Gloria*, aaO., S. 97 f.
76 *Vogel*, aaO., Art. 3, Rn. 71.
77 *Vogel*, aaO., Art. 3, Rn. 71 ff.
78 *Vogel*, aaO., Art. 3, Rn. 73.

men.[79] *Vogel* versteht die genannte Auslegungsklausel vielmehr dahingehend, dass die Abkommensbegriffe, die nicht in dem DBA selbst definiert werden, grundsätzlich nach innerstaatlichem Recht auszulegen sind, es sei denn, dass aus obigen besonders gewichtigen Gründen die Auslegung aus dem Sinnzusammenhang ausnahmsweise in Frage käme. Zur Begründung dieser Theorie wird darauf verwiesen, dass die mit einem vorrangigen Rückgriff auf innerstaatliches Recht verbundene Gefahr des Fortbestehens der Doppelbesteuerung mangels hinreichender Regelungshomogenität des Art. 3 Abs. 2 OECD-MA von den Vertragsparteien um einer größeren Praktikabilität willen billigend in Kauf genommen werde.[80]

Gerade die Vermeidung von Doppel- und Minderbesteuerung zählt freilich zum Hauptzweck der DBA, der bei einem Vorzug der Auslegung aus dem innerstaatlichen Recht und einem nachfolgenden Qualifikationskonflikt in der Regel nicht mehr erfüllt werden kann. Somit scheint, dass auch *Vogel* in Übereinstimmung mit den Normen des WÜRV die Notwendigkeit einer Auslegung des Ausdrucks „erfordert" nicht allein aus dem Wortlaut befürwortet. Bei der Heranziehung des Vorschriftenzusammenhangs stellt damit die Möglichkeit des Eintretens einer Doppel- oder Minderbesteuerung einen „Grund von besonderem Gewicht" dar. Die Anwendung des Auslegungsrückgriffs auf das innerstaatliche Recht ist daher zugunsten der Auslegung aus dem Sinnzusammenhang des DBA einzuschränken.

Damit kann also auch aus der Wortbedeutung des Ausdrucks „erfordert" nicht auf eine Modifizierung der Auslegungsreihenfolge geschlossen werden. Vielmehr bleibt maßgebend, dass bei der Anwendung von Art. 3 Abs. 2 OECD-MA eine gegen Ziel und Zweck des DBA verstoßende Minder- oder Doppelbesteuerung zu vermeiden ist. Dies kann aber nur dann gelingen, wenn die Auslegung aus dem Zusammenhang die Regel und der Rückgriff auf das jeweilige innerstaatliche Recht die Ausnahme bleibt. Der Auslegung aus dem Sinnzusammenhang sollten nicht nur einzelne Definitionen, sondern alle Normen der DBA insgesamt unterworfen werden.[81] Dadurch wird die abkommensimmanente Regelungshomogenität gewährleistet, die es ermöglicht, dass beide Vertragsstaaten die Abkommensregeln einheitlich interpretieren.[82] Die obengenannte Auslegungsreihen-

79 Siehe *Vogel*, aaO. Einl., Rn. 56, Art. 3, Rn. 74; auch *Klebau*, RIW 1985, S. 125 (127).

80 Vgl. *Vogel*, aaO., Art. 3, Rn. 71.

81 Siehe *Schaumburg*, aaO., S. 790, Rn. 16.63; auch *Tipke/Kruse*, AO/FGO, § 2 AO, Rn. 11.

82 *Schaumburg*, aaO., S. 790, Rn. 16.64; *Debatin*, DStZ/A 1987, S. 211 ff.

folge ist auch durch die Rechtsprechung des BFH für die DBA, die eine dem Art. 3 Abs. 2 OECD-MA entsprechende Klausel beinhalten, bestätigt worden[83].

Es stellt sich allerdings die Frage, warum die Auslegungsklausel in dieser Form überhaupt den Eingang in die meisten deutschen DBA gefunden hat, denn offensichtlich ist sie überflüssig, wenn die aus eigener völkerrechtlicher Begriffswelt der DBA resultierende Auslegungsreihenfolge durch sie ohnehin nicht modifiziert wird. Die Gründe hierfür sind wohl in ihrer Entstehungsgeschichte zu suchen. Die Klausel stammt ursprünglich aus dem anglo-amerikanischen Rechtssystem. Sie war im Bereich der DBA zuerst im Abkommen zwischen den USA und Großbritannien aus dem Jahre 1945 zu finden und wurde dann zunächst nur in den DBA dieser Staaten mit Drittstaaten vereinbart. In den englischen und den amerikanischen DBA der damaligen Zeit war eine enge Bindung an deren innerstaatliches Recht festzustellen.[84] Durch die Aufnahme der dem Art. 3 Abs. 2 OECD-MA entsprechenden Klausel konnte den Vertragsstaaten die Statuierung dieser engen Bindung ermöglicht werden, da diese Klausel immerhin zumindest in bestimmten Fällen einen Rückgriff auf das jeweilige innerstaatliche Recht verankerte.

2. Die Methoden der Auslegung von DBA

Ziel jeder Auslegung ist es, den unklaren Wortlaut eines Ausdrucks oder einer Vorschrift dahingehend zu konkretisieren, dass ihre Bedeutung verständlich wird[85]. Die Bedeutung des in Frage stehenden Ausdrucks kann nur die sein, die ihm von den Vertragspartnern beigelegt wurde. Hierbei darf allerdings nicht auf die Vorstellungen der an den Verhandlungen beteiligten Personen vereinzelt abgestellt werden, sondern es muss ermittelt werden, was der wirkliche gemeinsame Parteiwille ist[86].

Der Streit, ob das Ziel der Auslegung die Suche nach dem historischen Parteiwillen sei (subjektive Theorie) oder ob im Gegenteil vom Vorrang des Vertragstextes auszugehen sei (objektive Theorie) ist mittlerweile, nicht zuletzt auch durch die Regeln der WÜRV, zu Gunsten der objektiven Theorie entschieden

83 Vgl. z.B. BFH vom 28.04.1982, I R 151/78, BStBl. II 1982, S. 566; BFH vom 18.05.1983, I R 5/82, BStBl. II 1983, S. 771; BFH vom 21.08.1985, I R 63/80, BStBl. II 1986, S.4.

84 Ausführlich dazu *von Poser und Gross-Naedlitz*, aaO., S. 54.

85 Vgl. *Vogel*, aaO., Einl. Rn. 61; *Larenz*, aaO., S. 299.

86 Siehe BVerfG vom 21.05.1952 2 BvH 2/52, BVerfGE 1, S. 299 ff.; BFH vom 29.10.1981, I R 89/80, BStBl. II 1982, S. 155.

worden[87]. Für den Bereich des DBA ist diese Entwicklung jedenfalls zu begrüßen, da gerade hier die Bindung an schriftlich fixierte Vereinbarungen dazu beitragen kann, dass der Bereich eingeengt wird, in dem divergierende Auslegungsergebnisse auftreten können.

Der Gegenstand der Auslegung ist der Vertragstext. Dieser kann nach unterschiedlichen Methoden ausgelegt werden, wobei eine scharfe Trennung zwischen den im folgenden zu diskutierenden Methoden jedoch kaum vorgenommen werden kann.[88] Da die dem Art. 3 Abs. 2 OECD-MA nachgebildeten Auslegungsklauseln deutscher DBA keine Festlegung auf eine bestimmte Auslegungsmethode enthalten, kommen vor allem grammatische, systematische, teleologische und historische Auslegungen in Betracht[89]. Diese schließen sich nicht gegenseitig aus, sondern ergänzen sich weitgehend[90].

a) Die grammatische Auslegungsmethode

Die in Art. 31 Abs. 1 WÜRV verankerte allgemeine Auslegungsregel gebietet, einen völkerrechtlichen Vertrag „nach Treu und Glauben in Übereinstimmung mit der gewöhnlichen, seinen Bestimmungen in ihrem Zusammenhang zukommenden Bedeutung und im Lichte seines Zieles und Zweckes auszulegen". Die Vertragsauslegung beginnt dementsprechend mit dem Wortlaut der in Frage stehenden Abkommensvorschrift, also mit der grammatischen Auslegungsmethode. Zum Wortlaut zählen sowohl der eigentliche Abkommenstext, als auch die anlässlich der Abkommensunterzeichnung vereinbarten Protokolle. Der Wortsinn ist in der Regel nach dem allgemeinen Sprachgebrauch zu ermitteln, im Zweifel wird jedoch die entsprechende steuerliche Fachbedeutung den Ausschlag geben[91].

Besondere Probleme ergeben sich bei DBA dadurch, dass diese normalerweise nicht in einer, sondern in zwei oder in mehreren Sprachen verfasst sind. Ohne besondere Vereinbarung sind alle Texte bekanntlich gleichrangig[92]. Dies führt dann zu Auslegungsproblemen, wenn die in den beiden Textfassungen verwendeten Ausdrücke nicht exakt die gleiche fachsprachliche Bedeutung haben.

---

87 Vgl. *Gloria*, aaO., S. 63 f.; *Pijl*, BIFD 1997, S. 539 ff.; *Hannes*, aaO., S. 75.

88 Vgl. *Weber-Fas*, Staatsverträge im Internationalen Steuerrecht, 1982, S. 85.

89 *Debatin*, DStR 1992, Beiheft 23, S. 1 ff.

90 *Schaumburg*, aaO., S. 790 f., Rn. 16.64; BFH vom 24.04.1975, BStBl. II 1975, S.604.

91 Vgl. *Vogel*, aaO., Einl. Rn. 70 ff.

92 Vgl. *Gloria*, aaO., S. 78; *Seidl-Hohenveldern*, aaO., S. 91 f.; BFH vom 21.08.1985, I R 63/80, BStBl. II 1986, S. 4.

Beispiel:

Art. 4 Abs. 3 DBA Deutschland-Frankreich spricht in der deutschen Fassung von Anteilen eines „Mitunternehmers", die nur im Staat der Betriebstätte besteuert werden können. Als „Mitunternehmer" wird in der deutschen Sprache – maßgebend ist hier die steuerliche Fachsprache – eine Person bezeichnet, die „ eine gewisse unternehmerische Initiative entfalten kann sowie unternehmerisches Risiko trägt" (H 138 Abs. 1 EStR).

In der französischen Fassung wird im gleichen Artikel hingegen von einem „associe" gesprochen. In der französischen Fachsprache hat der Ausdruck „associe" jedoch nicht die enge Bedeutung wie im Deutschen, vielmehr werden darunter alle Beteiligten (Gesellschafter) – seien es unternehmerisch Beteiligte oder nicht unternehmerisch Beteiligte – verstanden[93].

Für derartige Probleme bietet sich zunächst die Lösung an, das DBA in nur einer authentischen Textfassung abzuschließen. Dieses scheitert jedoch verständlicherweise am Souveränitätsdenken der Vertragsstaaten und ist in der Abkommenspraxis der Bundesrepublik Deutschland, abgesehen von den DBA mit deutschsprachigen Staaten, nicht zu finden[94]. Eine weitere Lösung wäre es, eine Fassung in einer dritten Sprache abzuschließen, die in Zweifelsfällen ausschlaggebend sein sollte. Diese Variante ist manchmal anzutreffen, in den meisten Fällen ist Englisch, z.T. auch Französisch, als Sprache für den dritten Abkommenstext gewählt worden[95].

Sofern jedoch keine dieser Lösungen gewählt ist, muss versucht werden, anhand der vorliegenden authentischen Textfassungen den Sinn des Ausdrucks oder der Vorschrift zu ermitteln. Sicher ist dabei, dass eine sprachliche Kollision von den Vertragsparteien auf jeden Fall nicht gewollt ist, da der in den Verhandlungen erzielte Konsens auch im DBA schriftlich festgehalten werden muss. Dieses Ziel ist in den Fällen sprachlicher Divergenz allerdings nicht erreicht. Daher ist auf der Grundlage aller vorliegenden authentischen Texte unter Berücksichtigung von Ziel und Zweck des DBA und seinem Zusammenhang (Art. 31 Abs. 1, 2 WÜRV) zu versuchen, den Willen der Vertragsstaaten zu eruieren. Dabei kann gem. Art. 31 Abs. 3, Art. 32 WÜRW auch auf außertextliche Hilfsmittel zurückgegriffen werden.

Liegt z.B. ein Urentwurf vor, aus dem hervorgeht, dass ursprünglich in einer Sprache verhandelt wurde und die zweite Textfassung dann anschließend durch Übersetzung angefertigt ist, so könnte es sich anbieten, den Urtext zur Auslegung heranzuziehen, da er als Basis der ersten Einigung zwischen den Vertragspartnern anzusehen ist. Dabei ist allerdings zu beachten, dass nur die vorliegenden

---

93 Siehe *Pott*, Die Kollision unterscheiedlicher Formen der Gesellschaftsbesteuerung, 1982, S. 141.

94 Vgl. die Übersicht der Abkommenssprachen bei *Vogel*, aaO., Art. 29/30, Rn. 30.

95 Vgl. die Übersicht bei *Vogel*, aaO., Art. 29/30, Rn. 30.

Endfassungen und nicht der Urtext durch den Vertragsabschluss ausdrücklich für verbindlich erklärt wurden[96].

Ermöglichen die vorliegenden verschiedensprachigen Abkommensfassungen eine Auslegung, die nach beiden Texten möglich ist (sog. Minimalkonsens), so sollte diese herangezogen werden[97], da dem in Frage stehenden Begriff damit eine Bedeutung beigelegt wird, die von beiden Staaten zumindest auch gemeint gewesen ist. Auch eine solche Auslegung muss im Einklang mit Art. 33 Abs. 4 WÜRV unter dem Vorbehalt stehen, dass sie mit dem Zusammenhang und dem Ziel und Zweck des Vertrags vereinbar ist.

Hiermit ist auch der Lösungsweg für das oben erwähnte Auslegungsproblem in Art. 4 Abs. 3 DBA Deutschland-Frankreich aufgezeigt. Unter dem Ausdruck „Mitunternehmer“ bzw. „associe“ sollte daher nur der an einer der aufgeführten Personengesellschaften unternehmerisch Beteiligte verstanden werden, nicht hingegen z.B. ein typischer stiller Gesellschafter. Dieses Auslegungsergebnis wird von der Wortbedeutung in beiden Abkommensfassungen gedeckt (Minimalkonsens). Diese Auslegung steht auch mit dem Zusammenhang des DBA im Einklang, denn die Einkünfte z.B. des typisch stillen Gesellschafters werden von der Dividendenregelung des Art. 9 Abs. 6 DBA Deutschland-Frankreich erfasst[98].

b) Die systematische Auslegungsmethode

Daneben ist die Auslegung aus dem Sinnzusammenhang, also die systematische Methode, zu betrachten. Diese ergänzt die grammatische Interpretation, ohne ihr gegenüber nachrangig zu sein[99]. Die systematische Auslegung zieht im Quervergleich den Kontext des jeweiligen Satzes, des Absatzes, des Artikels, des gesamten DBA und des Protokolls heran, in denen die auszulegende Vorschrift eingebetet ist. Hierbei kann davon ausgegangen werden, dass dieselben Ausdrücke innerhalb eines DBA in der Regel die gleiche Bedeutung haben[100].

Weiterhin sieht Art. 31 Abs. 2 WÜRV vor, anlässlich des Vertragsabschlusses getroffene Übereinkünfte zur Auslegung aus dem Sinnzusammenhang heranzuziehen. Bei DBA werden von dieser Vorschrift in erster Linie die Noten- und

96 So auch *Gloria*, aaO., S. 79.

97 Vgl. *Gloria*, aaO., S. 78; *Debatin*, DStR 1992, Beiheft 23; *Hannes*, aaO., S. 77.

98 Vgl. *Debatin/Wassermeyer*, Doppelbesteuerung, DBA-Frankreich, zu Art. 4 und zu Art. 9.

99 Siehe *Schaumburg*, aaO., S. 791, Rn. 16.65.

100 Vgl. *Bernhardt*, aaO., S. 85 f.; *Weber-Fas*, aaO., S. 79 ff.

Briefwechsel erfasst, die von den Vertragsparteien anlässlich des Abschlusses des DBA vorgenommen wurden[101].

Nach Art. 31 Abs. 3 WÜRV können außerdem später getroffene Übereinkünfte oder das nachfolgende Verhalten der Vertragspartner berücksichtigt werden. Diese Vorschrift erfasst bei DBA zum einen spätere Noten- und Briefwechsel und zum anderen die im Verständigungsverfahren erzielten Einigungen. Diese Hilfsmittel der Interpretation gehören nach dem Wortlaut des Art. 31 Abs. 3 WÜRV zwar nicht zum „Zusammenhang", sie sind jedoch „in gleicher Weise" zu berücksichtigen. Heraus lässt sich schließen, dass sie nicht als Auslegungsmittel minderer Aussagekraft anzusehen sind, obwohl sie innerstaatlich für die Gerichte nicht verbindlich sein können[102].

c) Die teleologische Auslegungsmethode

Schwer zu trennen von der systematischen Auslegungsmethode ist die teleologische Auslegung, also die Interpretation nach dem Ziel und Zweck des DBA, die ebenfalls nach Art. 31 Abs. 1 WÜRV heranzuziehen ist. Unter teleologischer Auslegung wird die Auslegungsweise verstanden, die darauf abzielt, unter Berücksichtigung des Textes in seinem Zusammenhang demjenigen Auslegungsergebnis den Vorrang einzuräumen, das dem Ziel und Zweck des DBA am besten gerecht wird. Um diesem Anspruch zu genügen, muss zunächst geklärt werden, was eigentlich Ziel und Zweck eines DBA ist. Dazu wurde oben festgestellt, dass hierunter in erster Linie die Vermeidung der Doppel- und der Minderbesteuerung zu verstehen ist[103]. Es stellt sich jedoch die Frage, ob diese Ziele hilfreich zur teleologischen Auslegung herangezogen werden können.

Die Doppelbesteuerung kann nämlich in den meisten Konfliktfällen auf zweierlei Weise vermieden werden: einerseits dadurch, dass einheitlich der deutschen Auslegungsauffassung gefolgt wird, andererseits aber auch dadurch, dass einheitlich der Auffassung des jeweiligen Vertragspartners der Bundesrepublik Deutschland gefolgt wird. In beiden Fällen wäre dem Abkommensziel der Vermeidung der Doppelbesteuerung Rechnung getragen, obwohl jeweils unterschiedliche Staaten ihr Besteuerungsrecht ausüben könnten und sich daraus auch unter Umständen jeweils unterschiedliche Steuerbelastungen ergeben würden. Welcher Auffassung hierbei der Vorrang gebührt, ist damit jedoch noch nicht geklärt.

---

101 Vgl. *Gloria*, aaO., S. 73; *Schanne*, DBA und innerstaatliches Steuerrecht, 1999, S. 34.

102 Siehe oben Kapitel C., Abschnitt II., Punkt 1.

103 Vgl. oben Kapitel B., Abschnitt II., Punkt 3.

Im umgekehrten Fall, wenn es also durch divergierende Auslegungsauffassungen der Vertragspartner zu einer Minderbesteuerung kommt, gelten ähnliche Überlegungen. Auch in diesem Fall könnte die Minderbesteuerung durch zwei unterschiedliche Auslegungen nach dem oben dargestellten Schema vermieden werden, wenn die Vertragsstaaten sich auf eine der Auslegungsoptionen verständigen würden. Hierbei ist jedoch noch zusätzlich zu beachten, dass im Falle einer Minderbesteuerung der Durchführung einer „weiße Einkünfte" beseitigenden Besteuerung häufig innerstaatliches Steuerrecht und damit das Prinzip der Tatbestandsmäßigkeit der Besteuerung entgegenstehen wird.

Hieraus kann gefolgert werden, dass aus dem Ziel „Vermeidung der Doppelbesteuerung und Minderbesteuerung" zwar die Forderung hergeleitet werden kann, eine solche Vermeidung müsse erreicht werden, dass aber für die praktische Anwendung dieses Grundsatzes eine entsprechende Handhabung nicht in einheitlicher Form zu erwarten ist.[104] Der Grundsatz der Vermeidung steuerlicher Verwerfungen wird vielmehr nur dann anzuwenden sein, wenn die Auslegung nach dem Wortlaut in seinem Zusammenhang zu zwei nebeneinander stehenden Auslegungsergebnissen geführt hat, die zum einen eine einfache Besteuerung in nur einem Staat zulassen und zum anderen zu einer Doppel- oder Minderbesteuerung führen.

Das Augenmerk sollte bei diesen Fällen im Rahmen teleologischer Interpretation auf den Sinn und Zweck der jeweils auszulegenden Einzelbestimmung gerichtet werden[105]. Da die Ermittlung von Ziel und Zweck unter dem Vorrang des Textwortlautes steht[106], ist als erstes nochmals auf den Vertragstext zurückzugreifen, um nach weiteren Anhaltspunkten für den Zweck der auszulegenden Bestimmung zu suchen.

Art. 32 WÜRV sieht in diesem Zusammenhang vor, im Fall von Mehrdeutigkeit oder bei sinnwidrigen und unvernünftigen Ergebnissen ergänzende Auslegungsmittel heranzuziehen. Hierzu zählen die vorbereitenden Arbeiten und die Umstände des Vertragsabschlusses[107]. Damit wird die Auslegung aus den Quellen außerhalb des Vertragstextes und die historische Auslegungsmethode in Betracht gezogen. Diese Methode kommt zur Unterstützung der teleologischen Auslegung insoweit in Frage, als damit der Zweck einzelner Abkommensbestimmungen ermittelt werden kann[108].

---

104 Vgl. *Gloria*, aaO., S. 75; *Avery Jones*, The interpretation of tax treaties, Bulletin for IFD 1986, S. 81.

105 *Debatin*, DStZ 1992, Beiheft 23, S. 1 ff.

106 Vgl. *Bernhardt*, aaO., S. 96; *Kluge*, aaO., S. 93; *Hannes*, aaO., S. 80.

107 Ausführlich dazu *Blumenwitz*, DBA und innerstaatliches Recht, 1995, S. 15.

108 Vgl. *Weber-Fas*, aaO., S. 80.

d) Die historische Auslegungsmethode

Im Rahmen der historischen Auslegung können zunächst veröffentlichte Vorarbeiten und die Begleitumstände des Abkommensabschlusses berücksichtigt werden.

Bei DBA sind dies die Protokolle der zwischenstaatlichen Abkommenverhandlungen. Da diese Protokolle jedoch in der Regel nicht veröffentlicht werden, können sie im Auslegungsvorgang nur begrenzt hilfreich sein. Im nationalen Bereich werden ferner sog. Denkschriften im Rahmen des Zustimmungsverfahrens nach Art. 59 Abs. 2 GG als Bundestagsdrucksache veröffentlicht. Diese Denkschriften enthalten allerdings nur Hinweise auf die deutsche Auffassung zu einzelnen Artikeln des DBA[109]. Sie sind daher nicht geeignet, einen Hinweis darauf zu geben, was die beiden Vertragspartner mit einzelnen Abkommensartikeln bezweckt haben und können im Rahmen des Auslegungsverfahrens nur Berücksichtigung finden, wenn es um die Ermittlung dessen geht, was die deutsche Seite gewollt hat[110].

Weiterhin kann nicht unberücksichtigt bleiben, dass die deutschen DBA in nahezu allen Fällen in ihrem Aufbau und zum großen Teil auch in ihrem Wortlaut den OECD-Musterabkommen nachgebildet sind. Das OECD-MA kann daher als den Vertragsverhandlungen zugrundeliegendes Material in Betracht gezogen werden[111].

Dabei sind zwei Aspekte zu beachten. Zum einen lässt sich aus einer vom Wortlaut des OECD-MA abweichenden Abkommensauslegung schließen, dass es den Vertragspartnern aus bestimmten, im Bereich ihrer besonderen bilateralen Beziehungen liegenden Gründen, notwendig war, den Wortlauf des OECD-MA nicht zu übernehmen. Diese Gründe, die sich durch das Studium des nationalen Rechts der betroffenen Staaten und durch die Analyse der vorgenommenen Abweichung erkennen lassen, geben einen ersten Hinweis auf den mit der fraglichen Abkommensbestimmung verfolgten Zweck.

Zum zweiten lässt sich bei wortgetreuer Übernahme des OECD-MA, insbesondere bei Verträgen zwischen den Mitgliedstaaten der OECD, darauf schließen, dass diese das entsprechende Regelwerk des OECD-MA deshalb übernommen haben, weil es auch das von den Vertragsparteien Gewollte in geeigneter Weise wiedergegeben hat. Dann lässt sich sowohl das Musterabkommen selbst, als auch der dazugehörige Musterkommentar (OECD-MK), der vom Fiskalaus-

---

109 *Blumenwitz*, aaO., S. 14; *Gloria*, aaO., S. 81 ff.

110 Vgl. *Kluge*, Das deutsche Internationale Steuerrecht, 1992, S. 224; *Vogel*, aaO., Einl. Rn. 71.

111 So auch *Mössner*, aaO., S. 411 f.

schuss der OECD verfasst wurde, als Mittel zur Auslegung heranziehen, sofern der Zusammenhang des DBA nicht etwas anderes erfordert[112]. Etwas anderes muss allerdings gelten, wenn einer der betroffenen Staaten zur Kommentierung der fraglichen Abkommensbestimmung im OECD-MK einen Vorbehalt gemacht hat[113]. Dabei ist auch der Zeitpunkt der jeweiligen Abkommenverhandlungen zu berücksichtigen. So darf z.B. ein DBA, das unter Rückgriff auf das OECD-MA 1977 entstand, nicht mit der Hilfe des Kommentars zum OECD-MA 2000 ausgelegt werden und umgekehrt[114].

Im Rahmen der historischen Ermittlung von Ziel und Zweck einzelner Abkommenbestimmungen sollte weiter das dem Vertragsabschluss nachfolgende Verhalten der Vertragspartner beachtet werden[115]. Dieses manifestiert sich bei DBA auf deutscher Seite in erster Linie in den Erlassen und Schreiben des BMF und der Finanzverwaltungen der Länder. Es muss aber berücksichtigt werden, dass es sich auch hierbei um nachfolgendes Verhalten lediglich einer Seite handelt, welches bei späteren Auslegungsfragen ebenfalls nur diese Seite binden kann. Als für die Zwecke der Auslegung geeignet erscheinen daher die im Verhandlungsprotokoll niedergelegten Verhandlungsergebnisse, soweit diese nicht schon bei der systematischen Auslegung Berücksichtigung gefunden haben.

e) Die Heranziehung von Parallelabkommen

Als weitere Auslegungsmöglichkeit nach der Ausschöpfung der hier erörterten grammatischen, systematischen, teleologischen und historischen Auslegungsmethode kann u.U. die Heranziehung von Parallelabkommen und den dazu erfolgten Einigungen angesehen werden[116]. Die Parallelabkommen der Bundesrepublik Deutschland und die hierzu verfügbaren Materialien lassen jedoch lediglich einen Schluss darauf zu, welche Auslegungsauffassung die deutsche Seite in Bezug auf das jeweilige DBA vertritt. Ein Schluss auf den Sinn und die Anwendungsweise der Bestimmungen des in Frage stehenden DBA lässt sich daraus nicht ableiten, da es bei der Abkommensauslegung darauf ankommt, was beide Verhandlungs-

---

112 Vgl. *Pott*, aaO., S. 142; *Vogel*, aaO., Einl. Rn. 78; *Gloria*, aaO., S. 84 ff.; *Hannes*, aaO., S. 81 f.

113 Vgl. z.B. die Vorbehalte Frankreichs, Portugals und Niederlande zu dem in den OECD-MK durch die Revision 2000 umgesetzten Partnership-Report 1999 in Art. 1 Nr. 27.1 und Art. 23A Nr. 82 OECD-MK.

114 So auch *Gloria*, aaO., S. 92.

115 Ausführlich dazu *Bernhardt*, aaO., S. 132; *Debatin*, Zur Auslegung von DBA, in: FS für Scherpf, 1983, S. 305 (308).

116 Vgl. *Schaumburg*, aaO., Rn. 16.80; *Vogel*, aaO., Einl. Rn. 83 ff.

partner gewollt haben[117]. Was Deutschland möglicherweise mit einem anderen Vertragsstaat ausgehandelt hat, kann nur in Bezug auf das DBA mit diesem anderen Staat bindend sein, wenn die getroffenen Regelungen durch das Zustimmungsgesetz bereits ins deutsche nationale Steuerrecht eingebettet sind[118]. Somit stellt die Heranziehung von Parallelabkommen schon einen Rückgriff auf das innerstaatliche Recht der Bundesrepublik Deutschland dar. Von diesem soll indessen abgesehen werden, solange eine Auslegung aus dem Sinnzusammenhang noch möglich ist. Damit scheidet die Heranziehung von Parallelabkommen auf der Ebene der Auslegung aus dem Zusammenhang des DBA aus.

f) Der Grundsatz der Entscheidungsharmonie

Der überwiegend von *Vogel* vertretene Grundsatz der Entscheidungsharmonie besagt, dass die Auslegung anzustreben ist, die am ehesten Aussicht bietet, in beiden betroffenen Vertragsstaaten akzeptiert zu werden[119]. Dieser dem IPR entnommene Grundsatz sollte nach der Auffassung von *Vogel* auch bei der Auslegung der DBA Anwendung finden. Im Internationalen Steuerrecht ist die Idee der Entscheidungsharmonie bisher allerdings nur selten als Auslegungsziel zum Ausdruck gekommen[120].

Diese Auffassung erscheint begründet, denn das Ziel der Erreichung eines einheitlichen Auslegungsergebnisses im DBA-Bereich darf nicht die Souveränität der Vertragsstaaten stärker einschränken, als dies durch das DBA vorgesehen ist[121]. Darüber hinaus ist darauf hinzuweisen, dass durch den so verstandenen Grundsatz der Entscheidungsharmonie der bloße zeitliche Vorsprung einer einmal getroffenen Entscheidung eines Vertragsstaates der Maßstab für ihre Richtigkeit und Verbindlichkeit auch für den anderen Vertragsstaat sein müsste[122]. In konsequenter Anwendung des genannten Gebots würde es daher zu einem „Wettlauf" der Auslegungen kommen. Dies kann jedoch nicht hingenommen werden. *Vogel* selbst weist darauf hin, dass auch die Rechtsprechung in den Staaten, die durch einen internationalen Sachverhalt betroffen sind, erheblich

---

117 So auch *Vogel*, aaO., Einl. Rn. 85.

118 Vgl. *Vogel*, Abkommensvergleich als Methode bei der Auslegung von DBA, StbJb 1983/84, S.373 ff.

119 Siehe *Vogel*, aaO., Einl. Rn. 74.

120 Dieses Prinzip hat hauptsächlich in der Rechtssprechung der Länder des angloamerikanischen Rechtskreises Niederschlag gefunden, siehe Überblick bei *Vogel*, aaO., Einl. Rn. 74b ff.

121 Vgl. *Gloria*, Das steuerliche Verständigungsverfahren und das Recht auf diplomatischen Schutz, 1988, S. 73 f.

122 Siehe Kritik bei *Wassermeyer*, DStJG 8, S. 49 (53); *ders.* über das Gebot „internationaler Rücksichtnahme", IStR 1998, S. 489 (491); *Hannes*, aaO., S. 83.

auseinanderfallen kann[123]. Wenn aber eine Verbindlichkeit des Prinzips der Entscheidungsharmonie kaum zu erwarten ist, dann stellt sich zwangsläufig die Frage, welche rechtliche Bedeutung diesem Gebot noch zukommt[124]. Auch aus den maßgeblichen Auslegungsbestimmungen des WÜRV ergibt sich nicht, dass der Grundsatz der Entscheidungsharmonie berücksichtigungsfähig sein könnte[125].

IV. Die Auslegung nach Maßgabe des innerstaatlichen Rechts

Beim Scheitern der Auslegung aus dem Sinnzusammenhang ist der Rückgriff auf das jeweilige innerstaatliche Recht des abkommensanwendenden Staates im Einklang mit den dem Art. 3 Abs. 2 OECD-MA nachgebildeten Auslegungsrichtlinien in den deutschen DBA ausdrücklich vorgesehen. Dieser Rückgriff muss als letztes Mittel der Abkommensauslegung erachtet werden, von welchem in Ausnahmefällen Gebrauch gemacht wird, um ein „non liquet" bei der Abkommensanwendung, d.h. eine Nichtanwendbarkeit der DBA-Normen zu verhindern[126].

1. Der Streit um die Stellung des Rückgriffs innerhalb der Auslegungsreihenfolge

In letzter Zeit wird indessen zunehmend die Auffassung vertreten, dass die Abkommensauslegung grundsätzlich primär nach dem innerstaatlichen Recht des jeweiligen Anwenderstaates zu erfolgen habe, um damit die Abkommensanwendung zu erleichtern[127]. Dies wird damit begründet, dass in Deutschland das entsprechende Zustimmungsgesetz die abgeschlossenen DBA in nationales Steuerrecht transformiert. Daraus wird gefolgert, dass nur das deutsche innerstaatliche Recht für die Auslegung der Begriffe von DBA maßgebend sein könnte[128]. Diese Auffassung wird manchmal als Transformationslehre bezeichnet[129]. Besonders überzeugend wird sie in den Werken von *Wassermeyer* zum Ausdruck gebracht[130].

123 Siehe *Vogel*, aaO., Einl. Rn. 76 f.
124 So auch *Schanne*, DBA und innerstaatliches Steuerrecht, 1999, S. 40.
125 Vgl. *Gloria*, aaO., S. 73, S. 81.
126 Siehe Abschnitt I, Punkt 3 dieses Kapitels.
127 Ausführliche Darstellung der Auslegungsauffassungen bei *Vogel*, aaO., Art. 3 Rn. 59 ff.
128 Siehe Hinweise bei *Kluge*, Das Internationale Steuerrecht, 4. Auflage, 2000, S. 647.
129 Darstellend *Wassemeyer*, in: *Blumenwitz*, aaO., S. 21.
130 Siehe z.B. *Wassermeyer*, Kommentierung in *Debatin/Wassermeyer*, Doppelbesteuerung; *ders.*, StuW 1990, S. 404 ff.; *ders.*, IStR 1998, S. 489 ff.; *ders.*, IStR 1999, S. 481 ff.

Insbesondere in Bezug auf die Regelungen des Art. 3 Abs. 1 lit. a) bis c) OECD-MA führt *Wassermeyer* aus, die Auslegung der Begriffsdefinitionen der DBA müsse dem Anwenderstaat vollkommen überlassen werden, die Auslegung aus dem Wortlaut oder dem Sinnzusammenhang vermöge hingegen nicht, eine Abkommensanwendung zu gewährleisten[131]. Dabei räumt er allerdings ein, dass der Rückgriff auf das jeweilige innerstaatliche Recht bei den DBA-Sachverhalten oftmals zu Qualifikationskonflikten führen kann, da die Rechtsauffassungen der Vertragsstaaten bezüglich der auszulegenden Begriffe häufig unterschiedlich sind. Als Mittel zur Beilegung derartiger Qualifikationsdivergenzen schlägt *Wassermeyer* das Verständigungsverfahren nach Art. 25 OECD-MA vor[132]. Es wird fenrer ausgeführt, dass trotz der Gefahr eventueller Qualifikationskonflikte die Auslegung nach Maßgabe des innerstaatlichen Rechts den Belangen der Praktikabilität am besten entspricht, da die Finanzverwaltung und die Rechtsprechung des jeweiligen Vertragsstaates die auf dem nationalen Recht beruhende Auffassung im Inland effektiv durchsetzen können. Daher wäre die Auslegung der DBA nach dem Wortlaut sowie nach dem Sinnzusammenhang völlig überflüssig.

Bemerkenswert ist dabei, dass sowohl die Befürworter der Auslegung nach dem nationalen Recht, als auch die Anhänger der Auslegung aus dem Wortlaut bzw. dem Sinnzusammenhang letztlich zu denselben Ergebnissen kommen. Nur setzt die erstere Auffassung den sofortigen Rückgriff auf das innerstaatliche Recht voraus, wohingegen die zweite zuerst den Wortlaut und den Zusammenhang der DBA in Betracht zieht, und wenn aus diesen der Sinngehalt einer Abkommensvorschrift nicht ermittelt werden kann, greift sie ebenfalls auf das jeweilige innerstaatliche Recht zurück.

Es ist indessen nicht zu verkennen, dass durch das Zustimmungsgesetz nur die Regelungen ins innerstaatliche Recht transformiert werden, welche bei dem DBA-Abschluss völkerrechtlich gewollt waren[133]. Die DBA sind von ihrer Rechtsnatur her Verträge zwischen den souveränen Staaten. Demnach sind sie auch nach völkerrechtlichen Grundsätzen auszulegen[134]. Es kann sein, dass von praktischen Gesichtspunkten ausgehend die Auslegung nach dem nationalen Recht eine einfachere Handhabung verspricht, als die Auslegung aus dem Recht des DBA. Es ist ebenfalls verständlich, dass die vertragliche Bindung an die Rechtsauffassung bzw. Auslegungsergebnisse des jeweiligen Vertragspartners für die deutsche Rechtsanwendung bisweilen eine Herausforderung darstellt, insbesondere wenn das Recht des Vertragspartners auf anderen Prinzipien aufgebaut

---

131 Vgl. *Wassermeyer*, IStR 1998, S. 489 (494).
132 *Wassermeyer*, IStR 1998, S. 489 (493); *ders.*, IStR 1999, S. 481 (483).
133 Vgl. *Kluge*, aaO., S, 647.
134 Zum Rechtscharakter der DBA siehe Kapitel B., Abschnitt II..

ist. Der Auffassung von *Wassermeyer* ist sicherlich insoweit zuzustimmen, als die Auslegung der DBA aus ihrem eigenen Begriffsverständnis mühsam und zeitaufwendig sein kann. Aus diesem Gesichtspunkt wäre es wohl am günstigsten, wenn die DBA überhaupt nicht abgeschlossen worden wären. Aber andererseits steht es außer Frage, dass es Gründe für den Abschluss der DBA gibt und bestimmte Ziele hierdurch erreicht werden sollen. Die Erleichterung der Rechtsanwendung gehört allerdings nicht dazu[135].

Hiergegen könnte aber vorgebracht werden, eine einfachere Rechtsanwendung schaffe größere Rechtssicherheit und deswegen habe eine gemeinsame Auslegung zugunsten einer Auslegung nach dem Recht des Anwenderstaates zurückzutreten. Es wird jedoch selbst von den Anhängern der Transformationslehre darauf hingewiesen, dass ein Auslegungsrückgriff auf die innerstaatlichen Rechtsordnungen in den meisten Fällen zu einem Qualifikationskonflikt und damit fast zwangsläufig zu einer Doppel- oder Minderbesteuerung führt. Gerade aber deren Vermeidung ist das wesentlichste Ziel der DBA. Insbesondere aus diesem Gesichtspunkt ist daher einer einheitlichen Auslegung der DBA unbedingt der Vorrang einzuräumen. Die Gefahr, mit hoher Wahrscheinlichkeit zu divergierenden Auslegungsergebnissen zu kommen, beeinträchtigt die Rechtssicherheit in weitaus höherem Maße als die schwierige Auslegung aus dem Begriffsverständnis von DBA. Daher muss den DBA ein eigenständiger Aussagewert zuerkannt werden. Der Rückgriff auf das nationale Recht ist hingegen zu vermeiden, solange die Auslegung aus dem Abkommen selbst heraus noch möglich ist[136].

Diese Ausführung wäre selbstverständlich, wenn es ein internationales Gericht gäbe, das zur Auslegung von DBA berufen wäre und eine einheitliche Begriffswelt des internationalen Steuerrechts durchsetzen könnte. In diesem Fall müsste sich ein Richter für eine Auslegungsvariante entscheiden und er könnte in seinem Urteil nicht erklären, den vorliegenden Fall nicht lösen zu können, da er sich nicht zu entscheiden in der Lage sehe, die Rechtauffassung welchen Vertragsstaates die richtige wäre. Allein von der Möglichkeit der Durchsetzbarkeit kann die Methode der Auslegung nicht abhängig gemacht werden. Wenn es ein richtiges und ein falsches Auslegungsergebnis gibt, so bleibt diese Wertung unabhängig davon gültig, ob das richtige Auslegungsergebnis schwer oder leicht durchsetzbar ist.

---

135 So auch *Schaumburg*, aaO., Rn. 16.59.

136 Vgl. *Schaumburg*, aaO., Rn. 16.58 f.; *Weber-Fas*, aaO., S. 803 ff.; *Mössner*, Zur Auslegung der Doppelbesteuerungsabkommen, in: FS für Seidl-Hohenveldren, S. 420 (425); *Hannes*, aaO., S. 48.

Außerdem muss beachtet werden, dass die DBA und die innerstaatlichen Steuergesetze voneinander verschiedene Funktionen erfüllen. Die innerstaatlichen Steuergesetze begründen das Besteuerungsrecht eines Staates und gestalten seine Einzelheiten aus, während die Aufgabe der DBA dagegen in der Begrenzung dieses Rechts liegt. Hieraus folgt, dass DBA und innerstaatliches Recht jeweils als geschlossene Rechtskreise aufzufassen sind[137]. Diese jeweils geschlossenen Rechtskreise sind auch im Hinblick auf die Auslegung getrennt zu betrachten. Dies gilt umso mehr, als die Abkommensbegriffe bei der Auslegung aus dem innerstaatlichen Recht in ihrer Bedeutung dem Recht unterstellt werden würden, dessen Begrenzung sie eigentlich vorzunehmen hätten. Das könnte in der Praxis zur Folge haben, dass den Vertragspartnern mittels Auslegung die Möglichkeit gegeben wird, die Bedeutung von Abkommensbegriffen und damit die Folgen der Abkommensanwendung entgegen der ursprünglichen Intention des DBA zu verändern[138].

So sieht auch *Debatin* eine der Ursachen, „weshalb sich die Auslegung von Steuerverträgen nur schwer von den Interpretationseinflüssen des nationalen Rechts zu lösen vermag“, in der Vermutung, dass sich die Staaten durch Zurückhaltung in der Auslegung aus dem Zusammenhang des DBA eine Hintertür zur Abschwächung unliebsamer Auslegungsergebnisse im Verständigungsverfahren offen lassen möchten[139]. Die abkommenschließenden Staaten müssen sich allerdings darüber im Klaren sein, dass ein solches Verhalten mit den Zielen, zu denen sich die Vertragspartner mit dem Abkommensabschluss bekannt haben, im Widerspruch stehen würde.

Aus diesen Gründen ergibt sich, dass den DBA ein eigenes Begriffsverständnis zuerkannt werden muss und sie daher zunächst aus ihrem Wortlaut und Zusammenhang heraus auszulegen sind. Der Rückgriff auf das innerstaatliche Recht, der nur beim Scheitern der Auslegung aus dem DBA heraus in Frage kommt, muss nur auf die Auslegung von einzelnen Ausdrücken des DBA beschränkt werden. Daraus folgt, dass etwaige Vertragslücken nicht unter Heranziehung des innerstaatlichen Rechts im Wege der Analogie geschlossen werden dürfen. Andernfalls könnte es nach der Meinung von *Schaumburg* zu einer Überlagerung der unterschiedlichen Wertungsebenen des DBA einerseits und des innerstaatlichen Rechts andererseits und damit zu einer Störung der abkommensimmanenten Regelungshomogenität kommen[140].

---

137 Vgl. *Wassermeyer,* in: *Debatin/Wassermeyer*, aaO., Art. 1 Rn. 48; *Debatin*, DBA und innerstaatliches Recht, DStR 1992, S. 1 ff.; *Schaumburg*, aaO., Rn. 16.51 f.

138 Zu den Grenzen solcher Änderungen siehe *Vogel*, aaO., Einl. 125 f.

139 *Debatin*, Auslegungsmaximen zum internationalen Steuerrecht, AWD 1969, S. 477 (480).

140 Vgl. *Schaumburg*, aaO., Rn. 16.59.

2. Qualifikationskonflikte beim Auslegungsrückgriff

Beim Auslegungsrückgriff auf innerstaatliches Recht ergibt sich das größte Problem dadurch, dass zwei unterschiedliche Rechtsordnungen zur Auslegung des fraglichen Abkommensbegriffs herangezogen werden. Wie oben bereits ausgeführt, kommt es dabei fast immer zu Qualifikationskonflikten, da verschiedene Rechtssysteme selbst den gleichlautenden Ausdrücken häufig einen unterschiedlichen Inhalt geben.

Aber auch innerhalb der jeweiligen Rechtsordnungen ergeben sich noch Anwendungsprobleme, die auch dann bestehen bleiben, wenn der Auslegungsrückgriff selbst zu keinem Qualifikationskonflikt geführt haben sollte. Dies ist denkbar, wenn dem fraglichen Abkommensbegriff in den Vertragsstaaten zufällig die gleiche Bedeutung beigelegt wird. Diese Probleme sind denen beim Definitionsverweis ähnlich.

Es ist vor allem zu klären, welcher Teil der Rechtsordnung des Anwenderstaates durch die Auslegungsklausel des entsprechenden DBA angesprochen ist. Nicht alle Staaten sind bisher der Empfehlung des Art. 3 Abs. 2 OECD-MA gefolgt[141], die eindeutig klarstellt, dass die Bedeutung des in Frage stehenden Ausdrucks nach dem Recht über die Steuern zu bestimmen ist, wobei die Bedeutung nach dem im jeweiligen Vertragsstaat anzuwendenden Steuerrecht den Vorrang vor einer Bedeutung hat, die dem Ausdruck nach dem anderen Recht dieses Staates zukommt. Aber auch bei den DBA, welche die obige Klausel nicht enthalten, sollte davon ausgegangen werden, dass sich der Auslegungsrückgriff auf das Steuerrecht bezieht. Etwas anderes könnte nur dann gelten, wenn die dem Art. 3 Abs. 2 OECD-MA entsprechende Klausel des DBA abweichend formuliert ist. Dies ist der Fall z.B. in den deutschen DBA mit Finnland und mit Schweden. Im ersteren handelt es sich um das „entsprechende Recht“[142], im zweiten einfach um das „Recht des anwendenden Staates“[143]. Man kann jedoch auch in diesen Fällen annehmen, das unter dem „entsprechenden Recht“ im Bezug auf DBA in erster Linie die Steuergesetze gemeint sind. Schließlich liegt, wie oben bereits ausgeführt, bei der Anwendung eines DBA der Rückgriff auf das Steuerrecht näher als auf ein anderes Teilgebiet der innerstaatlichen Rechtsordnung.

Fraglich bleibt, ob auch die mit anderen Staaten abgeschlossenen DBA, die auch zum Steuerrecht des Anwenderstaates gehören, für die Auslegung genutzt werden können. Würde diese Frage bejaht, so dürften z.B. die zu anderen DBA ergangenen Entscheidungen und Verwaltungsanweisungen sowie die mit anderen

141 Siehe den Abkommensübersicht bei *Vogel*, aaO., Art. 3 Rn. 75 ff.

142 Art. 3 Abs. 2 DBA Deutschland-Finnland.

143 Art. 3 Abs. 2 DBA Deutschland-Schweden.

Staaten getroffenen Verständigungsvereinbarungen, die einen Anhaltspunkt zur Lösung des anstehenden Problems geben können, logischerweise mit herangezogen werden[144]. Diese Betrachtungsweise entspricht jedoch nicht der Stellung des Auslegungsrückgriffs im Rahmen der Abkommensauslegung.

Es ist unbestritten, dass beim Definitionsverweis oder im Rahmen der Auslegung aus dem Sinnzusammenhang die Heranziehung von Parallelabkommen nicht in Frage kommt, da es darum geht, den Willen der Vertragspartner in einem konkreten Abkommensfall zu ermitteln. Wenn die Auslegung aus dem Sinnzusammenhang jedoch bereits gescheitert ist, kommt es unvermeidlich zur Anwendung des nationalen Rechts der beiden Staaten. Dies kann bekanntlich Qualifikationskonflikte auslösen. Im Lichte dieser Situation stellt sich die Frage, ob nicht durch die Heranziehung anderer DBA beim Auslegungsrückgriff eine höhere Wahrscheinlichkeit besteht, die Folgen des Auslegungsrückgriffs abzumildern, als wenn nur aus nationalen Quellen stammendes Recht der Anwenderstaaten herangezogen wird[145]. Dabei ist aber zu beachten, dass in den mit anderen Staaten getroffenen Verständigungsvereinbarungen bereits eine Begrenzung der innerstaatlichen Rechtsauffassung im Hinblick auf den fiskalischen Ausgleich mit dem Partnerstaat erfolgt ist[146]. Würde dieses Ergebnis daher auch für das anstehende Auslegungsproblem mit einem anderen Staat genutzt werden, so könnte dies die Folge haben, dass der Auslegungsspielraum der jeweiligen Finanzverwaltung in fiskalischer Hinsicht noch stärker eingeschränkt wird.

Zur Klarstellung sei nochmals darauf hingewiesen, dass diese Ausführungen nichts mit der Frage zu tun haben, ob durch die Heranziehung von Parallelabkommen die Ermittlung dessen erfolgen kann, was die Vertragspartner mit der betreffenden Abkommensvorschrift erreichen wollten. Das ist durch die Heranziehung anderer DBA nicht möglich, da in diesen nur die Auffassung der jeweils anderen Vertragspartner zum Ausdruck kommt. Im hier zu betrachtenden Fall geht es auch nicht mehr um die Ermittlung dessen, was mit einer bestimmten Abkommensregelung angestrebt wurde. Diese mit der Auslegung aus dem Sinnzusammenhang angestrebte Zielsetzung musste zuvor aufgegeben werden, da die Auslegung aus dem Zusammenhang gescheitert ist. Wenn es nur noch darum geht, ein „non liquet" zu vermeiden, können nicht mehr die gleichen strengen Maßstäbe wie bei der Auslegung aus dem Zusammenhang gelten.

Darüber hinaus stellt sich auch beim Auslegungsrückgriff die Frage, auf das Recht welchen Staates zurückzugreifen ist. Art. 3 Abs. 2 OECD-MA gibt hierauf eine eindeutige Antwort. Durch den Bezug auf den Satzteil „bei der Anwendung

144 Vgl. *Klebau*, RIW 1985, S. 125 (129).
145 Vgl. *Vogel*, StbJb 1983/84, S. 373 f.
146 Über die Rechtsfolgen der Verständigung siehe z.B. *Kluge*, aaO., S. 689 ff.

des Abkommens durch einen Vertragsstaat", der für den Auslegungsrückgriff mit den Worten „nach dem Recht dieses Staates" hergestellt wird, ist geklärt, dass unter dem maßgeblichen Recht das Recht des das DBA jeweils anwendenden Staates gemeint ist. Eine Bevorzugung der Rechtsordnung des Quellen- oder des Wohnsitzstaates kann dem Wortlaut oder Sinn des Art. 3 Abs. 2 OECD-MA nicht entnommen werden.

Mit dem Auslegungsrückgriff kann die Anwendung des DBA letzten Endes sichergestellt werden. Das Ziel des DBA, die Doppel- und die Minderbesteuerung zu vermeiden, kann indessen wegen der Qualifikationskonflikte infolge divergierender Rechtsauffassungen der Vertragsstaaten in der Regel nicht mehr durch die Verteilungsnormen der DBA unmittelbar erreicht werden. Der Auslegungsrückgriff stellt damit zwar einerseits das Ende des Auslegungsvorgangs dar, bildet aber andererseits zugleich den Auftakt für das Verständigungsverfahren[147].

Als Zwischenergebnis ist festzuhalten, dass für die Auslegung von DBA immer dann, wenn im DBA selbst keine Definitionen oder Definitionsverweise enthalten sind, der Abkommenszusammenhang maßgeblich ist. Erst wenn dieser keinen Auslegungsanhalt mehr bietet, kann auf das nationale Recht des Anwenderstaates zurückgegriffen werden. Dieser Grundsatz gilt unabhängig davon, ob in den DBA eine dem Art. 3 Abs. 2 OECD-MA entsprechende Auslegungsklausel enthalten ist oder nicht. Ferner ist zu beachten, dass auf jeder Stufe der genannten Auslegungsreihenfolge diverse Qualifikationskonflikte entstehen können.

147 Über den Rechtscharakter des Verständigungsverfahrens siehe z.B. *Schaumburg*, aaO., Rn. 16.88 ff.; *Menck* in: *Mössner*, Steuerrecht international tätiger Unternehmen, 2. Auflage, 1998, S. 519 ff.; *Vogel*, aaO., Art. 25 Rn. 8 ff.

D. Ursachen und Auswirkungen der Qualifikationskonflikte

Qualifikationskonflikte im DBA-Recht treten am häufigsten im Rahmen der Abkommensauslegung auf. Bereits außerhalb des Bereichs der Auslegung eines DBA sind jedoch divergierende Auffassungen bezüglich dessen Anwendung möglich. Es handelt sich hierbei einerseits um die außerhalb des abkommensbezogenen Regelungsbereichs auftretenden Konflikte im Vorfeld der Abkommensanwendung und andererseits um die Subsumtionskonflikte bei der Einordnung der DBA-Sachverhalte, die durch eine unterschiedliche Würdigung der tatsächlichen Verhältnisse entstehen.

Da der mit der Auslegung zusammenhängende Qualifikationsbegriff im herkömmlichen Sinne[1] die genannten Anwendungsschwierigkeiten nicht erfasst, diese aber ähnliche Besteuerungsauswirkungen haben können, sollen die Konflikte außerhalb der Abkommensanwendung und die Konflikte bei der Sachverhaltswürdigung gemeinsam als die „mit der Abkommensauslegung nicht verbundenen Qualifikationskonflikte" bezeichnet und im folgenden in ihren Entstehungsursachen und Auswirkungen beleuchtet werden.

I. Die mit der Abkommensauslegung nicht verbundenen Qualifikationskonflikte

1. Konflikte außerhalb der Abkommensanwendung

Bereits außerhalb des Regelungsbereichs der DBA können unterschiedliche Rechtswertungen dazu führen, dass trotz des abgeschlossenen DBA bestimmte Steuerverzerrungen auftreten[2]. Die Steuerverzerrungen in diesem Bereich sind jedoch keine Folge divergierender Abkommensanwendung aufgrund unterschiedlicher Abkommensauslegung, sondern sie resultieren aus dem Umstand, dass außerhalb des Regelungsbereichs eines DBA jeder der Vertragsstaaten in der Anwendung seiner innerstaatlichen Rechtsvorschriften frei ist[3]. Im Vorfeld

1 Siehe die Ausführungen im Kapitel B., Abschnitt III..
2 Vgl. *Tillmans* in: *Mössner*, Steuerrecht international tätiger Unternehmen, 2. Auflage, 1998, S. 161 f. und S. 214 f.
3 Vgl. *Debatin*, DB 1985, Beilage 23, S. 3 f.; *Stobbe*, DStZ/A 1989, S. 241 ff.

der Abkommensanwendung wird daher das nationale Recht der Vertragspartner auch ohne Anwendung der dem Art. 3 Abs. 2 OECD-MA entsprechenden Abkommensbestimmungen herangezogen. Der Anwendung dieser Vorschrift bedarf es schon deshalb nicht, weil die Abkommensauslegung nicht in Frage steht[4].

Die Bestimmung der Grenze zwischen den Rechtsvorgängen im Zusammenhang mit dem jeweiligen DBA, aber noch außerhalb der Abkommensanwendung einerseits und der unmittelbaren Abkommensanwendung andererseits ist sehr schwierig. Sie lässt sich am ehesten feststellen, wenn man die Wirkungsweise der DBA-Normen betrachtet. Diese setzen den innerstaatlich zu bestimmenden Steueransprüchen Schranken in ihrer Ausdehnung. Dies ist die Abkommensaussage. Alles, was jenseits dieser Abkommensaussage steht, was also der Bestimmung des mit dem DBA einzuschränkenden innerstaatlichen Besteuerungsanspruchs dient, ist indessen keine Frage der Abkommensanwendung, sondern eine Frage der Anwendung innerstaatlichen Rechts und folglich dem Vorfeld der Abkommensanwendung zuzuordnen[5].

Im Vorfeld der Abkommensanwendung können solche Schwierigkeiten im wesentlichen in drei Bereichen auftreten. Es handelt sich hierbei um (1) die Bestimmung des Objekttatbestandes, auf den die Verzichtsnormen des DBA anzuwenden sind, um (2) die Ermittlung der der Anwendung des DBA zugrunde zu legenden Steuerbemessungsgrundlage und um (3) die Zurechnung von Einkünften zu einem Steuerpflichtigen[6]. Da Qualifikationskonflikte im Objekttatbestand keine Besteuerungsauswirkungen zeitigen können, kann von ihrer Betrachtung im folgenden abgesehen werden.

In der Literatur wird die Auffassung vertreten, dass auch in dem Bereich, der vom DBA nicht geregelt ist, eine ausschließliche Anwendung nationalen Rechts nicht in Frage kommt[7]. Dies wird am Beispiel der Zurechnungsvorschriften des Art. 7 und Art. 9 OECD-MA begründet. Ferner wird darauf hingewiesen, dass im DBA die Geltung des innerstaatlichen Rechts lediglich subsidiär angeordnet sei[8]. Dies widerspricht nicht der hier vertretenen Auffassung, denn solange das DBA noch Regelungen, wie z.B. in Art. 7 oder Art. 9 OECD-MA enthält, haben diese als Bestandteil des völkerrechtlichen Steuervertrags auch bei der Anwendung an-

---

4 Vgl. *Jacobs*, Internationale Unternehmensbesteuerung, 4. Auflage, 1999, S. 420.

5 Siehe *Mössner*, Neue Auslegungsfragen bei Anwendung von DBA, Hefte zur internationalen Besteuerung, Heft 38, 1988, S. 8.

6 Vgl. *Vogel*, Doppelbesteuerungsabkommen, 3. Auflage, 1996, Einl. Rn. 65 ff.; *Mössner*, aaO., S. 13.

7 Vgl. *Kluge*, RIW 1975, S. 525 (529).

8 *Kluge*, aaO., S. 528 f.

derer Normen als der Verzichtsnormen Vorrang[9]. Die hier angesprochenen Problemkreise beziehen sich jedoch auf solche Fälle, in denen diese Regelungen entweder nicht eingreifen oder zu keinem Ergebnis führen. Eine Abkommensanwendung kann dann generell nicht in Frage stehen.

a) Konflikte bei der Ermittlung der Einkünfte

Unter einem Einkünfteermittlungskonflikt außerhalb der Abkommensanwendung wird eine Situation verstanden, in der die Vertragsstaaten nach ihrem innerstaatlichen Recht jeweils unterschiedliche Einkommensgrößen ermitteln und der nachfolgenden Anwendung des DBA zugrunde legen[10]. Die Auswirkungen dieses Konflikts können allerdings nicht losgelöst von den Rechtsfolgen der Abkommensanwendung betrachtet werden, weil das DBA schließlich auf das nach dem jeweiligen nationalen Recht ermittelte Einkommen angewandt wird. Ergeben sich bei der Gewinnermittlung durch die Vertragsstaaten jeweils unterschiedliche Steuerbemessungsgrundlagen, kann die einheitliche Anwendbarkeit des DBA nicht mehr gewährleistet werden[11].

Beispiel:
Nach dem ukrainischen Einkommenssteuerrecht[12] ist der Abzug von Werbungskosten sowie Betriebsausgaben, die mit den in der Ukraine oder – bei der unbeschränkten Steuerpflicht – weltweit angefallenen Einkünften zusammenhängen, nur in sehr seltenen Fällen und eingeschränkt zulässig. Die Ukraine besteuert die Einkünfte von natürlichen Personen und Personengesellschaften praktisch aufgrund des Bruttoeinkommens. In Deutschland hingegen wird der Abzug von Werbungskosten und Betriebsausgaben nach dem Einkommensteuergesetz erlaubt[13]. Angenommen, eine Personengesellschaft mit Sitz in Deutschland errichtet eine Betriebstätte in der Ukraine und erzielt Einkünfte, die schließlich den in Deutschland ansässigen Gesellschaftern zuzurechnen sind. Bei der Gewinnermittlung dieser Betriebstätte in Deutschland und in der Ukraine werden sich infolge unterschiedlicher Abzugsfähigkeit der Betriebsausgaben und Werbungskosten letztlich unterschiedliche Einkommensgrößen ergeben. Dies wird unweigerlich Unstimmigkeiten bei der Anwendung der Freistellungs- bzw. Anrechnungsmethode nach Art. 23 DBA Deutschland-Ukraine herbeiführen.

---

9 Vgl. *Schaumburg*, Internationales Steuerrecht, 2. Auflage, 1998, Rn. 16.60 ff.; *Tillmans* in: *Mössner*, aaO., S. 220 ff.; *Hannes*, Qualifikationskonflikte im Internationalen Steuerrecht, 1992, S. 169 f.

10 Ausführlich dazu *Kluge*, Das internationale Steuerrecht, 4. Auflage, 2000, S. 688 f.

11 Vgl. *Schaumburg*, aaO., Rn. 16.230 ff.; *Wassermayer* in: *Debatin/Wassermeyer*, DBA, Art. 7 Rn. 159

12 Siehe Ukraiinskij Zakonnikow Westnik, 1999, Nr. 6, S. 1772 ff.

13 Vgl. § 4 Abs. 4 und § 9 Abs. 1 EStG.

Zur Zeit werden von beiden Staaten Verständigungsvereinbarungen angestrebt, um die genannten Divergenzen abkommenskonform zu beheben. Aber selbst wenn die Verhandlungen Erfolg haben sollten, wird damit lediglich die Rechtsfolge des dargestellten Einkünfteermittlungskonflikts – Steuerverzerrungen bei der Besteuerung von DBA-Sachverhalten mit natürlichen Personen und Personengesellschaften – beseitigt, der Qualifikationskonflikt als solcher wird jedoch weiter bestehen bleiben.

Darüber hinaus können Einkünfteermittlungskonflikte in dem Bereich der Gewinnberichtigung über die Grenze auftreten[14]. Hierunter sind Gewinnkorrekturen bei verbundenen Unternehmen zu verstehen, z.B. die Gewinnerhöhung bei einer im Ausland gegründeten Tochtergesellschaft durch den dortigen Fiskus, wenn eine von ihr vorgenommene Zahlung an die deutsche Muttergesellschaft als unangemessen hoch angesehen wird[15]. Die gravierenden Auswirkungen einer solchen Gewinnberichtigung sind nur dann zu verhindern, wenn sie nicht einseitig vorgenommen wird, d.h. wenn durch den jeweils anderen Fiskus eine korrespondierende Gewinnänderung bei dem verbundenen Unternehmen zugelassen wird[16].

Bekanntlich werden die Befugnisse der Steuerbehörden in Bezug auf die Vornahme von Gewinnkorrekturen durch ein bestehendes DBA nicht eingeschränkt. Zwar ist in Art. 9 Abs. 2 OECD-MA sowie in Art. 12 des EG-Gewinnberichtigungsabkommens die Verpflichtung zu einer korrespondierenden Gewinnberichtigung seitens der Steuerbehörden im jeweils anderen Vertragsstaat vorgesehen, diese Regelung hat allerdings nur in neueren deutschen DBA Niederschlag gefunden[17]. In einer Vielzahl von älteren DBA ist das Prinzip der Gegenberichtigung nicht verankert, stattdessen ist lediglich das Verständigungsverfahren als Lösungsweg ohne Einigungszwang normiert[18]. Dieser Umstand wird daher nicht immer zu einem für den Steuerpflichtigen befriedigenden Ergebnis führen.

Die durch eine einseitige Gewinnberichtigung entstehenden Besteuerungsauswirkungen lassen sich anhand der folgenden Fallkonstellation verdeutlichen:

---

14 Dies ist bei grenzüberschreitenden Sachverhalten immer dann möglich, wenn seitens der Finanzverwaltung eine verdeckte Gewinnausschüttung oder verdeckte Einlage angenommen wird.

15 Übersicht bei *Jacobs*, aaO., S. 612 ff.

16 Ausführlich dazu *Jacobs*, aaO., S. 608 f. und S. 948; *Baumhoff* in: *Mössner*, aaO., S. 379 ff.

17 Darstellend *Vogel*, aaO., Art. 9, Rn. 78 ff., Rn. 83a.

18 Vgl. *Baumhoff* in: *Mössner*, aaO., S. 381; *Vogel*, aaO., Art. 9, Rn. 11 ff.; *Jacobs*, aaO., S. 609.

Beispiel:
Eine in Deutschland unbeschränkt steuerpflichtige Körperschaft besitzt eine Tochtergesellschaft in Japan. Die deutsche Finanzverwaltung gelangt im Laufe einer Betriebsprüfung zu der Auffassung, dass der Gewinn der Muttergesellschaft um DM 100.000 zu gering ausgewiesen ist, weil die Lieferungen der japanischen Tochtergesellschaft mit zu hohen Verrechnungspreisen abgerechnet wurden. Die umstrittenen DM 100.000 werden dem Gewinn des deutschen Stammhauses zugerechnet und der deutschen Körperschaftsteuer unterworfen. Art. 9 des DBA Deutschland-Japan enthält keine dem Art. 9 Abs. 2 OECD-MA entsprechende Verpflichtung zur Gegenberichtigung. Infolgedessen kann unberücksichtigt bleiben, dass dieser Betrag in Japan bei der Gewinnermittlung der Tochtergesellschaft bereits steuerlich erfasst bzw. eine entsprechende japanische Steuer abgeführt wurde. Dies bedeutet, dass die Betriebseinnahme in Höhe von DM 100.000 bei einer derartigen Fallkonstellation zweimal besteuert werden kann, und zwar einmal im Sitzstaat der Tochtergesellschaft als Gewinn aus Lieferungsgeschäften und einmal im Sitzstaat der Muttergesellschaft als Ergebnis der Gewinnkorrektur bei verbundenen Unternehmen.

b) Konflikte bei der Zurechnung des Steuerobjekts

Unter einem Zurechnungskonflikt versteht man eine Situation, in der dasselbe Steuerobjekt – genauer gesagt: das von der Verzichtsnorm des DBA erfasste Steuerobjekt – in dem einen Vertragsstaat einem anderen Steuersubjekt zugerechnet wird, als in dem anderen Vertragsstaat[19]. Die Fragen der Zurechnung treten erst auf, nachdem das DBA zur Anwendung gelangt ist, denn sie betreffen – obwohl gewisse Parallelen bestehen – nicht die Frage der persönlichen Abkommensberechtigung[20]. Die Zurechnungskonflikte entstehen in der Praxis relativ häufig[21], da der Regelungsbereich der DBA diese Fragen nicht erfasst. Sie werden daher der Regelung durch das jeweilige nationale Recht überlassen. Sie entstehen somit aus den gleichen Gründen wie ein Einkünfteermittlungskonflikt. Deswegen ist es auch gerechtfertigt, sie zu den Konflikten außerhalb der Abkommensanwendung zu zählen.

Ein Beispiel für einen Zurechnungskonflikt stellt die Besteuerung der Erträge aus Kapitalvermögen dar, an dem einem Deutschen durch einen Schweizer ein unentgeltlicher Zuwendungsnießbrauch bestellt worden ist[22]. Die Schweiz rechnet die daraus fließenden Einkünfte gemäß Art. 21 Abs. 1 lit. c) des Bundesratsbeschlusses über die Erhebung einer direkten Steuer[23] dem Nießbraucher zu,

---

19 Vgl. *Kluge*, aaO., S. 688 f.; *Vogel*, aaO., Einl., Rn. 92; *Hannes*, aaO., S. 173.
20 Vgl. *Schaumburg*, aaO., Rn. 16.85; *Scheffler*, IStR 1993, S. 538 (541).
21 Vgl. *Fischer-Zernin* in: *Mössner*, aaO., S. 1053 ff.; *Jacobs*, aaO., 784 f.
22 Vgl. *Piltz*, FR 1983, S. 190 f.
23 Siehe Die Steuern der Schweiz, Sammlung schweizerischer Gesetze über die direkten Steuern, IV. Teil, Band 1, Rubrik Bund.

während der deutsche Fiskus gemäß Tz. 57 des BMF-Schreibens vom 23.11.1983[24] die Einkünfte weiterhin dem Eigentümer zurechnet. Die genannte Regelung des BMF-Schreibens wurde durch mehrere Urteile des BFH[25] ins Leben gerufen und ist nach wie vor in Kraft, obwohl sie in der neueren Literatur Kritik erfahren hat[26]. Zwar haben die deutsche und die schweizerische Finanzverwaltung mittlerweile mehrere Verständigungsvereinbarungen bezüglich der Zurechnung der Einkünfte in Einzelfällen getroffen[27], der auf den unterschiedlichen Rechtsauffassungen beider Staaten beruhende Zurechnungskonflikt als solcher wird dadurch jedoch nicht beseitigt.

Beispiel:
Der in Zürich ansässige A bestellt dem in München ansässigen B einen unentgeltlichen Zuwendungsnießbrauch an seinem in der Schweiz belegenen Kapitalvermögen. Dieses Kapitalvermögen wirft Zinsen ab. Nach dem innerstaatlichen schweizerischen Steuerecht werden die aus dem Kapitalvermögen erzielten Einkünfte, wie oben ausgeführt, dem Nießbraucher, also B, zugerechnet. Nach Art. 11 Abs. 1 DBA Deutschland-Schweiz besitzt die Schweiz für Zinsen jedoch kein Besteuerungsrecht. Die Bundesrepublik Deutschland übt aber das ihr nach Art. 11 des DBA zustehende Besteuerungsrecht nicht aus, da sie die Einkünfte beim unentgeltlich bestellten Nießbrauch dem Eigentümer zurechnet und dieser in der Schweiz ansässig ist. Dies kann somit zu einer Doppelbefreiung von der Besteuerung bzw. zu einem negativen Qualifikationskonflikt führen.

Weitere Beispiele für einen Zurechnungskonflikt im deutsch-schweizerischen Verhältnis werden in der Literatur genannt[28]. Man weist insbesondere auf den Fall eines Filmregisseurs hin, der bei einer schweizerischen Kapitalgesellschaft, an der er selbst wesentlich beteiligt ist, ständig unter Vertrag steht[29]. „Verleiht" diese Kapitalgesellschaft den Filmregisseur gegen ein an sie zu zahlendes Entgelt an eine deutsche Produktionsfirma, so geht der deutsche Fiskus davon aus, dass die Vergütungen, die von der deutschen Produktionsfirma an die schweizerische Kapitalgesellschaft fließen, in vollem Umfang dem Filmregisseur als seine persönlichen Einkünfte zuzurechnen sind. Die schweizerische Seite geht hingegen davon aus, dass kein Anlass besteht, in der Besteuerung von der formalen Gestaltung abzuweichen. Folglich wird nach der schweizerischen Auffassung die

---

24 IV B 1 – S 2253 – 90/83, BStBl. I 1983, S. 508 ff.

25 BStBl. II 1977, S. 115; BStBl. II 1991, S. 38, bestätigt auch durch das BMF-Schreiben vom 24.07.1998, IV B 3 – S 2253 – 59/98, BStBl. I 1998, S. 914 ff.

26 Vgl. *Heinicke* in: *Schmidt*, Einkommensteuergesetz, Kommentar, 19. Auflage, 2000, § 20, Rn. 21 f.

27 Übersicht bei *Wassermeyer*, Handbuch des Außensteuerrechts 2000, Rubrik Schweiz, C.6.33.

28 Vgl. z.B. *Kolbeck*, Fälle internationaler Doppelbesteuerung, die durch DBA nicht gelöst werden, 1963, S. 21 ff.; *Jacobs*, aaO., S. 38; *Hannes*, aaO., S. 175.

29 Siehe *Kolbeck*, aaO., S. 25 f.

Kapitalgesellschaft besteuert, da diese keine Betriebstätte in Deutschland unterhält. Damit ergibt sich, wirtschaftlich gesehen, eine Doppelbesteuerung bzw. ein positiver Qualifikationskonflikt.

Qualifikationskonflikte bei der Zurechnung können immer dann entstehen, wenn die die Zurechnung betreffenden innerstaatlichen Rechtsvorschriften unterschiedliche Voraussetzungen vorsehen. Dies ist häufig nicht nur bei Nießbrauchsgestaltungen[30], sondern auch beim steuerlichen Durchgriff infolge der Nichtanerkennung von Scheingeschäften in Missbrauchsfällen[31], bei der Hinzurechnungsbesteuerung und bei Treuhandverhältnissen[32] der Fall.

Durch Zurechnungskonflikte kann es in der Regel nicht zu einer juristischen Doppelbesteuerung kommen, denn dem Zurechnungskonflikt liegt stets der Umstand zugrunde, dass unterschiedliche Steuersubjekte besteuert werden[33]. Mitunter, wie oben dargestellt, können diese Qualifikationskonflikte jedoch eine wirtschaftliche Doppelbelastung eines Steuerobjektes auslösen.

2. Subsumtionskonflikte bei der Einordnung eines Sachverhalts

Die Anwendung eines DBA erfordert nicht nur die Auslegung der relevanten Normen, sondern auch die Erfassung, Strukturierung und Einordnung des Sachverhalts, auf den die Verzichtsnormen des DBA angewandt werden sollen. Wie oben bereits ausgeführt, ist unter Qualifikation im Sinne des Internationalen Steuerrechts die Subsumtion von den in einer Rechtsordnung verwirklichten Sachverhalten oder von den in ihr enthaltenen Rechtsbegriffen unter die Normen einer anderen Rechtsordnung und die damit zusammenhängende Auslegung der den entsprechenden Tatbestand umschreibenden Ausdrücke zu verstehen[34].

Ein Sachverhalt, also das tatsächliche Geschehen, wird nicht ausgelegt, er wird nicht zurechtgebogen, in ihn wird nichts hineininterpretiert[35]. Der Sachverhalt ist aber so darzustellen, dass er in den Tatbestand der zutreffenden Rechtsnorm eingeordnet werden kann. Hierzu ist er zu analysieren und es sind die im betreffenden Fall bedeutsam erscheinenden Bestandteile des Sachverhalts herauszuarbeiten. Dies kann nur im Rückgriff auf den Tatbestand der möglicherweise zutreffenden Rechtsnorm erfolgen. Hierbei muss der Blick des Abkommen-

---

30 Vgl. BFH vom 29.07.1976, VIII R 41/74, BStBl. II 1977, S. 261.

31 So z.B. BFH vom 05.03.1986, I R 201/82, BStBl. II 1986, S. 496 ff.; BFH vom 18.12.1986, I R 52/83, BStBl. II 1988, S. 521.

32 So z.B. BFH vom 10.11.1983, IV R 62/82, BStBl. II 1984, S. 605.

33 Vgl. *von Poser und Gross-Naedlitz*, aaO., S. 94.

34 Vgl. *Vogel*, aaO., Einl. Rn. 90 ff.; *Jacobs*, aaO., S. 420 f.

35 Siehe *Larenz*, Methodenlehre der Rechtswissenschaft, S. 158.

sanwenders mehrfach zwischen dem vorliegenden Sachverhalt und den in Frage kommenden Tatbeständen hin und her wandern, bis die zutreffende Abkommensnorm gefunden wird[36].

Bei den Subsumtionskonflikten in Bezug auf die Sachverhaltswürdigung geht es um die Frage, wie der vom nationalen Recht bereits vorgeformte Sachverhalt dargestellt wird. Eine unterschiedliche Beurteilung des tatsächlichen Geschehens kann dazu führen, dass die Subsumtion des Sachverhalts von den beteiligten Rechtsanwendern unterschiedlich vorgenommen wird[37], ohne dass die jeweiligen Abkommensanwender das DBA für sich genommen unterschiedlich oder unrichtig auslegen[38]. Daher kann es ebenso wie bei divergierender Abkommensauslegung zu einer Anwendung unterschiedlicher Abkommensnormen in den vertragsanwendenden Staaten kommen, mit der Folge, dass das DBA sein Ziel – die Abgrenzung der hoheitlichen Steuerkompetenzen – nicht erreicht. Da die Auslegung des DBA in solchen Fällen jedoch nicht in Frage steht, sollen die Subsumtionskonflikte bei der Sachverhaltswürdigung ebenso wie die Konflikte außerhalb der Abkommensanwendung als die mit der Abkommensauslegung nicht verbundenen Qualifikationskonflikte bezeichnet werden. Der Unterschied zwischen diesen beiden Erscheinungsformen der Qualifikationskonflikte besteht darin, dass die ersteren durch unterschiedliche Auffassungen über die Beurteilung eines gegebenen Sachverhalts im Ganzen herbeigeführt werden, wohingegen die zweiten durch die Anwendung des jeweiligen innerstaatlichen Rechts auf die einzelnen Elemente und Bestandteile eines grenzüberschreitenden Sachverhalts entstehen.

Die Auslegung der DBA und die rechtliche Würdigung von DBA-Sachverhalten sind eng miteinander verbunden. Im Grunde genommen stellt die Einordnung des Sachverhalts unter die zutreffenden DBA-Normen den Auftakt der Abkommensauslegung dar. Wie wichtig die Einheitlichkeit und die Richtigkeit der Subsumtionsvorgänge bei der Sachverhaltswürdigung für die nachfolgende Abkommensanwendung sind, zeigt das folgende Beispiel.

Beispiel:

In Art. 5 Abs. 1 und Abs. 2 des DBA Deutschland-Russland ist der Begriff der Betriebstätte definiert. Er entspricht weitgehend dem Vorschlag des Art. 5 OECD-MA. Es handelt sich dabei im wesentlichen um eine feste Geschäftseinrichtung, durch welche die Tätigkeit eines Unternehmens des Vertragsstaates ganz oder teilweise ausgeübt wird. Vom deutschen Steuerrecht (§ 12 AO) wird in dieser Hinsicht eine ähnliche Begriffsbestimmung gegeben. Im deutschen Rechtsverständnis können sowohl Personengesellschaften, als auch Körperschaften eine Betriebstätte begründen, die unter die Regelung

---

36 *Debatin* in: *Debatin/Wassermeyer*, Doppelbesteuerung, Kommentar, SYST. III, Rn. 148.

37 *Debatin* in: *Debatin/Wassermeyer*, aaO., Rn. 148 f.; *Schaumburg*, aaO., Rn. 18.58.

38 Vgl. *Mössner*, aaO., S. 10; *Vogel*, aaO., Art. 1, Rn. 27d.

des Art. 5 DBA Deutschland-Russland fällt. Genauso können die Geschäftseinrichtungen deutscher Unternehmen nach Maßgabe des Art. 5 Abs. 4 DBA Deutschland-Russland aber auch als Nicht-Betriebstätten aus der Sicht des deutschen Internationalen Steuerrechts angesehen werden.

In Russland ist die gesetzliche Regelung in Bezug auf die Betriebsstättenproblematik allerdings anders ausgestaltet[39]. Nach dem russischen Steuerrecht werden nur juristische Personen als Unternehmen im steuerlichen Sinne angesehen[40]. Folglich können auch nur deren Geschäftseinrichtungen als Betriebstätten oder Nicht-Betriebstätten nach dem einschlägigen DBA-Recht gelten. Russischen Personengesellschaften wird je nach Rechtsform die Rechtspersönlichkeit zuerkannt oder nicht[41]. So gelten z.B. Gesellschaften bürgerlichen Rechts in Russland nicht als juristische Personen[42].

Angenommen, eine deutsche GbR möchte in Russland eine Betriebstätte nach Art. 5 Abs. 1 DBA Deutschland-Russland begründen. Werden dabei die Voraussetzungen des DBA erfüllt, wird Deutschland das Vorhandensein einer russischen Betriebstätte bei der deutschen GbR anerkennen. Russland hingegen wird im Einklang mit seinem innerstaatlichen Steuerrecht davon ausgehen, dass hier keine Betriebstätte der deutsche GbR vorliegt, da diese nach russischem Rechtsverständnis grundsätzlich keine Geschäftseinrichtung in Form einer Betriebstätte unterhalten kann. Bei einer solchen Fallkonstellation wird ein und derselbe Sachverhalt von den Vertragspartnern völlig unterschiedlich gewürdigt. Steuerverzerrungen sind dabei vorprogrammiert.

Die Beispiele für weitere Fälle von Subsumtionskonflikten in der Sachverhaltswürdigung sind zahlreich und vielfältig. In der Literatur wird unter anderem auf einen durch divergierende Sachverhaltswürdigung hervorgerufenen Einordnungskonflikt zwischen Einkünften aus Gewerbebetrieb und Lizenzgebühren[43] oder zwischen Zinsen und Dividenden[44] hingewiesen. Einige Autoren sehen die Möglichkeit für die genannten Konflikte auch in den Abkommensregelungen, die der Bestimmung über die 183-Tages-Frist nach Art. 15 Abs. 2 OECD-MA entsprechen[45]. Ferner werden die Fälle der Gewinnermittlung als Paradebeispiele für einen Konflikt bei der Sachverhaltswürdigung genannt. Hier kommen die Subsumtionskonflikte bei der unterschiedlichen Beurteilung der Konzernverrech-

---

39 Vgl. Betriebstätten-Erlass der Regierung der RF vom 14.07.1998, FZ-25167/14, Sobranije Rossiskogo Zakonodatelstwa, 1998, Nr. 31, S. 1609.

40 Siehe Art. 1 Abs. 2 des russischen Gewinnsteuergesetzes vom 27.12.1991, FZ-2116-1.

41 Siehe Art. 69 und Art. 82 des I. Teils des Zivilkodex der RF.

42 Siehe Art. 1041 ff. des II. Teils des Zivilkodex der RF.

43 Vgl. *Schaumburg,* aaO., Rn. 18.57 f.; *Hintzen,* DB 1979, S. 1907 (1911); *Hannes,* aaO., S. 179.

44 Vgl. *Knobbe-Keuk,* RIW 1991, S. 306 (314); *Kluge,* aaO., S. 689; *Schaumburg,* aaO., Rn. 18.60.

45 Hinweise bei *Kluge,* aaO., S. 688; *Vetter,* IStR 1997, S. 651 ff.

nungspreise[46] und bei der Verteilung von Aufwendungen zwischen Betriebstätte und Stammhaus[47] besonders häufig vor.

Abschließend ist zu bemerken, dass die oben dargestellten Qualifikationskonflikte von den typischen Auslegungskonflikten, die nachfolgend untersucht werden, nicht immer eindeutig abzugrenzen sind. Vielmehr ist die Grenze zwischen ihnen sehr unscharf und flexibel. Zwar rühren die Konflikte außerhalb der Abkommensanwendung und die Konflikte in der Sachverhaltswürdigung nicht von unzutreffenden Auslegungsergebnissen im Regelungsbereich der DBA her. Sie können jedoch den falschen Ansatzpunkt für die Auslegung von DBA-Normen geben und infolgedessen auch widersprüchliche, inakzeptable Auslegungsergebnisse herbeiführen. Deswegen wäre es m.E. abwegig, den Ausführungen einiger Autoren zu folgen und zu behaupten, die genannten Konflikte seien keine „eigenständigen" Qualifikationskonflikte, sondern bloße Komplementärerscheinungen bei den Konflikten im Bereich der Abkommensanwendung[48]. Es ist zweifellos, dass diese beiden Formen der Qualifikationskonflikte miteinander untrennbar verflochten sind. Daraus folgt jedoch nicht, dass die mit der Abkommensauslegung der DBA unmittelbar verbundenen Konflikte eine übergeordnete Stellung gegenüber den anderen Qualifikationskonflikten im System des DBA-Rechts einnehmen.

II. Die mit der Auslegung der DBA verbundenen Qualifikationskonflikte

Neben den oben erörterten Qualifikationskonflikten, bei denen die Auslegung von DBA nicht die unmittelbare Entstehungsursache ist, sind insbesondere diejenigen Qualifikationskonflikte Gegenstand dieser Untersuchung, welche sich daraus ergeben, dass die Abkommenspartner einzelne Normen des jeweiligen DBA unterschiedlich auslegen. Es handelt sich dabei sowohl um die Auslegung nach dem Wortlaut, als auch um die Auslegung aus dem Sinnzusammenhang von DBA.

Vorab müssen die Fälle abgegrenzt werden, in denen ein Qualifikationskonflikt entsteht, obwohl das DBA selbst gar nicht divergierend ausgelegt wird. Dies kann der Fall sein, wenn die Abkommenspartner eine dem Art. 3 Abs. 2 OECD-MA entsprechende Auslegungsklausel in Anspruch nehmen, die ihnen letztlich den Rückgriff auf ihr innerstaatliches Recht erlaubt, um ein „non liquet" der Ab-

46 Vgl. *Jacobs*, aaO., S. 905 ff. und S. 921 ff.
47 Vgl. *Hintzen*, DB 1979, S. 1953 (1954).
48 Vgl. *Stobbe*, DStZ/A 1989, S. 241 (243); Überblick bei *Schaumburg*, aaO., Rn. 16.82 f. unter dem Auffangsbegriff „Subsumtionskonflikte".

kommensanwendung zu vermeiden[49]. Diese Konflikte entstammen nicht widersprüchlichen Ergebnissen einer Abkommensauslegung und sollen daher als „Qualifikationskonflikte beim Auslegungsrückgriff“ bezeichnet werden. Sie werden nach den mit der DBA-Auslegung verbundenen Konflikten behandelt.

Im Kapitel C. wurden die Grundsätze der Abkommensauslegung dargestellt und die dreistufige Auslegungsreihenfolge vorgeschlagen. Nachstehend soll auch die Analyse der Qualifikationskonflikte in der Reihenfolge vorgenommen werden, die durch die oben erläuterten Auslegungsprinzipien vorgegeben ist. Es werden also zuerst die sich aus der Auslegung nach dem DBA-Wortlaut ergebenden Konflikte betrachtet, danach die Konflikte bei der Auslegung aus dem Sinnzusammenhang von DBA und abschließend werden die Divergenzen infolge des Rückgriffs auf das jeweilige nationale Recht erörtert.

1. Qualifikationskonflikte bei der Auslegung nach Maßgabe des DBA-Wortlauts

Wie im Kapitel C. bereits dargestellt[50], können auf dieser Auslegungsebene die meisten Qualifikationskonflikte bei der Anwendung der Definitionsverweise der DBA entstehen. Dies ist dadurch bedingt, dass die Formulierungsvorschläge des OECD-MA teilweise so verfasst sind, dass Unklarheit darüber bestehen kann, welcher der Vertragsstaaten zur Konkretisierung des für beide Parteien geltenden Definitionsverweises berufen ist[51]. Oben wurde ausgeführt, dass drei Fallvariationen des Definitionsverweises besonders zu beachten sind, bei denen es durch die fehlende Bestimmtheit des zur Ausfüllung des gegebenen Definitionsverweises berufenen Staates beachtliche Schwierigkeiten geben kann. Es sind dies die Definitionsverweise zur Bestimmung der Abkommensberechtigung der Gesellschaften in Art. 3 Abs. 1 lit. b) OECD-MA, die Ansässigkeitsklausel in Art. 4 Abs. 1 OECD-MA und die Dividendenregelung in Art. 10 Abs. 3 OECD-MA.

Im folgenden werden die hierbei möglichen Qualifikationskonflikte in der angegebenen Reihenfolge in Bezug auf ihre Ursachen und Auswirkungen beleuchtet. Es ist in diesem Zusammenhang zu bemerken, dass die genannten Konflikte besonders signifikante Auswirkungen bei der steuerlichen Behandlung von Personengesellschaften aufweisen[52]. Daher wird der Schwerpunkt der nachstehenden Untersuchungen auf DBA-Sachverhalte gelegt, an denen Personengesellschaften beteiligt sind.

---

49 Siehe Kapitel C., Abschnitt IV. dieser Arbeit.

50 Siehe Kapitel C., Abschnitt II., Punkte 2 und 3.

51 Vgl. *von Poser und Gross-Naedlitz*, aaO., S. 20 f.

52 Vgl. *Jacobs*, aaO., S. 375 ff., S. 499 ff.; *Greif* in: *Mössner*, aaO., S. 555 ff.; *Kluge*, aaO., S. 788 ff.

a) Die Behandlung der Personengesellschaften nach Art. 3 Abs. 1 lit. b) OECD-MA

Solange beide Vertragsstaaten Personengesellschaften als eigenständige Steuersubjekte anerkennen und sie als abkommensberechtigte Rechtsträger im Sinne der betrachteten Vorschrift erachten, entstehen keine divergierenden Rechtsauffassungen bezüglich der Anwendung des Art. 3 Abs. 1 lit. b) OECD-MA[53]. Ein Qualifikationskonflikt bei der Frage der Abkommensberechtigung von Personengesellschaften kann jedoch entstehen, wenn der eine Vertragsstaat die nach seinem innerstaatlichen Recht gegründeten Personengesellschaften steuerlich als transparent behandelt und lediglich ihre Gesellschafter als abkommensberechtigte Personen ansieht (wie z.B. in Deutschland), wohingegen der andere Vertragsstaat von der selbständigen Abkommensberechtigung dieser Gesellschaftsform ausgeht[54].

Der Qualifikationskonflikt ist in solchen Fällen dadurch bedingt, dass weder Art. 3 Abs. 1 lit. b) OECD-MA noch die ihm nachgebildeten Regelungen der meisten deutschen DBA keinen eindeutigen Hinweis darauf enthalten, ob zur Lösung auf das Recht des Quellenstaates oder des Sitzstaates zurückgegriffen werden muss. Wie oben im Kapitel C. herausgestellt wurde, sprechen viele Gesichtspunkte dafür, diese Bestimmung des OECD-MA nach dem Recht des Sitzstaates des Rechtsträgers respektive der Gesellschaft auszulegen. Diese Auslegungsoption wird jedoch nicht von allen DBA-Staaten akzeptiert, vielmehr kommt es in zahlreichen Fällen dadurch zu Qualifikationskonflikten, dass der Maßgeblichkeit der Qualifikation des Sitzstaates nicht gefolgt wird.

1) Überblick über die Unterschiede bei der Besteuerung von Personengesellschaften

Personengesellschaften sind im Gegensatz zu Kapitalgesellschaften in der Regel nach den nationalen Gesellschaftsrechtsordnungen personenrechtlich und nicht körperschaftlich organisiert. In Bezug auf die steuerliche Behandlung sind hierbei im wesentlichen drei Systeme zu unterscheiden[55]:

---

53 Vgl. *Schaumburg*, aaO., Rn. 16.169; *Vogel*, aaO., Art. 1 Rn. 20 ff.; *Wassermeyer* in: *Debatin/Wassermeyer*, aaO., Art. 1 Rn. 28; *Debatin* in: *Debatin/Wassermeyer*, aaO., SYST. III, Rn. 25 f.; *Knobbe-Keuk*, Bilanz- und Unternehmenssteuerrecht, 9. Auflage, 1993, S. 542 ff.

54 Vgl. *Schaumburg*, aaO., Rn. 16.170 ff.; *Piltz*, Die Personengesellschaften im Internationalen Steuerrecht der BRD, 1981, S. 169 ff.; *Debatin*, BB 1992, 1181 (1182); *Greif* in: *Mössner*, aaO., S. 559.

55 Darstellend *Raupach* in: FS für Vogel, S. 1082 ff.

Nach dem *Recht der deutschsprachigen Länder* ist die Personengesellschaft keine juristische Person. Das Gesellschaftsvermögen steht der Gesamthand zu, wobei nach § 719 Abs. 1 BGB der einzelne Gesellschafter nicht über seinen Anteil am Gesellschaftsvermögen und den einzelnen Gegenständen verfügen und auch keine Teilung verlangen kann[56]. Auch bei begrenzter Rechtsstellung und begrenzter Haftung wie beim Kommanditisten wird das Transparenzprinzip angewandt, d.h. die Gesellschafter werden steuerlich gem. § 15 Abs. 1 Satz 1 Nr. 2 EStG mit ihren Gewinnanteilen zur Einkommen- bzw. bei juristischen Personen als Gesellschafter zur Körperschaftsteuer herangezogen[57]. Das gilt nach der deutschen höchstrichterlichen Rechtsprechung auch dann, wenn die Vertragsfreiheit dazu genutzt wird, körperschaftliche Elemente in den Gesellschaftsvertrag zu integrieren. So wird z.B. die GmbH & Co. KG als Mitunternehmerschaft behandelt und unterliegt als sog. gewerblich geprägte Personengesellschaft nicht der Körperschaftsteuer[58]. Die einzelnen Mitunternehmer sollen nach Möglichkeit mit Einzelunternehmern gleichbehandelt werden[59]; an den Mitunternehmer gezahlte Vergütungen erhöhen den gesellschaftsrechtlichen Gewinnanteil; dem Gesellschafter gehörende, dem Betrieb oder der Beteiligung dienende Wirtschaftsgüter sind Betriebsvermögen (Sonderbetriebsvermögen).

Im romanischen Rechtskreis sind Personengesellschaften traditionell Körperschaften, Träger ihres eigenen Vermögens und unterliegen der Körperschaftsteuer. Dieses System findet sich heute noch am stärksten ausgeprägt in Belgien, Spanien[60], einigen südamerikanischen Staaten (z.B. Brasilien, Costa Rica, Ecuador, Guatemala, Panama, Venezuela[61]) und in Osteuropa (Ungarn, Polen, Tschechien, Russland[62]). Da das Transparenzprinzip den genannten Ländern fremd ist, werden bei Personengesellschaften Ausschüttungen nicht als Entnahmen, sondern als Dividenden behandelt[63]; ferner mindern Zinsen an die Gesellschafter als Betriebsausgaben den Gewinn und werden bei den Empfängern als Zinseinnahmen besteuert.

---

56 Vgl. *Sprau* in: *Palandt*, Bürgerliches Gesetzbuch, 59. Auflage, 2000, § 719 BGB, Rn. 1.

57 Vgl. *Schmidt*, Einkommensteuergesetz, 19. Auflage, 2000, § 15 EStG, Rn. 160 ff.

58 Vgl. für KG - BFH vom 25.06.1984, GrS 4/82, BStBl. II 1984, S. 751; für GmbH & Co. KG – BFH vom 25.07.1995, VIII R 54/93, BStBl. II 1995, S. 794 ff.

59 Vgl. z.B. BFH vom 28.04.1983, IV R 131/79, BStBl. II 1983. S. 668; BFH vom 10.08.1994, I R 133/93, BStBl. II 1995, S. 171.

60 Vgl. *Ruppe* in: *Herrmann/Heuer/Raupach*; Einkommensteuergesetz, Kommentar, Einf. Rn. 173, 333.

61 Siehe *Deloitte & Touche*, Taxation in Central and South Amerika, 1998 Edition, S. 17,31, 79, 93, 181.

62 Hinweise bei *Debatin/Wassermeyer*, aaO., Kommentare zu den einschlägigen DBA.

63 Vgl. *Kluge*, aaO., S. 791 ff. m.w.H.

Im angelsächsischen Rechtskreis entsprechen Personengesellschaften in der Regel in der Ausgestaltung deutschen Personengesellschaften und sind insbesondere keine juristischen Personen[64]. Steuerlich gilt regelmäßig das Transparenzprinzip, allerdings ist bei körperschaftsähnlicher Organisationsform die Besteuerung als Körperschaft entweder verbindlich oder optional. Beispielweise wird in den USA die General Partnership (ähnlich der deutschen OHG) grundsätzlich nach dem Transparenzprinzip besteuert[65]. Für die Limited Partnership (ähnlich der deutschen KG) existiert indessen mit der Einführung der „check-the-box-rules" ab dem 1. Januar 1997 eine Optionsmöglichkeit dahingehend, zwischen der Besteuerung als Personengesellschaft, oder als Körperschaft zu wählen[66].

2) Zusammentreffen von Transparenz- und Subjektbesteuerung im DBA-Sachverhalt

Die aus den oben dargestellten Besteuerungsmethoden resultierende Anerkennung bzw. Nichtanerkennung der Abkommensberechtigung von Personengesellschaften hat weitgehende steuerliche Folgen für grenzüberschreitende Sachverhalte[67]. Mit dieser Frage ist die Problematik der Ansässigkeit und der Einkünftequalifikation eng verbunden, da die DBA nur auf die abkommensberechtigten Personen anwendbar sind. Anhand eines Beispiels soll nachstehend dargestellt werden, welche Auswirkungen die Divergenzen hinsichtlich der steuerlichen Behandlung von Personengesellschaften sowohl auf der DBA-Ebene, als auch auf den Ebenen der nationalen Rechtsordnungen der Vertragsstaaten haben können.

Wie vorstehend ausgeführt, können sich US-amerikanische Personengesellschaften für Zwecke der Besteuerung in den USA als Corporation (Körperschaft) qualifizieren und demnach als eigenständige Steuersubjekte behandelt werden. Eine solche Umqualifizierung von Personengesellschaften ist jedoch nach deutschem Steuerrecht und nach der Meinung der höchstrichterlichen Rechtsprechung nicht möglich[68]. Angenommen, in Deutschland ansässige Personen sind an einer US-Limited Partnership beteiligt, die sich für Zwecke der US-Besteuerung als Corporation qualifiziert und mithin steuerlich vergleichbar einer deutschen Körperschaft behandelt wird. In Bezug auf die Besteuerung der von dieser amerikanischen Personengesellschaft erzielten Einkünfte kommt es in diesem Fall zu ei-

---

64 Siehe *Piltz*, aaO., S. 29; darstellend *Kroschel*, Die Federal Income Tax der USA, 2000, S. 806.

65 Vgl. *Greif* in *Haarmann* (Hrsg.), Unternehmensstrukturen im internationalen Steuerrecht, 1996, S. 89 f.

66 Ausführlich dazu *Kroschel*, aaO., S. 324 ff.; *Kluge*, aaO., S. 801 ff.

67 Vgl. *Jacobs*, aaO., S. 364 f.; *Schaumburg*, aaO., Rn. 16.171 f.

68 Siehe BFH vom 25.06.1984, GrS 4/82, BStBl. II 1984, S. 751.

nem Qualifikationskonflikt, denn die USA behandeln die von der Partnership erzielten Einkünfte als Einkünfte des selbständigen Steuersubjekts (Corporation), Deutschland dagegen betrachtet die auf die deutschen Gesellschafter anteilig entfallenden Einkünfte im Einklang mit dem Transparenzprinzip als Einkünfte dieser Gesellschafter[69].

Es entspricht der ständigen Praxis der deutschen Finanzverwaltung und zum Teil der Auffassung des BFH, bei der Qualifikation einer ausländischen Gesellschaft von den leitenden Gedanken des deutschen Steuerrechts auszugehen[70]. Dabei wird zuerst untersucht, ob die ausländische Gesellschaft sich mit einer Gesellschaft des deutschen Rechts vergleichen lässt (sog. Typenvergleich). Ergibt sich dabei eine weitgehende Übereinstimmung mit dem Aufbau und der wirtschaftlichen Bedeutung einer deutschen Gesellschaft, so ist die ausländische Gesellschaft für Zwecke der deutschen Besteuerung entsprechend zu behandeln. Eine US-Partnership – auch mit einer an ihr beteiligten Corporation als „General Partner" (wenn z.B. der in Deutschland ansässige Gesellschafter eine Körperschaft ist) – entspricht nun aber genau einer deutschen GmbH & Co. KG[71]. Für Zwecke der deutschen Besteuerung kann diese US-Partnership daher, wie oben bereits ausgeführt, nur als Mitunternehmerschaft qualifiziert werden.

Dabei sind nach dem deutschen Steuerrecht alle weltweit bezogenen Einkünfte der Mitunternehmer in Deutschland steuerpflichtig, wenn kein DBA deren Freistellung vorsieht[72]. Bei der Anwendung des DBA Deutschland-USA stellt sich in diesem Zusammenhang zunächst die Frage, ob die Qualifikation des deutschen Rechts, nämlich die Behandlung der Personengesellschaft als Mitunternehmerschaft, auch auf der Abkommensebene gilt, selbst wenn die in Frage stehende Personengesellschaft nach dem US-amerikanischen Recht gegründet worden ist[73]. Hierbei ist zu beachten, dass nach Art. 3 Abs. 1 lit. e) DBA Deutschland-USA die genannte Partnership eine „Gesellschaft" im Sinne des Abkommens darstellt, weil sie in ihrem Sitzstaat (USA) wie eine juristische Person besteuert wird. Diese Qualifikation auf der Ebene des DBA hat zur Folge, dass die Bundesrepublik Deutschland nach diesem DBA die Gewinne der Partnership

---

69 Vgl. *Arthur Andersen*, DBA Deutschland-USA, Kommentar, 1990, Art. 4, Rn. 26; *Kluge,* aaO., S. 800

70 Siehe z.B. BFH vom 17.07.1968, I R 121/64, BStBl. II 1968, S. 695; *Vogel*, IStR 1999, S. 6 m.w.H.

71 Vgl. *Kluge*, aaO., S. 801 f.; *Greif* in: *Mössner*, aaO., S.556 f.; *Arthur Andersen*, aaO., Art. 4 Rn. 26.

72 Vgl. *Arthur Andersen*, aaO., Art. 4, Rn. 27; zum Mitunternehmermodell siehe *Jacobs*, aaO., S. 696 f.

73 Im Zusammenhang mit dem „check-the-box"-Verfahren – ausführlich *Jacobs*, aaO., S.423 ff.; Hinweise auch bei *Kluge*, aaO., S. 799 ff. und *Greif* in: *Mössner*, aaO., S. 557.

nicht besteuern darf, es sei denn, sie werden an die in Deutschland ansässigen Gesellschafter ausgeschüttet. Legt man das DBA exakt nach seinem Wortlaut aus, so ist der Bundesrepublik Deutschland bei dieser Fallkonstellation überhaupt nur die Besteuerung der ausgeschütteten Dividenden erlaubt[74]. Gerade derartige Dividenden sind jedoch nach dem nationalen deutschen Recht nicht zu besteuern, da es diese als Entnahmen aus einer Personengesellschaft qualifiziert[75].

Die Entnahme gehört zu keiner der steuerpflichtigen Einkunftsarten nach dem deutschen Einkommensteuergesetz, daher ist sie als solche in Deutschland nicht steuerbar[76]. Bei der Besteuerung einer deutschen Personengesellschaft darf die Entnahme zwar den Gewinn nicht mindern (sie wird dem Gewinn der Gesellschaft hinzugerechnet)[77]. Wenn aber die Entnahme aus einer ausländischen Personengesellschaft erfolgt, die im jeweiligen Ausland (hier: USA) als Körperschaft zu besteuern ist, greift die deutsche Regelung bezüglich der Hinzurechnung der Entnahme zu dem Gewinn für Zwecke der US-Besteuerung nicht ein, da nach dem US-amerikanischen Steuerrecht diese Zahlung nicht als Entnahme, sondern als Dividende angesehen wird. Im Endergebnis bedeutet dies, dass derartige Entnahmen in Deutschland de facto steuerfrei bleiben.

In der Literatur wird dennoch z.T. folgende Auffassung vertreten[78]: Nach dem nationalen deutschen Recht seien die gesamten Gewinnanteile der deutschen Mitunternehmer an der ausländischen Personengesellschaft in Deutschland steuerpflichtig. Das DBA erlaube immerhin eine Besteuerung der ausgeschütteten Dividenden. Liegen nun die in einem Wirtschaftsjahr ausgeschütteten Dividenden (nach dem Verständnis des deutschen Rechts: Entnahmen) niedriger als die in dem betreffenden Wirtschaftsjahr auf den deutschen Mitunternehmer entfallenden Gewinnanteile, so sollen die Gewinnanteile bis zur Höhe der ausgeschütteten Beträge steuerpflichtig sein. Liegen dagegen in einem Wirtschaftsjahr die Dividenden höher als der betreffende Gewinnanteil des deutschen Mitunternehmers, so müsste der Mitunternehmer nur bis zur Höhe seines Gewinnanteils besteuert werden können, da das deutsche Recht keine höhere Besteuerung vorsehe.

Aus Gründen der Tatbestandsmäßigkeit und der Einheitlichkeit der Besteuerung muss diese Auffassung m.E. kritisch betrachtet werden, da sie nicht steuer-

---

74 Vgl. *Arthur Andersen*, aaO., Art. 4, Rn. 28.

75 Vgl. *Vogel*, aaO., Einl., Rn. 64 ff.; *Jacobs*, aaO., S. 622 f.; zu Entnahmen aus Betriebstätte auch S. 564; weitere Hinweise bei *Wassermeyer*, IStR 1998, 489 (493).

76 Vgl. § 2 Abs. 1 EStG, zur Entnahmetheorie siehe *Schröder* in: *Mössner*, aaO., S. 280 f.

77 Vgl. *Heinicke* in: *Schmidt*, Einkommensteuergesetz, Kommentar, 20. Auflage, 2001; § 4 Rn. 332 ff.

78 Vgl. z.B. *Mancke*, JbFfSt 1978/79, S. 345; darstellend *Artur Andersen*, aaO., Art. 4 Rn. 29.

bare Entnahmen aus Mitunternehmerschaften in Deutschland einer Steuerpflicht unterwirft und somit eine Sonderregelung in Bezug auf die steuerliche Behandlung der aus dem Ausland stammenden Entnahmen zu begründen vermag. Dies ist schon im Hinblick auf den Gleichheitsgrundsatz des Art. 3 Abs. 1 GG sehr fragwürdig. Es sei in diesem Zusammenhang darauf hingewiesen, dass z.B. *Wassermeyer* in den mit der Abkommensberechtigung zusammenhängenden Zurechnungskonflikten infolge unterschiedlicher steuerlicher Behandlung von Personengesellschaften letztlich die Verletzung des im Art. 3 Abs. 1 GG statuierten Gebots der Gleichbehandlung sieht.[79] In Bezug auf solche Fälle wird im Schrifttum manchmal sogar die Auffassung vertreten, dass die hier kritisierte Meinung zu mehr oder weniger willkürlichen steuerlichen Ergebnissen führen kann, da die Besteuerungsmöglichkeiten der Bundesrepublik Deutschland schließlich allein vom Entnahme- bzw. Ausschüttungsverhalten abhängig wären.[80]

In den hier zu behandelnden Fällen, in denen eine Partnership in den USA als Corporation besteuert wird, darf der ausländische Gewinnanteil des deutschen Gesellschafters auch nicht im Rahmen des Progressionsvorbehalts nach Art. 23 Abs. 2 DBA Deutschland – USA herangezogen werden. Hier handelt es sich hierbei um eine selbst abkommensberechtigte ausländische Gesellschaft nach Art. 3 Abs. 1 lit. e) des einschlägigen DBA[81]. Die Bundesrepublik Deutschland muss daher die Qualifikation des Sitzstaates der Personengesellschaft akzeptieren und auf jede steuerliche Berücksichtigung ihres Gewinns auch im Rahmen eines Progressionsvorbehalts verzichten, da ansonsten die oben dargestellten unzutreffenden Auslegungsergebnisse unvermeidlich zu Steuerverzerrungen führen würden. Aus abkommensrechtlicher Sicht ist hier der Sachverhalt im Grunde genommen nicht anders zu beurteilen, als läge eine US-Corporation vor, die sich auch für Zwecke der deutschen Besteuerung als Körperschaft qualifiziert.

3) Probleme bei Dreiecksbeziehungen

Die Kollision zwischen der transparenten Besteuerung und der Subjektbesteuerung führt im Verhältnis zwischen dem Sitzstaat und dem Quellenstaat zu sog. Dreieckskonstellationen[82], wenn der Sitzstaat der Gesellschaft und der Ansässigkeitsstaat ihrer Gesellschafter auseinanderfallen. Empfängt z.B. eine transparent

---

79 Vgl. *Wassermeyer* in: *Debatin/Wassermeyer*, aaO., Art. 1, Rn. 28d.

80 So z.B. *Arthur Andersen*, aaO., Art. 4, Rn. 30.

81 Vgl. *Kluge*, aaO., S. 800; *Mittermaier*, Besteuerung von Personengesellschaften im Verhältnis USA-Deutschland, 1999, S. 203 ff.; *Arthur Andresen*, aaO., Art. 4, Rn. 31.

82 Siehe *Raupach* in: FS für Vogel, 1088 f.; bei sog. „Schwestergesellschaften" vgl. *Baumhoff* in: *Mössner*, aaO. S. 367 f.

zu besteuernde Personengesellschaft Dividenden, Zinsen oder Lizenzgebühren, dann fehlt es an ihrer selbständigen unbeschränkten Steuerpflicht im Sitzstaat, maßgebend ist vielmehr die Besteuerung im Ansässigkeitsstaat der Gesellschafter[83]. Den Abkommensschutz gewährt daher nur der Ansässigkeitsstaat der Gesellschafter gegenüber dem Quellenstaat, aus dem die Gesellschafter die ihnen zuzurechnenden Einkünfte beziehen.

Diese Grundsätze sollen nach dem OECD-Bericht 1999[84] auch angewandt werden, wenn die an einem grenzüberschreitenden Sachverhalt beteiligten Staaten unterschiedliche Besteuerungssysteme in Bezug auf Personengesellschaften anwenden. Dies ist allerdings nicht unbestritten. Der OECD-Bericht behandelt u.a. folgende Fallkonstellation[85]:

Beispiel:
Der Sitzstaat A einer Personengesellschaft wendet das Subjektbesteuerungsprinzip an, die Personengesellschaft als solche ist jedoch gegenüber dem Quellenstaat B, aus dem sie Dividenden bezieht, nach der Auffassung des OECD-Berichtes nicht abkommensberechtigt, da der Quellenstaat B die Transparenzbesteuerung praktiziert und der Sitzstaat an die Qualifikation des Quellenstaates gebunden ist. Die Gesellschafter der Personengesellschaft haben im Staat C ihren Wohnsitz, wobei dieser Wohnsitzstaat die Personengesellschaft jedoch als eigenständiges Steuersubjekt behandelt. Die Gesellschafter sind daher nach dem DBA B-C nicht abkommensberechtigt. Die Autoren des OECD-Berichts sind in diesem Fall der Meinung, dass der Quellenstaat B die Dividenden nach seinem nationalen Recht ohne DBA-Begrenzung mit Quellensteuer belegen dürfte.

Gegen diese Lösung hat sich nachdrücklich *Lang* ausgesprochen[86]. Er wirft dem OECD-Bericht insbesondere vor, er folge einem gar nicht bestehenden Grundsatz der „Vermeidung einer doppelten Nichtbesteuerung". Aus dem Zweck der DBA (Vermeidung einer Doppelbesteuerung), innerstaatliche Besteuerungstatbestände zu begrenzen oder zu beseitigen, soll dementsprechend ein Besteuerungsanspruch des Quellenstaates eingeschränkt werden. Es müsse dabei auf die Steuerrechtssubjektivität des Sitzstaates der Personengesellschaft abgestellt werden. *Lang* verweist auf die Ausführungen von *Vogel*, der es als genügend erachtet, wenn die Personengesellschaft zum Sitzstaat „diejenigen Bezüge aufweist, die zu ihrer unbeschränkten Besteuerung führen könnten"[87]. Wird die Abkom-

---

83 Zur Problematik der Durchgriffsbesteuerung vgl. *Schaumburg*, aaO., Rn.10.21 ff.; *Kluge*, aaO., S. 785 f

84 Siehe OECD-Report, The Application of the OECD Model Tax Convention to Partnerships, Issues in International Taxation, Nr. 6, 1999. Eingehend zu dem OECD-Report siehe die Darstellung im Punkt 2. dieses Abschnitts.

85 Vgl. OECD-Report, Tz. 68.

86 Vgl. *Lang*, Personengesellschaften im DBA-Recht, SVI 2000, S. 64.

87 *Vogel*, aaO., Art. 4, Rn. 24a.

mensberechtigung im Sitzstaat der Personengesellschaft auch durch den Quellenstaat anerkannt, führt dies zum Abkommensschutz gegenüber dem Quellenstaat und beseitigt die Folgen des im OECD-Bericht dargestellten Qualifikationskonfliktes.

Ein solches Auslegungsergebnis wäre zweifellos wünschenswert, es muss aber von den Vertragsstaaten auch gewollt sein. Da das hier erörterte Problem seit langem bekannt ist, sollten die Vertragspartner die Bindung an die Qualifikation des Sitzstaates auch abkommenskonform verankern, sei es in einer allgemeinen Auslegungsvereinbarung oder in einem speziellen Verständigungsverfahren[88].

b) Ansässigkeitsproblematik nach Art. 4 OECD-MA

Die Frage der Ansässigkeit im DBA-Recht ist nicht nur mit der Feststellung der Abkommensberechtigung verbunden. Die Anwendbarkeit sämtlicher Verteilungs- bzw. Verzichtsnormen der DBA auf die Steuersubjekte hängt in der Regel davon ab, ob diese durch die dem Art. 4 OECD-MA entsprechende Ansässigkeitsklausel des jeweiligen DBA erfasst sind oder nicht. Auch die Methoden zur Vermeidung der Doppelbesteuerung orientieren sich an dem Kriterium der Ansässigkeit abkommensberechtigter Personen.

1) Allgemeine Merkmale der Ansässigkeit

Der Ausdruck „eine in einem Vertragsstaat ansässige Person" bedeutet gem. Art. 4 Abs. 1 OECD-MA „eine Person, die nach dem Recht dieses Staates dort aufgrund ihres Wohnsitzes, ihres ständigen Aufenthalts, des Ortes ihrer Geschäftsleitung oder eines anderen ähnlichen Merkmals steuerpflichtig ist". Damit erfasst Art. 4 unter dem Begriff der „ansässigen Person" diejenigen, die (1) im DBA-Sinne als Personen anzusehen sind und die (2) durch die personenbezogenen subjektiven Anknüpfungsmerkmale (Wohnsitz, Aufenthalt, Geschäftsleitung usw.) als Steuerpflichtige lokalisiert sind. Dabei stellt sich die Frage, ob und inwieweit die Regelungen des Art. 4 OECD-MA auch für Personengesellschaften gelten.

Wie oben bereits erwähnt, ist die Unterscheidung zwischen Subjekt- und Transparenzbesteuerung von Personengesellschaften für die Beurteilung der Frage der Ansässigkeit von entscheidender Bedeutung. Wenn Personengesellschaften nach dem jeweiligen nationalen Recht (unbeschränkt) körperschaftsteuerpflichtig sind, dann sind sie „Gesellschaften" im Sinne des Art. 3 Abs. 1 lit. b)

88 So auch *Raupach* in: FS für Vogel, S. 1089.

OECD-MA und damit „Personen“ gem. Art. 3 Abs. 1 lit. a) OECD-MA. Außerdem sind sie dann in dem jeweiligen Vertragsstaat aufgrund ihres Satzungssitzes oder des Ortes der Geschäftsleitung nach Art. 4 OECD-MA ansässig und damit im Einklang mit Art. 1 OECD-MA abkommensberechtigt[89]. Dabei machen die DBA keinen Unterschied, ob sich die Subjektbesteuerung grundsätzlich aus dem Gesetz oder erst aufgrund einer entsprechenden Option ergibt. Daher fällt auch eine steuerlich für die Körperschaft optierte Personengesellschaft unter Art. 4 Abs. 1 OECD-MA[90].

Gilt nach nationalem Recht für Personengesellschaften dagegen das Transparenzprinzip, wird nicht die Gesellschaft besteuert, sondern es werden vielmehr die Gesellschafter mit ihren Gewinnanteilen je nach ihrer Rechtsform zur Einkommen- oder Körperschaftsteuer herangezogen[91]. Die „in einem Vertragsstaat ansässige Person“ im Sinne des Art. 4 Abs. 1 OECD-MA ist in diesem Fall mangels eigener Steuerpflicht nicht die Personengesellschaft. Das Unternehmen einer solchen Gesellschaft wird bei der Behandlung nach dem Transparenzprinzip von den Gesellschaftern betrieben (Art. 3 Abs. 1 lit. c) OECD-MA). Daher kommt es hier nicht auf die Ansässigkeit der Gesellschaft an. Welcher Staat Ansässigkeitsstaat für die Zwecke der Abkommensanwendung ist, richtet sich vielmehr nach den Anknüpfungsmerkmalen des Art. 4 Abs. 1 OECD-MA in Bezug auf die Gesellschafter (Wohnsitz usw.). In den konkreten DBA-Sachverhalten sieht dies folgendermaßen aus:

Beispiel:
Eine steuerlich transparent zu behandelnde schweizerische Kommanditgesellschaft hat einen in Deutschland wohnhaften Komplementär und einen in Österreich wohnenden Kommanditisten. Aus Sicht des jeweiligen Gesellschafters ist diese KG im DBA-Sinne ein deutsches Unternehmen oder ein österreichisches Unternehmen, wobei sich jeder Gesellschafter jeweils auf das DBA zwischen seinem Ansässigkeitsstaat (Deutschland bzw. Österreich) mit der Schweiz berufen kann[92].

Damit richten sich die Abkommensberechtigung und ihr folgend die Steuerberechtigung des Ansässigkeitsstaates in den Verteilungs- bzw. Verzichtsnormen sowie schließlich die Vermeidung der Doppelbesteuerung durch den Ansässigkeitsstaat im Regelfall nach der steuerlichen Behandlung im Sitzstaat der Personengesellschaft:

---

89 So auch *Raupach* in: FS für *Vogel*, S. 1084.
90 Vgl. *Krabbe*, FR 2000, S. 545 (546).
91 So ist z.B. die steuerliche Behandlung deutscher Personengesellschaften.
92 Vgl. *Raupach* in: FS für *Vogel*, S. 1085.

– subjektbesteuerte Personengesellschaften sind in ihrem Sitzstaat ansässig und können im Quellenstaat ihrer Einkünfte Abkommensschutz aus eigenem Recht beanspruchen;

– transparentbesteuerte Personengesellschaften sind im Sitzstaat nicht ansässig, für den Abkommensschutz ihrer Einkünfte muss auf die Gesellschafter (wenn sie abkommensberechtigt sind) durchgegriffen werden[93].

2) Streitfall

Die oben dargestellten Prinzipien vermögen allerdings nicht, Qualifikationskonflikte in den Situationen zu beseitigen, in denen die Gesellschafter einer transparent zu besteuernden Personengesellschaft in verschiedenen Ländern ansässig sind. Die Zerstreuung der Ansässigkeiten im Rahmen eines DBA-Sachverhaltes kann u.U. zur Spaltung der Abkommensberechtigung führen, wenn das einschlägige DBA keine eindeutigen Regelungen für derartige Fälle vorsieht. Dies kommt insbesondere in der Anwendungspraxis des DBA Deutschland-USA vor.

Beispiel:
Auch in den USA stellen Personengesellschaften, wenn sie sich nicht für Besteuerungszwecke als „Corporation" qualifizieren, keine selbständigen Steuersubjekte dar, vielmehr werden ihre Einkünfte den Gesellschaftern anteilig zugerechnet und entsprechend besteuert. Angenommen, an einer US-Partnership, die nicht als Corporation, sondern nach dem Transparenzprinzip zu besteuern ist, sind zur Hälfte US-Amerikaner, zur anderen Hälfte Deutsche als Gesellschafter beteiligt. Es stellt sich nun die Frage, in welchem Staat oder in welchen Staaten diese Personengesellschaft ansässig ist.

Bei einer ersten Lektüre des Art. 4 Abs. 1 lit. b) DBA Deutschland-USA könnte man (in Anbetracht der obigen Ausführungen) zu dem Ergebnis gelangen, die Gesellschaft sei zur Hälfte in den USA, zur anderen Hälfte in der Bundesrepublik Deutschland ansässig, da ihre Einkünfte zur Hälfte in den USA, zur anderen Hälfte in Deutschland als Einkünfte der dort ansässigen Gesellschafter besteuert werden[94]. Nach dem eindeutigen Wortlaut des Art. 4 Abs. 1 lit. b) des DBA Deutschland-USA spielt es nämlich für die Ansässigkeit keine Rolle, ob die Einkünfte bei der Gesellschaft selbst oder bei ihren Gesellschaftern einer unbeschränkten Steuerpflicht unterliegen[95]. Wenn aber bei der Beurteilung der Frage der Ansässigkeit auf die Gesellschafter abgestellt wird, muss diesen logischer-

---

93 Vgl. *Greif* in: *Mössner*, aaO., S. 555 ff.; *Wassermeyer* in: *Debatin/Wassermeyer*, aaO., Art. 1, Rn. 27 f.; *Jacobs*, aaO., S. 482 ff.; *Schmidt*, IStR 197, S. 17 ff.

94 Vgl. *Arthur Andersen & Co. GmbH*, DBA Deutschland-USA, Art. 4, Rn. 18.

95 Siehe *Arthur Andersen & Co. GmbH*, DBA Deutschland-USA, Art. 4, Rn. 19.

weise auch die Abkommensberechtigung zuerkannt werden. Folgt man dabei konsequent der ersten Prämisse, dass die Partnership (vertreten durch ihre Gesellschafter) in beiden Ländern „ansässig" ist, dann resultiert daraus die zweite Schlussfolgerung, dass diese Personengesellschaft gleichzeitig in den USA und in Deutschland abkommensberechtigt sein kann, weil ihre in diesen Ländern ansässigen Gesellschafter dort als abkommensberechtigte Personen anerkannt sind. Von dieser widersinnigen Prämisse ausgehend kann man schließlich zum absurden Endergebnis gelangen, dass die doppelansässige und dadurch auch doppelabkommensberechtigte Personengesellschaft den Abkommensschutz ebenfalls sowohl in Deutschland als auch in den USA beanspruchen könnte.

Die oben dargestellte Auslegung der Regelungen des Art. 4 Abs. 1 DBA Deutschland-USA (sowie Art. 4 OECD-MA) führt offensichtlich zu inakzeptablen steuerlichen Ergebnissen, denn aus der Bejahung der abkommenskonformen Doppelansässigkeit und folglich der doppelten Abkommensberechtigung ergeben sich die Überschneidungen der Besteuerungskompetenzen, die durch das Regelwerk der DBA nicht beseitigt werden können. Der daraus resultierende „doppelte" Abkommensschutz bringt keine „doppelte" Rechtssicherheit, er kann nur unlösbare Kollisionen der Besteuerungsansprüche von Vertragsstaaten nach sich ziehen.

In der Literatur wird das genannte Problem kontrovers diskutiert. *Vogel* schlägt in diesem Zusammenhang für den Fall der nach dem Transparenzprinzip behandelten Personengesellschaft insbesondere vor, das Anknüpfungsmerkmal der Geschäftsleitung für die Auslegung des Art. 4 OECD-MA heranzuziehen. Damit erlangten auch Personengesellschaften, die nicht als eigenständige Steuersubjekte besteuert werden – entgegen dem buchstäblichen Wortlaut des Art. 4 Abs. 1 OECD-MA – die Abkommensberechtigung im Sinne des Art. 1 OECD-MA. Bei einer solchen Auslegung würden auch die Verteilungsnormen der Art. 6 bis Art. 22 des OECD-MA auf sie anwendbar[96].

Der Auffassung von *Vogel* ist aus praktischer Sicht beizupflichten. Auch die genauere Untersuchung des Art. 4 Abs. 1 DBA Deutschland-USA in Bezug auf den oben angeführten Beispielfall führt zu dem Ergebnis, dass die Personengesellschaft für die Zwecke der Abkommensanwendung nur in dem Staat als ansässig behandelt werden muss, nach dessen Recht sie gegründet ist oder wo sich ihr Sitz bzw. der Ort ihrer Geschäftsleitung befindet. Nach diesem Verständnis der Abkommensnorm kann eine Personengesellschaft nur dann in einem Vertragsstaat ansässig sein, wenn sie dort durch den Satzungssitz bzw. den Ort ihrer Geschäftsleitung oder den Ort ihrer Gründung lokalisiert ist[97]. Es reicht danach für

96 Vgl. *Vogel*, aaO, Art. 1, Rn. 25a f.
97 So im Ergebnis auch *Arthur Andersen*, aaO., Art. 4, Rn. 19.

die Ansässigkeit einer Personengesellschaft nicht aus, dass in einem Vertragsstaat lediglich ein oder mehrere Gesellschafter ansässig sind[98], die dort mit ihren von der Gesellschaft erzielten Einkünften einer unbeschränkten Steuerpflicht unterliegen[99]. Für die Lösung des skizzierten Beispielfalls bedeutet dies, dass die US-Partnership nur in den USA (Sitzstaat und Ort der Gründung) ansässig sein kann. Deutschland ist hingegen für die Zwecke der DBA-Anwendung kein Ansässigkeitsstaat der Partnership und muss die Qualifikation des Sitzstaates akzeptieren. Nur hierdurch wird auch die Gefahr der doppelten Abkommensberechtigung beseitigt.

Die hier vorgeschlagene Lösung des Qualifikationskonflikts beruht auf einer Auslegung des Art. 4 OECD-MA, die auf die Erstellung einer juristischen Fiktion über die Ansässigkeit von transparent behandelten Personengesellschaften hinausläuft. Dies ist m.E. ein gerechtfertigtes Mittel für die Beseitigung der gravierenden Folgen des oben dargestellten Ansässigkeitskonfliktes. Es kann aber nur dann ein positives Ergebnis herbeiführen, wenn sowohl der Quellenstaat als auch der Wohnsitzstaat der Gesellschafter die gegenseitige Bindung an die Qualifikation des Sitzstaates der Personengesellschaft anerkennen.

c) Steuerliche Behandlung von Dividendeneinkünften

1) Problemstellung

Es ist unumstritten, dass Art. 10 Abs. 3 OECD-MA für die Klärung der Frage, ob es sich bei der Ausschüttung von aus sonstigen Gesellschaftsanteilen stammenden Einkünften um Dividenden handelt, auf die Qualifikation des Rechtes des Staates verweist, in dem die ausschüttende Gesellschaft ansässig ist. Dies ist der Wortlaut des Musterabkommens, die deutschen DBA sind ihm bei der Ausgestaltung ihrer Dividendenregelungen weitgehend gefolgt[100]. Wie oben im Kapitel C., Abschnitt II., Punkt 3. festgestellt wurde, muss diese Qualifikation auf der Abkommensebene auch für den Wohnsitzstaat der Gesellschafter Verbindlichkeit besitzen, falls die Gesellschafter in einem anderen als dem Sitzstaat der Gesellschaft ansässig sind.

---

98 Zur Problematik der Ansässigkeit bei der Personengesellschaften siehe *Schaumburg*, aaO., Rn. 16.171 ff. mit vielen weiteren Hinweisen.

99 Zum Abkommensschutz der Gesellschafter vgl. *Wassermeyer* in: *Debatin/Wassermeyer*, aaO., Art. 1, Rn. 28; *Vogel*, aaO., Art. 1 Rn. 24 ff.; *Knobbe-Keuk*, Bilanz – und Unternehmenssteuerrecht, 9. Auflage, 1993, S. 551 ff.; *Piltz*, aaO., S. 134; *Pott*, aaO., S. 224 f.

100 Siehe den Abkommensübersicht bei *Vogel*, aaO., Art. 10, Rn. 203.

Wird dieser Auslegungsauffassung nicht gefolgt, so sind Qualifikationskonflikte denkbar, die daraus resultieren können, dass der Sitzstaat der Gesellschaft die Einkünfte bei Annahme einer Mitunternehmerschaft als gewerblichen Gewinn nach Art. 7 OECD-MA im Gewinnentstehungszeitpunkt besteuert, der Wohnsitzstaat der Gesellschafter diese Einkünfte jedoch als Dividenden gem. Art. 10 OECD-MA qualifiziert und folglich der vollen Besteuerung im Zeitpunkt der Gewinnausschüttung unterwirft. Qualifikationskonflikte sind aber auch im umgekehrten Fall möglich, nämlich bei der Annahme von Dividenden im Sitzstaat des Rechtsträgers und der Einordnung als gewerblicher Gewinn im Wohnsitzstaat der Gesellschafter[101].

2) Lösungsmöglichkeiten

Im Kapitel C. wurde bereits eingehend darauf hingewiesen, dass es in der Literatur zwei gegensätzliche Auffassungen zum Problem der Auslegung des Dividendenartikels in Bezug auf Personengesellschaften gibt. Die Anhänger der ersten Auffassung, insbesondere *Wassermeyer*, verneinen die Bindung des Wohnsitzstaates der Gesellschafter an die Qualifikation des Sitzstaates und plädieren für die Auslegung nach Maßgabe des jeweiligen nationalen Rechts[102], die Vertreter der zweiten Auffassung (vor allem *Vogel* und *Debatin*) gehen dagegen von völkerrechtlichen Prinzipien der Abkommensauslegung aus[103] und erachten die Qualifikation des Sitzstaates als verbindlich für den Wohnsitzstaat der Gesellschafter und für den Quellenstaat. Bereits im Kapitel C., Abschnitt II., Punkt 3., Buchst. c) wurde der erste Teil des angesprochenen Problems – Dividendenausschüttungen einer Personengesellschaft an die Gesellschafter – anhand eines Beispiels dargestellt und ausführlich dahingehend erörtert, dass der völkerrechtlichen Auslegungsmethode Vorzug zu gewähren ist. Nachstehend wird der zweite, größere Teil der Dividendenproblematik behandelt, und zwar Situationen, in denen eine Personengesellschaft selbst Dividendeneinkünfte erzielt. Dabei wird ein von *Wassermeyer* vorgeschlagenes Beispiel betrachtet, welches er zur Begründung seiner (oben dargestellten) Meinung vorbringt. Bei der Prüfung der Lösungsmöglichkeiten wird das OECD-MA den Ausführungen zugrunde gelegt[104].

---

101 Darstellend *Schaumburg*, aaO., Rn. 18.58; siehe auch *Vogel*, aaO., Art. 1, Rn. 27d; *Piltz* in: *Debatin/Wassermeyer*, aaO., Art. 7, Rn. 129; *Knobbe-Keuk*, aaO., S. 552.

102 Vgl. z.B. *Wassermeyer*, IStR 1998, S. 489 (493); *ders.*, IStR 1999, S. 8 f.; *ders.*, IStR 1999, S. 481ff.

103 Siehe z.B. *Vogel*, aaO., Art. 1, Rn. 24 ff.; *Debatin* in: *Debatin/Wassermeyer*, aaO., SYST. III, Rn. 19; *Vogel*, IStR 1999, S. 5 ff.

104 Siehe *Wassermeyer*, IStR 1998, S. 489 (493).

Beispiel:
An der nach ausländischem Recht im anderen Vertragsstaat gegründeten OHG sind der in Deutschland unbeschränkt steuerpflichtige A (eine natürliche Person) zu 20 v.H. und die in Deutschland unbeschränkt steuerpflichtige GmbH zu 30 v.H. beteiligt. Die OHG wird in ihrem Sitzstaat wie eine Körperschaft besteuert. Sie erzielt Dividenden von einer im anderen Vertragsstaat ansässigen Kapitalgesellschaft, von einer in Deutschland ansässigen AG und von einer in einem Drittstaat ansässigen Kapitalgesellschaft. An den genannten Gesellschaften ist die OHG zu jeweils 100 v.H. beteiligt. Wie sollen in Deutschland die auf die hier ansässigen Gesellschafter entfallenden anteiligen Einkünfte besteuert werden?

Sowohl *Wassermeyer*, als auch die Vertreter der Gegenmeinung gehen hier zuerst davon aus, dass der andere Vertragsstaat als Ansässigkeitsstaat der OHG sein Besteuerungsrecht bezüglich der Einkünfte der OHG gem. Art. 10 Abs. 1 bzw. Art. 21 OECD-MA ausüben kann, weil nach seiner Rechtsauffassung die Dividenden an die Personengesellschaft und nicht an deren Gesellschafter gezahlt werden und die OHG selbst als eigenständiges Steuersubjekt in diesem anderen Vertragsstaat ansässig ist[105]. Allerdings stammen die Dividenden überwiegend (ausgenommen die Ausschüttungen der deutschen AG) nicht aus Deutschland. Deswegen findet hier Art. 10 OECD-MA („Dividenden“) nach der Meinung von *Wassermeyer* keine Anwendung, vielmehr sei Art. 21 OECD-MA („Andere Einkünfte“) einschlägig, weil nach der deutschen Auffassung (Wohnsitz- bzw. Sitzstaat der Gesellschafter) die „Dividendenzahlungen“ an die Gesellschafter der OHG und nicht an die Personengesellschaft geleistet werden. Die OHG selbst kann nach dem deutschen Steuerrecht keine Dividenden- bzw. Gewinnausschüttungen an ihre Gesellschafter vornehmen, dies ist nur bei Kapitalgesellschaften der Fall. Wenn die in Frage stehenden Zahlungen unter Art. 21 OECD-MA fallen, nimmt *Wassermeyer* ein Besteuerungsrecht der Bundesrepublik Deutschland als Ansässigkeitsstaat der Gesellschafter an. Ferner weist er allerdings auf die Gefahr eines positiven Qualifikationskonflikts bzw. einer Doppelbesteuerung hin, wenn der Sitzstaat der OHG seiner Qualifikation folgend eine Quellensteuer auf diese Zahlungen erhebt, weil er diese als Dividenden betrachtet[106].

Der sich aus einer derartigen Auslegung ergebende Qualifikationskonflikt könnte nach *Wassermeyer* jedoch nur in einem Verständigungsverfahren beseitigt werden. Eine Einigung im Verständigungsverfahren wäre demzufolge dahingehend möglich, dass Deutschland sowohl die im Staat der ausschüttenden Gesellschaft erhobene Quellensteuer, als auch die im anderen Vertragsstaat erhobene Ertragsteuer auf seine Steuer anrechnet, die von den Gesellschaftern erhoben

105 So *Wassermeyer*, ebenda; vgl. auch *Vogel*, IStR 1999, S. 5 (7).
106 *Wassermeyer*, IStR 1998, S. 489 (493).

wird[107]. Dabei würde die deutsche Finanzverwaltung der ebenfalls in Deutschland ansässigen AG kein Schachtelprivileg einräumen, da die Zwischenschaltung einer Personengesellschaft die Annahme einer unmittelbaren Beteiligung an der ausschüttenden Kapitalgesellschaft ausschließt[108].

Es liegt also auf der Hand, dass der Auslegungsvorschlag von *Wassermeyer* zu einem Qualifikationskonflikt führt, dessen unmittelbare Rechtsfolge die mit dem Sinn und Zweck von DBA unvereinbare Doppelbesteuerung ist. Würde Deutschland bei der hier dargestellten Fallkonstellation entgegen dem Vorschlag von *Wassermeyer* jedoch die ausländische OHG für die Zwecke der Abkommensanwendung als eigenständiges Steuersubjekt anerkennen, dann hätte dies zur Folge, dass auch die eigenständige Einkünfteerzielung durch die Personengesellschaft anzuerkennen wäre. Daher müsste man konsequenterweise das Besteuerungsrecht der Bundesrepublik Deutschland in Bezug auf die Dividendenausschüttungen verneinen. Durch diese Vorgehensweise wären die Auslöser des genannten Qualifikationskonflikts von vorneherein beseitigt.

Grundsätzlich ist in diesem Zusammenhang folgendes festzuhalten: Bezieht die in ihrem Sitzstaat abkommensberechtigte Personengesellschaft Dividenden, so führt ihre Anerkennung als Steuersubjekt im Wohnsitzstaat der Gesellschafter – mit anderen Worten: die Bindung des Ansässigkeitsstaates der Gesellschafter an die Qualifikation des Sitzstaates der Gesellschaft – zu eindeutigen und konfliktfreien Lösungen. Die Vertreter der Gegenmeinung müssen hingegen in diesem Fall auf ein Verständigungsverfahren verweisen, um die aus ihren Auslegungsergebnissen resultierende Doppelbesteuerung zu vermeiden[109].

2. Qualifikationskonflikte bei der Auslegung aus dem DBA-Sinnzusammenhang

a) Die Ursachen für die Auslegungsdivergenzen

1) Rechtspolitische Gründe

Wenn eine Abkommensbestimmung nicht durch eine Definition oder einen Definitionsverweis geregelt ist, ist sie nach der hier vertretenen Auffassung unter Berücksichtigung der im Kapitel C., Abschnitt III. erläuterten Auslegungsregeln aus dem Sinnzusammenhang des DBA auszulegen. Diese Prämisse gilt auch dann, wenn eine Definition nicht so klar formuliert ist, dass ihr Wortlaut die Abkom-

---

107 *Wassermeyer*, ebenda.

108 Die Rechtsgrundlage dafür ist BFH vom 08.05.1985, I R 108/81, BStBl. II 1985, S. 523; BFH vom 15.06.1988, II R 224/84, BStBl. II 1988, S. 761.

109 So auch *Vogel*, IStR 1999, S. 5 (8).

mensanwendung ohne weiteres ermöglicht[110]. Wird von diesen Auslegungsregeln einseitig abgewichen, so ist es möglich, dass die Vertragspartner das einschlägige DBA unterschiedlich auslegen und damit die Entstehung eines Qualifikationskonflikts herbeiführen.

Hierzu kann es vor allem deswegen kommen, weil die Abkommenspartner ihr innerstaatliches Recht bewusst zu früh in die Abkommensauslegung hereintragen, obwohl die Auslegung aus dem Sinnzusammenhang noch nicht gescheitert ist und der Auslegungsrückgriff auf das jeweilige nationale Recht gem. Art. 3 Abs. 2 OECD-MA zur Vermeidung der Unanwendbarkeit des DBA daher noch nicht erforderlich ist.

Es ist zu beachten, dass das Auftreten eines Qualifikationskonflikts infolge der bewussten frühzeitigen Anwendung des innerstaatlichen Rechts nicht immer klar erkennbar ist. Vielmehr ist es ebenso denkbar, dass es im Bereich der Auslegung aus dem Sinnzusammenhang – sei es bei der grammatischen, der systematischen, der teleologischen oder der historischen Interpretation – zu divergierenden Auslegungsergebnissen kommen kann, wenn die Abkommensanwender sich unbewusst von ihren nationalen Rechtsvorstellungen leiten lassen. In diesem Fall wird, nach dem Ausdruck von *Debatin*, das jeweilige innerstaatliche Recht der Vertragspartner in das DBA „hineingelesen“[111].

Im folgenden soll geklärt werden, warum dennoch bewusst oder unbewusst auf das nationale Recht zurückgegriffen wird, obwohl die Auslegung aus dem Sinnzusammenhang des DBA nicht möglich wäre. Dieser Vorgang, in der Literatur im allgemeinen als „Heimwärtsstreben“[112] bezeichnet, ist indes keine Besonderheit des Internationalen Steuerrechts, er ist auch in anderen Rechtsgebieten (z.B. im Internationalen Privatrecht) hinlänglich bekannt[113].

Die Gründe für dieses Verhalten sind vor allem im fiskalischen Bereich zu suchen: Den Vertragsstaaten fällt es sicherlich leichter, die Rechtsfolgen der Abkommensanwendung unter Kontrolle zu halten, wenn die eigene, nationale Auslegungsvorstellung sich gegenüber der völkerrechtsbezogenen Auslegung durchsetzt[114]. Dieser Denkansatz ist für die Finanzverwaltungen und Finanzgerichte sämtlicher DBA-Staaten relativ üblich.

---

110 Vgl. *Strobl* in: FS für Döllerer, S. 636 f.

111 *Debatin* in: FS für *Scherpf*, S. 309.

112 So z.B. *Hartwieg*, Der Renvoi im deutschen internationalen Vertragsrecht, 1967, S. 124; *Krapp*, Vom Außensteuerrecht zu einer allgemeinen Auslegungslehre, 1976, S. 81 ff.; *Klebau*, aaO., S. 126.

113 Vgl. *Hartwieg*, aaO., S. 124; *Mössner*, Neue Auslegungsfragen bei Anwendung von DBA, 1988, S.13.

114 Siehe *Debatin* in: FS für *Scherpf*, S. 309.

Andererseits dürften die Gründe für den frühzeitigen Rückgriff auf das innerstaatliche Recht auch in einem Bereich zu finden sein, der von fiskalischen Interessen losgelöst ist. Anders lässt sich das unbewusste „Hineinlesen" des innerstaatlichen Rechts in die Abkommensanwendung nicht erklären. Das Problem liegt hier darin, dass die Auslegenden in erster Linie in das Rechtsleben des Staates eingebunden sind, in dem sie sich bewegen[115]. Sie sind Beamte oder Richter des Staates, in dem sie in dieser Eigenschaft beruflich tätig sind. Die Gerichte und Behörden beziehen ihre Autorität aus der jeweiligen nationalen Rechtsordnung. Die mit der DBA-Auslegung beauftragten Rechtsanwender haben normalerweise nur ihr inländisches Recht studiert und haben seine Entwicklung in der Fachliteratur verfolgen können. Das wissenschaftliche Schrifttum steht häufig nur für das inländische Recht in ausreichendem Umfang zur Verfügung, für die Entscheidungssammlungen der Rechtsprechung und Kommentare gilt das gleiche. Hinzu kommt in vielen Fällen noch das sprachliche Problem beim Studium ausländischer Rechtsquellen. Die genannten Grunde führen dazu, dass die Abkommensanwender häufig auch ohne „bösen Willen" Abkommensregelungen einseitig unter dem Blickwinkel der jeweiligen nationalen Rechtsvorstellungen betrachten können.

Außerdem ist es zu berücksichtigen, dass schon die abkommenskonforme Anwendung von DBA-Vorschriften in konfliktfreien Fällen für den in erster Linie mit dem nationalen Recht betrauten Rechtsanwender kompliziert genug ist. Auch hiermit kann die Zurückhaltung erklärt werden, sich bei der Auslegung eines ohnehin schon schwierig anzuwendenden DBA auf dessen endogenen Sinnzusammenhang zu stützen.

All diese Gründe zusammengenommen führen dazu, dass dem jeweiligen nationalen Abkommensanwender bei der Auslegung des DBA sein nationales Recht näher liegt. Deswegen nimmt der Abkommensanwender das schwer greifbare, aus der eigenen Begriffswelt des DBA resultierende Verständnis von den Abkommensdefinitionen in der Regel nur zurückhaltend an und greift bewusst oder unbewusst bei der Abkommensauslegung auf sein innerstaatliches Recht zurück, selbst wenn die Möglichkeiten der Auslegung aus dem DBA-Sinnzusammenhang noch nicht vollkommen ausgeschöpft sind. Dies hat zur Folge, dass es schon innerhalb eines Bereichs zu einer Anwendung innerstaatlichen Rechts kommt, der den Einflüssen des nationalen Rechts eigentlich nicht zugänglich ist und in dem vielmehr die Auslegung aus dem DBA-Sinnzusammenhang stattfinden soll. Die Anwendung innerstaatlichen Rechts in diesem Stadium des Auslegungsvorganges ist jedoch weder durch die Auslegungsklausel des Art. 3 Abs. 2 OECD-MA, noch

115 So schon *Bühler*, Prinzipien des Internationalen Steuerrechts, 1964, S. 65.

durch die im Lichte des eigenen Begriffsverständnisses entwickelten Grundsätze der Abkommensauslegung gedeckt[116]. Sie verstößt damit gegen DBA-Recht.

Allerdings ist es auch möglich, dass die Subjekte der Abkommensauslegung nicht ihre nationale Rechtsauffassungen in den Sinngehalt der DBA-Normen hineininterpretieren, sondern im Gegenteil sich bewusst auf das Recht des jeweiligen ausländischen Vertragspartners beziehen, statt zu versuchen, die in Frage stehenden Regelungen zuerst aus dem DBA-Sinnzusammenhang auszulegen[117]. Auch ein solches Auslegungsverhalten verstößt gegen die Regelungen der DBA.

2) Zwischenstaatliche Meinungsverschiedenheiten

Nicht in allen Fällen von Qualifikationskonflikten wird sich das „Heimwärtsstreben“ oder die bewusste Anwendung ausländischen Rechts nachweisen lassen. Vielmehr ist es auch durchaus möglich, dass reine Meinungsverschiedenheiten der Vertragspartner über die Anwendung der Auslegungsregeln dazu führen, dass Qualifikationskonflikte entstehen[118]. Meinungsverschiedenheiten bei der Abkommensauslegung beruhen in erster Linie darauf, dass die DBA zum Teil unpräzise formuliert sind und die zur Auslegung aus dem Sinnzusammenhang heranzuziehenden Unterlagen entweder nicht allgemein zugänglich sind oder zu wenig Anhaltspunkte für die Ermittlung des Sinnes und Zweckes der auszulegenden Vorschrift geben.

Dies ist indessen keine Besonderheit des DBA-Rechts, vielmehr begleiten die Meinungsverschiedenheiten die Auslegung in jedem Rechtsbereich. Bei DBA führen sie jedoch aufgrund des Charakters der DBA-Normen als Normen, welche die Besteuerungsansprüche einschränken sollen, dazu, dass diese Funktion nicht erfüllt werden kann. Geht man davon aus, dass die DBA den Anspruch auf eine eindeutige Rechtsaussage in sich tragen[119], so muss auch bei Meinungsverschiedenheiten eine der Auslegungen, möglicherweise auch beide, abwegig sein. Es handelt sich somit auch bei reinen Meinungsverschiedenheiten um eine Fehlinterpretation der DBA, aus der die Qualifikationskonflikte in Bezug auf die Aus-

---

116 Vgl. *Schaumburg*, aaO., Rn. 16.59; *Debatin*, System und Auslegung der DBA, DB 1985, S. 1 ff.; *ders.*, DBA und innerstaatliches Recht, DStR 1992, Beiheft 23, S. 6 f.; *Hannes*, aaO., S. 201; *Weber-Fas*, RIW 1982, S. 803 (807).

117 Vgl. z.B. die Berücksichtigung der entsprechenden Auffassung des BMF in BFH vom 13.09.1972, I R 130/70, BStBl. II 1973, S. 57 und BFH vom 19.02.1975, I R 26/73, BStBl. II 1975, S. 584.

118 Vgl. *Debatin* in: FS für *Scherpf*, S. 309 mit Beispielen der gescheiterten Verständigungsverfahren.

119 So auch *Schaumburg*, aaO., Rn. 16.54 mit der These über die Regelungshomogenität der DBA; siehe auch *Vogel*, aaO., Einl. 73 ff.; *ders.* in: FS für Flick, S. 1043 ff.

legung aus dem Sinnzusammenhang entstehen können. Es ist allerdings zuzugeben, dass der Unterschied zwischen dem bewussten frühzeitigen Rückgriff auf das innerstaatliche Recht und den bloßen Meinungsverschiedenheiten bezüglich der Auslegungsreihenfolge in der Praxis bei weitem nicht immer festgestellt werden kann[120].

3) Das Problem der Lösbarkeit

Der Steuerpflichtige kann sich freilich gegen die Auslegungsergebnisse, die nach seiner Ansicht Fehlinterpretationen oder Widersprüche enthalten, mit allen ihm zur Verfügung stehenden Mitteln wehren, die ihm das innerstaatliche Recht der Vertragsstaaten bietet. Die Besonderheit der DBA, dass sie zugleich Völkerrechtsverträge und innerstaatliches Recht sind, hat jedoch üblicherweise zur Folge, dass sogar eine höchstrichterliche Entscheidung in einem der Vertragsstaaten kein einheitliches Auslegungsergebnis und folglich auch keine einheitliche Abkommensanwendung gewährleisten kann, wenn der andere Vertragsstaat diese Entscheidung für sich nicht als bindend erachtet[121]. Es mangelt leider nach wie vor an einer internationalen Instanz, die etwaige innerstaatliche Fehlinterpretationen eines DBA bzw. Meinungsverschiedenheiten aufdecken und letztlich eine einheitliche Auslegung nach völkerrechtlichen Prinzipien auch durchsetzen kann.

Die durch Divergenzen bei der Auslegung aus dem DBA-Sinnzusammenhang verursachten Qualifikationskonflikte können in nahezu allen Bereichen der Abkommensanwendung entstehen, denn in der Bedeutung für die Abkommensauslegung spielt die Interpretation aus dem Zusammenhang eine zentrale Rolle. Sie ist in fast jedem Fall der Abkommensanwendung von den Vertragspartnern anzuwenden, abgesehen von den Fällen, in denen eine Definition oder ein Definitionsverweis bereits die Anwendbarkeit des DBA ermöglichen[122]. Selbstverständlich sind daher die in diesem Bereich möglichen Qualifikationskonflikte besonders häufig und vielfältig.

Es wird deswegen im folgenden versucht, besonders signifikante und aufschlussreiche Verwirrungen bei der Auslegung aus dem Sinnzusammenhang in ihren Uraschen und Auswirkungen darzustellen. Gegenüber den durch eine falsche Anwendung des Definitionsverweises entstandenen Qualifikationskonflikten (siehe oben Punkt 1 dieses Kapitels) besteht jedoch hier die Schwierigkeit, dass der Bereich der nachstehend zu behandelnden Konflikte nicht in gleicher Weise

---

120 Vgl. *Debatin*, DB 1985, Beilage 23, S. 8.

121 Auch die zwischenstaatlichen Verständigungsvereinbarungen sind innerstaatlich unverbindlich, siehe Nachweise bei *Kluge*, aaO., S. 669.

122 Siehe Kapitel C., Abschnitte II. und III..

deutlich abgrenzbar ist, da die konfliktträchtigen Normen nicht in gleicher Weise wie bei den Definitionsverweisen eindeutig feststehen. Im Gegensatz zu den Definitionsverweisen, die den Charakter von Blankettnormen haben, steht hier der ganze DBA-Wortlaut in seinem Zusammenhang dem Auslegenden zur Verfügung. Somit kann sich die Betrachtung im folgenden nur darauf beschränken, die wesentlichsten Beispielfälle der Beilegung von Qualifikationskonflikten durch die Auslegung aus dem Sinnzusammenhang zu erörtern, ohne bei dieser Analyse den Anspruch auf Vollständigkeit erheben zu können.

b) Die Auslegung aus dem Sinnzusammenhang in einigen Konfliktfällen

Wie oben bereits festgestellt, verpflichtet die Auslegungsrichtlinie des Art. 3 Abs. 2 OECD-MA dazu, als zweiter Schritt in der Auslegungsreihenfolge die Interpretationsergebnisse aus dem Abkommenszusammenhang zu gewinnen und dabei grammatische, systematische, teleologische und historische Argumente soweit wie möglich zu berücksichtigen. Nur in den seltenen Fällen, in denen dies zu keiner Lösung führt, darf auf das originär innerstaatliche Recht des jeweiligen Anwenderstaates subsidiär zurückgegriffen werden.

Über die oben dargestellte Auslegungsregel wird allerdings seit Jahrzehnten heftig diskutiert. Diese Diskussion hat in jüngster Zeit neue Impulse erfahren: Kürzlich[123] hat der OECD-Steuerausschuss den Bericht „The Application of the OECD-Model Tax Convention to Partnerships" veröffentlicht[124]. Dieser Bericht berührt eine Reihe von weit über die Problematik der Personengesellschaften hinausgehenden Grundfragen der DBA-Auslegung, ohne aber ausdrücklich zu Art. 3 Abs. 2 OECD-MA Stellung zu nehmen. Der Inhalt des OECD-Berichts besteht in erster Linie aus der Behandlung einer Reihe von Fallbeispielen[125]. Diese Art der Darstellung und Erörterung führt allerdings dazu, dass die zugrundegelegten methodischen Prämissen meist nur implizit zu erkennen sind. Bei der Lösung einiger dieser Beispiele setzen die Verfasser jedoch ausdrücklich voraus, dass der Rückgriff auf originär innerstaatliches Recht des Anwenderstaates erforderlich ist, ohne dabei die Auslegung aus dem Abkommenszusammenhang in Betracht zu ziehen[126].

Die im OECD-Bericht enthaltenen Überlegungen werden im folgenden dahingehend untersucht, ob sich die dort angeführten Fallbeispiele tatsächlich nicht

123 Partnership-Report wurde am 21.01.1999 vom OECD-Steuerauschuss angenommen.

124 *OECD*, The Application of the OECD Model Tax Convention to Partnerships, in: Issues in International Taxation, Nr. 6, 1999.

125 Die ausführliche Darstellung und Kritik des OECD-Berichts bei *Wassermeyer* in: *Debatin/Wassermeyer*, aaO., Art. 1, Rn. 28 ff.

126 Siehe *OECD*, Issues in International Taxation, Nr. 6, 1999, Rn. 62, 97, 105, 121.

ohne Rückgriff auf das jeweilige innerstaatliche Recht des Anwenderstaates lösen lassen und die Auslegung aus dem Sinnzusammenhang in diesen Fällen zu keinen brauchbaren Ergebnissen führt.

1) Qualifikationskonflikte bei Sondervergütungen

aa) Lösungsvorschläge des OECD-Steuerausschusses

Die im OECD-Bericht enthaltenen Fallbeispiele 13 und 15 betreffen Konstellationen, in denen die Gesellschafter einer Personengesellschaft in einem Staat (R) ansässig sind und die Personengesellschaft nach dem Recht des anderen Staates (P) errichtet wurde und dort ihren Sitz hat[127]. Als Rechtsgrundlage für die Lösung wird das OECD-MA vorgeschlagen. Im Fallbeispiel 13 betrachten beide betroffenen Staaten die Personengesellschaft nicht als Steuersubjekt, sondern greifen für die Zwecke der Besteuerung auf die Gesellschafter durch. Eine solche Fallkonstellation ist in der Praxis denkbar, wenn z.B. eine Personengesellschaft in Deutschland gegründet wurde und die Gesellschafter in Österreich ihren Wohnsitz haben. Einer der Gesellschafter gewährt der Personengesellschaft ein Darlehen und erhält dafür Zinsen. Nach der in Deutschland (sowie in Österreich) üblichen Fachterminologie liegen somit Sondervergütungen vor, die in Form von Zinsen an den Gesellschafter ausgezahlt werden. Fraglich ist die abkommensrechtliche Behandlung dieser Sondervergütungen.

Die Verfasser des OECD-Berichts sehen hier einen Anwendungsfall des Art. 3 Abs. 2 OECD-MA[128]. Diese Auslegungsklausel interpretieren sie allerdings dahingehend, dass die Beurteilung nach dem jeweiligen innerstaatlichen Recht des Anwenderstaates auch für Zwecke der Abkommensanwendung maßgebend sein soll. Im Fallbeispiel 13 käme es dementsprechend – würde dies nicht Art. 23 OECD-MA in der vom OECD-Steuerausschuss vorgeschlagenen Deutung letztlich verhindern – zu einer doppelten Nichtbesteuerung bzw. einem negativen Qualifikationskonflikt: Nach der Darstellung des OECD-Berichts erkennt Staat P (Sitzstaat der Personengesellschaft) nämlich für die Zwecke seines innerstaatlichen Steuerrechts Darlehen zwischen einer Personengesellschaft und ihren Gesellschaftern an. Die Zinsen können vom Gewinn der Personengesellschaft abgezogen werden. Staat P geht folglich von der Anwendung des Art. 11 OECD-MA aus. Daher hat der Staat P ein auf zehn Prozent beschränktes Besteuerungsrecht. Das innerstaatliche Steuerrecht des Staates R (Ansässigkeitsstaat der Gesell-

127 *OECD*, Issues in International Taxation, Nr. 6, 1999, Rn. 95 ff. und 119 ff.

128 Vgl. die Ausführungen in *OECD*, Issues in International Taxation, Nr. 6, 1999, Rn. 97 und 121.

schafter) erkennt hingegen keine Darlehen zwischen einer Personengesellschaft und einem Gesellschafter an. Folglich gehören auch die Zinsen zu dem vom Gesellschafter aus der Personengesellschaft bezogenen Gewinn. Staat R soll dementsprechend Art. 7 OECD-MA anwenden. Soweit die Personengesellschaft den im Staat R ansässigen Gesellschaftern im Staat P jeweils anteilig eine Betriebstätte nach Art. 5 Abs. 1 und Abs. 2 OECD-MA vermittelt, liegt das Besteuerungsrecht nach der Auffassung des Staates R beim Staat P. Sieht das jeweilige DBA bei derartiger Fallkonstellation die Freistellungsmethode vor, kann Staat R – mit Ausnahme des Progressionsvorbehaltes – überhaupt nicht besteuern.

Im Fallbeispiel 15 verhält es sich bei derselben Ausgangssituation wie im Fallbeispiel 13 umgekehrt[129]: Staat P erkennt das Darlehen zwischen der Personengesellschaft und dem Gesellschafter für Zwecke seines nationalen Steuerrechts nicht an. Die Vergütungen bzw. Zinsen für die Darlehensgewährung gehören daher zu den Gewinnanteilen, die der Gesellschafter aus der Personengesellschaft bezieht. Art. 7 OECD-MA wird hier deswegen für anwendbar erachtet. Soweit die Personengesellschaft den Gesellschaftern anteilig eine Betriebstätte im Staat P vermittelt, hat der Staat P folglich auch das Besteuerungsrecht. Staat R, in dem die Gesellschafter ansässig sind, erkennt hingegen Darlehensbeziehungen zwischen der Personengesellschaft und dem Gesellschafter aus seiner nationalen steuerlichen Sicht an. Er behandelt die Vergütungen als Zinsen nach Art. 11 OECD-MA. Nach Art. 11 Abs. 1 OECD-MA hat jedoch der Ansässigkeitsstaat das Besteuerungsrecht. Folglich besteuert auch Staat R, was zur Folge hat, dass eine Doppelbesteuerung bzw. ein positiver Qualifikationskonflikt entsteht. Nach der Auffassung des OECD-Steuerausschusses können diese inakzeptablen Rechtsfolgen der Abkommensanwendung lediglich durch die von ihm vorgeschlagene Deutung des Art. 23 OECD-MA verhindert werden (diese Deutung wird im nachfolgenden Abschnitt dargelegt).

Zusammenfassend ist festzuhalten, dass in den oben dargestellten Ausführungen des OECD-Berichts eine Tendenz deutlich erkennbar ist. Die Verfasser des Berichts versuchen durch die beiden genannten Fallbeispiele nachzuweisen, dass die Anwendung des Art. 3 Abs. 2 OECD-MA unvermeidlich zum Rückgriff auf das jeweilige innerstaatliche Recht der Abkommenspartner und folglich zu einer Doppelbesteuerung oder zu einer doppelten Nichtbesteuerung führen würde, die erst durch die bereits erwähnte Deutung des Art. 23 OECD-MA bzw. durch ein Verständigungsverfahren verhindert werden kann[130].

---

129 Siehe *OECD*, Issues in International Taxation, Nr. 6, 1999, Rn. 120 f.

130 Siehe *OECD*, Issues in International Taxation, Nr. 6, 1999, Rn. 104 f. und 121 ff.

bb) Auslegung aus dem Zusammenhang als alternative Lösung

Es ist allerdings fraglich, ob zur Lösung der oben dargestellten Fallkonstellationen tatsächlich im Einklang mit dem Art. 3 Abs. 2 OECD-MA sofort auf das entsprechende innerstaatliche Recht der beiden Anwenderstaaten zurückgegriffen werden muss und ob dieser Auslegungsvorgang zwangsläufig die einzig richtige Lösungsvariante darstellt. Im folgenden soll nachgewiesen werden, dass diese Notwendigkeit nicht besteht. Vielmehr sind die aufgeworfenen Rechtsfragen auch aus dem Abkommenszusammenhang lösbar.

Von Bedeutung ist hier die in Art. 11 Abs. 3 OECD-MA enthaltene Definition der Zinsen als „Einkünfte aus Forderungen“. Durch die „Forderung“ sind der Schuldner und der Empfänger der Zinsen schuldrechtlich verbunden. Im Hinblick auf die Zwecke der Abkommensanwendung kann der Empfänger nur ein Steuersubjekt sein, folglich muss er auch die Abkommensberechtigung im Sinne des Art. 1 OECD-MA besitzen[131]. Art. 11 Abs. 5 OECD-MA macht indessen deutlich, dass auch der Schuldner Steuerrechtssubjektivität besitzen muss. Somit handelt es sich bei dem Begriff der „Forderung“ im Sinne des Art. 11 OECD-MA um eine Beziehung zwischen zwei voneinander verschiedenen Steuersubjekten[132]. Ob der Begriff der „Forderung“ im DBA-Recht mit dem im jeweiligen innerstaatlichen Zivilrecht deckungsgleich ist, ist hier belanglos, denn es wird bei der Auslegung aus dem Abkommenszusammenhang auf das Begriffsverständnis des Internationalen Steuerrechts abgestellt[133].

Das wirtschaftliche Verständnis vom Forderungsbegriff bewirkt, dass all diejenigen Einkünfte, die aus der Überlassung von Kapital zur Nutzung resultieren, „Einkünfte aus Forderungen“ im Sinne des Art. 11 OECD-MA darstellen. Da der Begriff der Forderung die Existenz zweier verschiedener Steuersubjekte voraussetzt, ist die „Forderung“ eines Einzelunternehmers gegenüber dem eigenen Unternehmen in abkommensrechtlicher Hinsicht undenkbar[134]. Kommt der Personengesellschaft, wie in unseren Fallbeispielen, keine eigenständige Steuersubjektivität zu, so bedarf es nach den innerstaatlichen Steuerrechtsordnungen der Vertragsstaaten dahinterstehender Personen, denen Steuerrechtsubjektivität zukommt und die folglich hinsichtlich der Einkünfte dieser Personengesellschaft steuerliches Zurechnungssubjekt sind. Im Falle von Forderungen gegenüber einer steuerlich transparent zu behandelnden Personengesellschaft gibt es somit mehrere

131 Vgl. *Lang* in: FS für *Vogel*, S. 911; *Vogel*, aaO., Art. 11, Rn. 63 ff.

132 Vgl. *Lang*, Hybride Finanzierungen im Internationalen Steuerrecht, 1991, S. 95; darstellend *Schaumburg*, aaO., Rn. 16.362 ff.

133 Vgl. *Debatin* in: *Debatin/Wassermeyer*, aaO., SYST. III, Rn. 122; *ders.*, DStZ/A 1987, 211 (212).

134 Vgl. *Flick* in: FS für *Scherpf*, S. 319 ff.; *Lang*, aaO., S. 97.

„ansässige Personen" (alle Gesellschafter) – und damit mehrere Steuersubjekte, – die als Schuldner der Forderung in Frage kommen[135].

Die Existenz mehrerer Schuldner im abkommensrechtlichen Sinne hat aber auch die Existenz mehrerer abkommensrechtlicher Forderungen zur Folge. Daher spricht vieles dafür, eine Forderung gegenüber einer Personengesellschaft für abkommensrechtliche Zwecke in Forderungen gegenüber den einzelnen ansässigen Gesellschaftern aufzuspalten. Demzufolge bezieht auch der Gesellschafter, der ein Darlehen gewährt, als Gläubiger Einkünfte nach Art. 11 OECD-MA. Lediglich im Hinblick auf seinen eigenen Anteil an der Personengesellschaft besteht nicht die erforderliche Subjektverschiedenheit. Art. 11 OECD-MA scheidet daher für Zwecke der Abkommensanwendung in Bezug auf diesen Gesellschafter insoweit aus. In dieser Hinsicht kann aber Art. 7 OECD-MA angewandt werden[136].

Für die Fallbeispiele 13 und 15 des OECD-Berichts bedeutet dies, dass die Vergütungen, die ein Gesellschafter für die Gewährung eines Darlehens an die Personengesellschaft erhält, ebenfalls aufzuspalten sind. Wenn dabei der Gesellschafter, der das Darlehen gewährt, und der andere im Staat R ansässige Gesellschafter z.B. jeweils zu 50 v.H. an der Personengesellschaft beteiligt sind, bewirkt dies, dass die Hälfte der vom ersten Gesellschafter empfangenen Vergütungen nach Art. 11 OECD-MA und die andere Hälfte – insoweit der das Darlehen gewährende Gesellschafter selbst an der Personengesellschaft beteiligt ist – nach Art. 7 OECD-MA zu behandeln ist[137]. Der unter Art. 11 OECD-MA zu subsumierende Betrag kann dann im Ansässigkeitsstaat des Darlehen gewährenden Gesellschafters – also im Staat R – besteuert werden[138]. Wenn der Quellenstaat für Zinsen ein Quellenbesteuerungsrecht besitzt, kann auch der Staat P die Zinszahlungen besteuern. Der unter Art. 7 OECD-MA fallende Betrag wird – soweit die Beteiligung an der Personengesellschaft eine Betriebstätte im Staat P vermittelt – auch im Staat P besteuert. Ist für die steuerliche Behandlung der unter Art. 7 OECD-MA fallenden Einkünfte zwischen den beiden Staaten die Freistellungsmethode vereinbart, darf Staat R – mit Ausnahme des Progressionsvorbehaltes – keine Steuer erheben. Ist die Anrechnungsmethode vereinbart, kann auch Staat R besteuern, er hat aber die im Staat P erhobene Steuer dabei anzurechnen[139].

Die hier aufgezeigte, aus dem Abkommenszusammenhang gewonnene Lösung ist komplex, sie führt aber im Gegensatz zu den Vorschlägen des OECD-

135 Darstellend *Kluge*, aaO., S. 861 ff. mit vielen Beispielen.

136 Vgl. *Lang* in: FS für *Vogel*, S. 912, *ders.* in: FS für *Fischer*, S. 725.

137 Siehe *Lang* in:FS für *Vogel*, S. 912.

138 Vgl. *Schaumburg*, aaO., Rn. 16.364 m.w.H.; ausführlich auch *Jacobs*, aaO., S. 368 ff., 375 f., 500 f.

139 Zur Anwendung dieser Methoden siehe Art. 23 A und B OECD-MA.

Berichts zu keinerlei Qualifikationskonflikten. Interpretationsergebnisse, die auf der Auslegung aus dem DBA-Sinnzusammenhang beruhen, entsprechen auch am besten der Rechtsnatur der DBA als Völkerrechtsverträge. Der Rückgriff auf das jeweilige innerstaatliche Recht hat hingegen, wie oben gezeigt wurde, die unvermeidliche Entstehung einer Doppel- bzw. Minderbesteuerung zur Folge, die nur durch ein langwieriges Verständigungsverfahren beseitigt werden kann. Aus dem Abkommenszusammenhang kann daher eine bessere Lösung für die oben erörterten Fallbeispiele gefunden werden, wobei die unmittelbare Heranziehung des innerstaatlichen Rechts der Abkommenspartner nicht erforderlich ist.

2) Veräußerung von Anteilen an Personengesellschaften

aa) Auffassung des OECD-Steuerausschusses

Die Verfasser des OECD-Berichts behandeln im Fallbeispiel 14 eine weitere Fallkonstellation, die ihres Erachtens nicht ohne Rückgriff auf das innerstaatliche Recht der beteiligten Staaten gelöst werden kann[140]:

Ein im Staat R ansässiger Gesellschafter veräußert seinen Anteil an der im Staat P errichteten Personengesellschaft, die lediglich bewegliches Vermögen besitzt. Staat R behandelt die nach dem Recht des Staates P errichtete Personengesellschaft als eigenständiges Steuersubjekt, während Staat P sie steuerlich als transparent ansieht und folglich die Einkünfte der Personengesellschaft deren Gesellschaftern zurechnet.

Da Staat R die Personengesellschaft als Steuersubjekt behandelt, gehen die Verfasser des OECD-Berichts davon aus, dass im Staat R Art. 13 Abs. 4 OECD-MA anzuwenden ist. Staat R müsste demnach den Vorgang steuerlich wie die Veräußerung eines Anteils an einer Kapitalgesellschaft behandeln. Im Einklang mit Art. 13 Abs. 4 OECD-MA hat der Ansässigkeitsstaat der Gesellschafter – also Staat R – das Besteuerungsrecht. Staat P erachtet die Personengesellschaft hingegen als anteilige Betriebstätte der Gesellschafter. Deswegen sieht – nach der Auffassung der Verfasser des OECD-Berichts – Staat P Art. 13 Abs. 2 OECD-MA als anwendbar an. Gemäß dem Wortlaut dieser Regelung können Gewinne aus der Veräußerung beweglichen Vermögens, das zum Betriebsvermögen einer Betriebstätte gehört, die ein Unternehmen eines Vertragsstaates im anderen Vertragsstaat unterhält, einschließlich derartiger Gewinne, die bei der Veräußerung einer solchen Betriebstätte (allein oder mit dem übrigen Unternehmen) erzielt werden, im anderen Staat besteuert werden. Demzufolge hat Staat P ebenfalls das Besteuerungsrecht in Bezug auf den Veräußerungsgewinn. Daher kommt es auch

140 Siehe *OECD*, Issues in International Taxation, Nr. 6, 1999, Rn. 106 ff.

in diesem Fall, wenn man dem Lösungsvorschlag des OECD-Berichts folgt, zu einer Doppelbesteuerung und damit zu einem positiven Qualifikationskonflikt.

Die Umkehrung des Fallbeispiels behandelt der OECD-Bericht nicht anhand eines eigenen Fallbeispiels. Es ist jedoch klar, dass sich bei der Umkehrung eine doppelte Nichtbesteuerung bzw. ein negativer Qualifikationskonflikt ergeben würde, wenn man das jeweilige innerstaatliche Recht zur Lösung heranzieht. Denn sofern Staat R die nach dem Recht des Staates P errichtete Personengesellschaft nicht als eigenständiges Steuersubjekt behandeln würde, würde Staat R – den Prämissen des OECD-Berichts zufolge – Art. 13 Abs. 2 OECD-MA anwenden, womit dem Staat P das Besteuerungsrecht zustünde. Wäre zwischen den beiden Staaten in diesem Fall die Freistellungsmethode vereinbart, dürfte Staat R – abgesehen von dem Progressionsvorbehalt – den Veräußerungsgewinn nicht besteuern. Hätte Staat P die dort gegründete Personengesellschaft als Steuersubjekt erachtet, hätte dies – den genannten Prämissen zufolge – zur Konsequenz, dass Staat P Art. 13 Abs. 4 OECD-MA anwenden würde. Nach dieser Vorschrift hat aber der Ansässigkeitsstaat des veräußernden Gesellschafters das Besteuerungsrecht. Demnach dürfte Staat P auch nicht besteuern. Die zwangsläufige Folge dieser Situation wäre eine doppelte Nichtbesteuerung des Veräußerungsgewinns[141].

bb) Auslegung aus dem Sinnzusammenhang als konfliktfreie Lösungsvariante

Auch in dem hier dargestellten Beispielfall bietet sich eine Lösung aus dem Abkommenszusammenhang an. Die für die Behandlung von Veräußerungen maßgebende Verteilungsnorm des Art. 13 OECD-MA verweist nämlich auf die für laufende Einkünfte maßgebenden anderen Verteilungsnormen des OECD-MA. So erfasst Art. 13 Abs. 1 OECD-MA Gewinne aus der Veräußerung des „unbeweglichen Vermögens" im Sinne des Art. 6 OECD-MA, Art. 13 Abs. 2 OECD-MA verweist auf Art. 7 OECD-MA, Art. 13 Abs. 3 OECD-MA korrespondiert mit Art. 8 OECD-MA und Art. 13 Abs. 4 OECD-MA verweist auf alle anderen Verteilungs- bzw. Verzichtsnormen des Musterabkommens. Zwischen den einzelnen Absätzen des Art. 13 OECD-MA und den für die laufenden Einkünfte maßgebenden Verteilungsnormen besteht somit ein enger Sinnzusammenhang, der für die Zwecke der Abkommensauslegung zu berücksichtigen ist[142]. Die Qualifikati-

141 Darstellend mit vielen Beispielen *Kluge*, aaO., S. 878 ff.; auch *Vogel*, aaO., Art. 13, Rn. 53a; betreffs einer mit der Umwandlung zusammenhängenden Anteisveräußerung – *Schaumburg*, aaO., Rn. 16.391.

142 Siehe *Lang* in: FS für *Vogel*, S. 913.

on der laufenden Einkünfte in den genannten Normen ist daher auch für die Qualifikation im Veräußerungsfall von entscheidender Bedeutung.

Wird eine Personengesellschaft in dem Staat, in dem sie errichtet worden ist, als eigenständiges Steuersubjekt behandelt, hat dies für die aus der Personengesellschaft bezogenen laufenden Einkünfte ihres Gesellschafters die Folge, dass Art. 10 OECD-MA für die steuerliche Behandlung dieser Einkünfte anwendbar ist. Dies gilt selbst dann, wenn der Ansässigkeitsstaat des Gesellschafters die Personengesellschaft nach dem Transparenzprinzip behandelt, weil Art. 10 Abs. 3 OECD-MA „Einkünfte aus Gesellschaftsanteilen" erfasst, die nach dem Recht des Staates, in dem die ausschüttende Gesellschaft ansässig ist, den Einkünften aus Aktien steuerlich gleichgestellt sind[143].

Die Verwendung des Begriffs der „Gesellschaftsanteile" macht klar, dass der in Art. 3 Abs. 1 lit. b) OECD-MA definierte Ausdruck „Gesellschaft" für die Anwendung des Art. 10 Abs. 3 OECD-MA relevant ist[144]. Als „Gesellschaft" werden nach der Definition des Art. 3 Abs. 1 lit. b) OECD-MA „juristische Personen oder Rechtsträger, die für die Besteuerung wie juristische Personen behandelt werden", verstanden. Die steuerliche Behandlung als Körperschaft bzw. als selbständiges Steuersubjekt führt damit zur Subsumtion unter den Begriff der „Gesellschaft". Art. 10 Abs. 3 OECD-MA knüpft an die Qualifikation nach dem Recht des Ansässigkeitsstaates der Gesellschaft an[145]. Wenn daher dieser Staat die Gesellschaft als Steuersubjekt qualifiziert, führt dies dazu, dass die Qualifikation des Sitzstaates der Gesellschaft aufgrund der ausdrücklichen Verweisung des Art. 10 Abs. 3 OECD-MA auch für den Ansässigkeitsstaat des Gesellschafters bindend ist (ausführliche Nachweise für diese Bindung wurden bereits unter Punkt 1 dieses Abschnitts bei der Betrachtung der Definitionsverweise angeführt). Daher bezieht der Gesellschafter unter den Art. 10 OECD-MA fallende Einkünfte. Art. 7 OECD-MA wird durch die Subsidiaritätsregelung des Art. 7 Abs. 7 OECD-MA von Art. 10 OECD-MA schließlich verdrängt[146].

Wird die Personengesellschaft jedoch in ihrem Errichtungsstaat nicht als eigenständiges Steuersubjekt behandelt, liegt somit auch keine „Gesellschaft" im Sinne des Art. 3 Abs. 1 lit. b) OECD-MA vor. Folglich können auch keine „Einkünfte aus Gesellschaftsanteilen" in diesem Fall vorliegen. Art. 10 OECD-MA kann daher nicht angewandt werden, weswegen hier Art. 7 OECD-MA zur Geltung kommt. Diese Vorschrift wäre sonst, wie oben ausgeführt, nach der Subsi-

143 Siehe *Vogel*, aaO., Art. 10, Rn. 185.
144 *Vogel*, aaO., Art. 10 Rn. 188.
145 So auch *Vogel*, aaO., Einl. Rn. 101, Art. 10 Rn. 186.
146 Vgl. zur Abgrenzung *Vogel*, aaO., Art. 10 Rn. 188; *Lang* in: FS für *Vogel*, S. 914.

diaritätsklausel des Art. 7 Abs. 7 OECD-MA verdrängt, wenn Art. 10 OECD-MA anwendbar wäre[147].

Die für die Veräußerungsgewinne maßgebende Verteilungsnorm des Art. 13 OECD-MA lässt das Verhältnis zwischen den einzelnen Absätzen dieses Artikels offen, Vorrangregeln sind innerhalb des Art. 13 OECD-MA nicht zu erkennen. Aufgrund des abkommensimmanenten Sinnzusammenhangs zwischen Art. 13 OECD-MA einerseits und den anderen für die laufenden Einkünfte maßgebenden Verteilungsnormen andererseits ist es naheliegend, die für die laufenden Einkünfte gewonnene Abgrenzung zwischen Art. 7 und Art. 10 OECD-MA auch für die Abgrenzung zwischen Art. 13 Abs. 2 und Art. 13 Abs. 4 OECD-MA fruchtbar zu machen. Wenn demzufolge eine Personengesellschaft nach dem Recht ihres Errichtungsstaates Steuersubjekt ist, sind die von ihren Gesellschaftern bezogenen Einkünfte als Dividenden nach Art. 10 OECD-MA zu erachten[148]. Dies spricht dafür, Gewinne aus der Veräußerung von Anteilen an dieser Personengesellschaft – ebenso wie Gewinne aus der Veräußerung von Anteilen an Kapitalgesellschaften – nach Art. 13 Abs. 4 OECD-MA zu behandeln.

Ist die Personengesellschaft hingegen nach dem Recht ihres Errichtungsstaates kein eigenständiges Steuersubjekt, so müssen laufende Einkünfte des Gesellschafters unter Art. 7 OECD-MA fallen. Dies spricht dafür, Veräußerungsgewinne aus dem Verkauf von Gesellschaftsanteilen unter Art. 13 Abs. 2 OECD-MA zu subsumieren[149]. Durch diese Methode können eine unterschiedliche Beurteilung des Sachverhalts und folglich die daraus resultierenden Qualifikationskonflikte in den beiden Staaten vermieden werden.

Abschließend ist zu bemerken, dass die von den Verfassern des OECD-Berichts angeführten Fallbeispiele und vorgeschlagenen Lösungen nicht überzeugend sind. Den Verfassern des OECD-Berichts gelingt es offensichtlich nicht, aufgrund ihrer Ausführungen nachzuweisen, dass es Fallkonstellationen in Bezug auf das Musterabkommen gibt, in denen eine Interpretation aus dem Abkommenszusammenhang zwangsläufig versagt und daher aufgrund des Art. 3 Abs. 2 OECD-MA für die Lösung der Problemfälle sofort auf das jeweilige innerstaatliche Recht zurückgegriffen werden muss. Vielmehr haben die hier angestellten Überlegungen gezeigt, dass sogar die von den Verfassern des OECD-Berichts angeführten Fallbeispiele aus dem Abkommenszusammenhang konfliktfrei gelöst

---

147 Vgl. *Lang* in: FS für *Vogel*, S. 914.

148 Zur Abgrenzung des Art. 13 Abs. 2 und Abs. 4 OECD-MA siehe *Vogel*, aaO., Art. 13 Rn. 50 f., auch Rn. 91, zur Dividendenqualifikation – Rn. 89e.

149 So auch *Schaumburg*, aaO., Rn. 16.391; *Wassermeyer* in: *Debatin/Wassermeyer*, aaO., Art. 13 Rn. 79; *Vogel*, aaO., Art. 13 Rn. 53a; BFH vom 18.05.1983, I R 5/82, BStBl. II 1983, S. 771.

werden können, während die Lösungsvorschläge des OECD-Berichts durchweg mit Qualifikationskonflikten behaftet sind.

c) Folgeprobleme im Hinblick auf Art. 23 A und B OECD-MA

1) Auffassung der Autoren des OECD-Berichts

Die Autoren des oben erörterten OECD-Berichts beschäftigten sich nicht nur mit der steuerlichen Behandlung von Personengesellschaften bei grenzüberschreitenden Sachverhalten. Sie haben in dem Bericht außerdem noch ihre Vorschläge in Bezug auf die Anwendung des „Methodenartikels" – Art. 23 A und B OECD-MA – niedergelegt, die mit der hier zu behandelnden Problematik der Abkommensauslegung unmittelbar verbunden sind[150]. Mit diesen Auslegungsvorschlägen versuchen die Verfasser des OECD-Berichts, das durch den vorzeitigen Rückgriff auf das innerstaatliche Recht provozierte unterschiedliche Verständnis ein und derselben Abkommensvorschrift in den beiden Vertragsstaaten und die daraus folgende Doppel- oder Minderbesteuerung zu vermeiden. Zwar ist die Notwendigkeit einer Auslegung des Art. 23 OECD-MA im Sinne des OECD-Berichts entfallen, nachdem oben nachgewiesen wurde, dass die Fallbeispiele auch aus dem Abkommenszusammenhang konfliktfrei gelöst werden können. Dennoch soll auch der vom OECD-Steuerausschuss vorgenommene Interpretationsversuch des Art. 23 A und B OECD-MA näher analysiert werden, da diese Problemstellung weit über den Rahmen der oben betrachteten Fallkonstellationen hinausgeht und die Grundsätze der Abkommensauslegung aus dem Sinnzusammenhang betrifft.

Art. 23 A Abs. 1 OECD-MA (Freistellungsmethode) hat folgenden Wortlaut: „Bezieht eine in einem Vertragsstaat ansässige Person Einkünfte oder hat sie Vermögen und können diese Einkünfte oder dieses Vermögen nach diesem Abkommen im anderen Vertragsstaat besteuert werden, so nimmt der erstgenannte Staat vorbehaltlich der Absätze 2 und 3 diese Einkünfte oder dieses Vermögen von der Besteuerung aus." Die in Art. 23 B Abs. 1 OECD-MA (Anrechnungsmethode) vorgesehene Anrechnungsverpflichtung kommt ebenfalls dann zum Tragen, wenn eine in einem Vertragsstaat ansässige Person Einkünfte bezieht oder Vermögen hat und „diese Einkünfte oder dieses Vermögen nach diesem Abkommen im anderen Vertragsstaat besteuert werden" können.

Die Verfasser des OECD-Berichts interpretieren die Regelungen des Art. 23 OECD-MA ähnlich, wie dies früher schon *Avery Jones*, einer der bekanntesten

150 Siehe *OECD*, Issues in International Taxation, Nr. 6, 1999, Rn. 105 f.

englischen Autoren auf dem Gebiet des Internationalen Steuerrechts, getan hat[151]. Sie sehen in der in Art. 23 A Abs. 1 OECD-MA und in Art. 23 B Abs. 1 OECD-MA enthaltenen Formulierung „... können diese Einkünfte ... nach diesem Abkommen im anderen Vertragsstaat besteuert werden" die weitgehende Anordnung einer Bindung des Ansässigkeitsstaates an die Qualifikation im Quellenstaat. Nur dann, wenn der Quellenstaat der Auffassung ist, dass er die Einkünfte besteuern kann, soll den Ansässigkeitsstaat folglich die Verpflichtung entweder zur Befreiung oder zur Anrechnung treffen. Daraus entsteht, nach der Meinung der Autoren des OECD-Berichts, die Bindung des Ansässigkeitsstaates an die Qualifikation im Quellenstaat[152].

Nach dem OECD-Bericht ist diese Bindung allerdings nicht unbegrenzt: Nur dann, wenn die divergierende, Qualifikationskonflikte auslösende Abkommensauslegung, der durch diese Deutung vorgebeugt werden soll, auf die Unterschiede im nationalen Recht zweier Vertragsstaaten zurückzuführen ist, soll die Bindung zur Geltung kommen[153]. Wenn die beiden Vertragsstaaten hingegen die Abkommensvorschriften selbst (also noch ohne Auslegungsrückgriff auf das innerstaatliche Recht) unterschiedlich verstehen, soll keine Bindungswirkung eintreten[154]. Die Bindungswirkung soll daher nach dem Verständnis des OECD-Steuerausschusses offenbar nur in den von Art. 3 Abs. 2 OECD-MA erfassten Fällen greifen, in denen der Anwenderstaat sein innerstaatliches Recht für die Beurteilung des Sachverhalts heranzuziehen hat[155].

Die oben dargestellte Auffassung des OECD-Steuerausschusses ist neu und wurde in dieser Form vor dem OECD-Bericht (also vor dem Jahr 1999) nicht vertreten. Es kann deswegen ausgeschlossen werden, dass sie den vor 1999 abgeschlossenen DBA zugrunde liegt. Die im OECD-Bericht geäußerte Auffassung bedeutet, dass Art. 23 OECD-MA nunmehr als eine Auslegungsnorm verstanden werden soll. Dies ist schon allein aus systematischen Gründen merkwürdig, da Auslegungsnormen an sich in den Abschnitt II OECD-MA („Definitionen") gehören[156]. Nachstehend wird im einzelnen untersucht, ob die von den Verfassern des OECD-Berichts vorgeschlagene Interpretation des Art. 23 A und B OECD-MA tatsächlich überzeugend ist.

---

151 Vgl. z.B. *Avery Jones*, Credit and Exemption under Tax Treaties in Cases of Differing Income Characterization, ET 1996, S. 118 (141 ff.)

152 *OECD*, Issues in Intrenational Taxation, Nr. 6, 1999, Rn. 104.

153 *OECD*, Issues in Inerational Taxation, Nr. 6, 1999, Rn. 105.

154 Vgl. *OECD*, Issues in International Taxation, Nr. 6, 1999, Rn. 105 f.

155 Vgl. *Lang* in: FS für *Vogel*, S. 916.

156 Siehe *Wassermeyer* in: *Debatin/Wassermeyer*, aaO., Art. 1 Rn. 28g.

2) Kritik an dem OECD-Vorschlag

aa) Rücksicht auf Wortlaut und Sinnzusammenhang

Zuerst ist zu prüfen, ob die Sichtweise des OECD-Steuerausschusses mit dem Wortlaut des Methodenartikels im Einklang steht. Der österreichische Steuerrechtler *Loukota*, der Leiter der Arbeitsgruppe, die den OECD-Bericht verfasst hat, räumt in diesem Zusammenhang ein, dass der Wortlaut des Art. 23 OECD-MA keineswegs dazu zwingt, aus dieser Vorschrift eine Bindung des Ansässigkeitsstaates an die Qualifikation des Quellenstaates herauszulesen[157]. Dem ist zuzustimmen: Der Wortlaut der Vorschrift enthält in der Tat keine Anhaltspunkte für eine solche Bindungswirkung. Vielmehr ist es durchaus denkbar und nachvollziehbar, dass – wie dies bisher üblicher Anwendungspraxis entsprach – der Ansässigkeitsstaat selbst beurteilt, ob der Quellenstaat die Einkünfte „nach diesem Abkommen" besteuern kann oder nicht.

Die Systematik und der Sinnzusammenhang des OECD-MA sprechen ebenfalls eher gegen die von den Verfassern des OECD-MA vorgeschlagene Auslegung[158]. So enthalten z.B. Art. 6 Abs. 2 und Art. 10 Abs. 3 OECD-MA ausdrückliche Verweise auf das entsprechende innerstaatliche Recht des Quellenstaates für die Zwecke der Definition von unbeweglichem Vermögen und Dividenden[159]. Würde sich aus Art. 23 OECD-MA auch für alle anderen Verteilungs- bzw. Verzichtsnormen des Musterabkommens eine allgemeine Bindung des Ansässigkeitsstaates an die Qualifikation im Quellenstaat ergeben, dann wären die in Art. 6 Abs. 2 und Art. 10 Abs. 3 OECD-MA enthaltenen Definitionsverweise völlig überflüssig. Betrachtet man das OECD-MA in seinem Sinnzusammenhang, dann sind die Gründe für eine derartige Auslegungsweise nicht zu erkennen[160].

Außerdem ist es zu beachten, dass der Musterkommentar des OECD-Steuerausschusses zum OECD-MA den Vorteil der Freistellungsmethode (Art. 23 A OECD-MA) darin sieht, dass sie „dem Wohnsitzstaat Untersuchungen über die tatsächlichen steuerlichen Verhältnisse im anderen Staat erspart"[161]. Somit lassen die Materialien zum OECD-MA darauf schließen, dass die Anwendung des Methodenartikels im Ansässigkeitsstaat unabhängig von den Ergebnissen der innerstaatlichen Beurteilung im Quellenstaat vorzunehmen ist[162]. Die nunmehr

---

157 Vgl. *Loukota*, Grundsätze für die steuerliche Behandlung international tätiger Gastprofessoren, SWI 1998, S. 456 (459).

158 Vgl. *Lang*, in: FS für *Debatin*, S. 283 ff.; *ders.*, SWI 1998, S. 508 ff.

159 Siehe *Vogel*, aaO., Art. 3 Rn. 63, Art. 6 Rn. 22, Art. 10 Rn. 184.

160 Vgl. *Lang* in: FS für *Vogel*, S. 916 f.

161 Siehe OECD-MK zu Art. 23 OECD-MA, Rn. 34.

162 Darstellend *Kluge*, aaO., S. 912 ff. m.w.H.

von den Verfassern des OECD-Berichts vorgenommene Interpretation – wenn man sie bis zum logischen Ende durchdenkt, – würde hingegen das Gegenteil voraussetzen. Demzufolge würde erst die Kenntnis der Beurteilung nach dem jeweiligen innerstaatlichen Recht des Quellenstaates über die Anwendung des Methodenartikels im Ansässigkeitsstaat entscheiden. Die von den Verfassern des OECD-Berichts vorgeschlagene Deutung ist daher nicht nur unpraktikabel, sondern widerspricht auch im Ergebnis den früheren Auslegungsempfehlungen des OECD-Musterkommentars, die bereits in der Abkommenspraxis ihren Niederschlag gefunden haben[163].

bb) Art. 23 OECD-MA als „subject-to-tax"-Klausel ?

Die von den Autoren des OECD-Berichts angestellte Überlegung, in Art. 23 OECD-MA eine weitgehende Bindung des Ansässigkeitsstaates an die Qualifikation des Quellenstaates zu sehen, hat noch weitere systematische Argumente gegen sich. Folgt man dem Vorschlag des OECD-Berichts, so wird Art. 23 OECD-MA letztlich zu einer „subject-to-tax"-Klausel[164]. Im Falle der Anwendung der Freistellungsmethode soll der Ansässigkeitsstaat dementsprechend die Freistellung im Regelfall nur dann vornehmen, wenn im Quellenstaat eine Steuer erhoben wird. Andererseits kann der Quellenstaat in diesem Fall nur durch die Erhebung von Steuern zeigen, dass er „diese Einkünfte ... nach diesem Abkommen" besteuern kann.

Loukota bestreitet allerdings, dass Art. 23 OECD-MA nach dem dargestellten Interpretationsversuch des OECD-Berichts eine „subject-to-tax"-Klausel enthalten würde. Er führt aus: „Denn enthielte der Methodenartikel eine solche Klausel, dann würde die Steuerfreistellung im Ansässigkeitsstaat davon abhängen, dass der Quellenstaat tatsächlich eine Besteuerung vornimmt. Dies ist aber nicht der Fall, denn die Steuerfreistellung im Ansässigkeitsstaat hängt nur davon ab, ob der Quellenstaat nach dem Abkommen besteuern darf, nicht aber davon, ob er tatsächlich besteuert. Die Steuerfreistellung des Ansässigkeitsstaates entfällt daher nicht schon deshalb, weil im innerstaatlichen Steuerrecht des Quellenstaates eine Steuerbefreiung vorgesehen ist."[165]

Nach der Auffassung von *Loukota* ist somit eine innerstaatliche Steuerbefreiung im Quellenstaat für die Anwendung des Methodenartikels im Ansässigkeits-

---

163 Abkommensübersicht bei *Vogel*, aaO., Art. 23 Rn. 178 und Rn. 217.

164 Zur Definition der „subject-to-tax-Klausel" siehe *Schaumburg*, aaO., Rn.12.9; *Vogel*, aaO., Vor Art. 6-22 Rn. 19; Art. 23 Rn. 86a; *Lang*, SWI 1998, S. 508 (512); zur Anwendung in der Praxis siehe OFD München vom 10.05.1995, DB 1995, S. 1488; OFD Düsseldorf vom 11.12.1996, IStR 1997, S. 53.

165 *Loukota*, SWI 1999, S. 70 (75).

staat nicht schädlich. Ob der Quellenstaat allerdings eine „Steuerbefreiung" als solche ausdrücklich vorsieht oder von vornherein gar nicht besteuert, kann jedoch keinen Unterschied machen. Schließlich handelt es sich dabei lediglich um die Frage der Gesetzestechnik, ob der Kreis der Einkünfte von vornherein enger gefasst ist oder aber weiter umschrieben und anschließend mit Ausnahmen versehen ist[166]. Wenn aber der Quellenstaat z.B. überhaupt keinen Besteuerungstatbestand in Bezug auf bestimmte Einkünfte in seinem nationalen Steuerrecht vorsieht, wird es auch unmöglich zu beurteilen sein, welche Abkommensvorschriften der Quellenstaat aufgrund seines innerstaatlichen Rechts anwenden würde. Die Annahme einer Bindung an das Recht des Quellenstaates kann daher in diesen Fällen nicht zum Ziel führen[167].

cc) OECD-Vorschlag und Qualifikationskonflikte

Die Autoren des OECD-Berichts machen noch eine weitgehende Einschränkung für ihren Vorschlag: Nicht in allen Fällen sei die Beurteilung nach dem Recht des Quellenstaates maßgebend, sondern nur dann, wenn sich ein Qualifikationskonflikt dadurch ergebe, dass der Quellenstaat aufgrund seines innerstaatlichen Rechts an eine bestimmte Abkommensauslegung gebunden sei[168]. Dies setzt jedoch voraus, dass Klarheit besteht, in welchen Fällen der Abkommenszusammenhang zur Auslegung heranzuziehen ist und in welchen Fällen auf das innerstaatliche Recht des jeweiligen Anwenderstaates für die Zwecke der Abkommensanwendung zurückgegriffen werden darf. Entscheidend ist somit der Norminhalt des Art. 3 Abs. 2 OECD-MA. Gerade der Inhalt dieser Vorschrift ist aber – wie oben im Kapitel C. eingehend dargelegt wurde – alles andere als eindeutig[169]. Die Verfasser des OECD-Berichts vermeiden allerdings eine explizite Aussage zum Inhalt des Art. 3 Abs. 2 OECD-MA.

Wie bereits gezeigt wurde, zeigen sogar die von den Autoren des OECD-Berichts selbst gewählten Fallbeispiele die Schwierigkeiten hinsichtlich der Anwendung des Art. 3 Abs. 2 OECD-MA deutlich auf. Die im vorstehenden Unterabschnitt angestellten Überlegungen haben nämlich die Prämisse bestätigt, dass auch die im OECD-Bericht enthaltenen Fallkonstellationen aus dem Abkommenszusammenhang gelöst werden können, so dass es der Heranziehung des in-

166 Vgl. *Stoll*, Das Steuerschuldverhältnis in seiner grundlegenden Bedeutung für die steuerliche Rechtfindung, 1972, S. 104.

167 Vgl. *Lang* in: FS für *Vogel*, S. 918.

168 Siehe *OECD*, Issues in International Taxation, Nr. 6, 1999, Rn. 105.

169 Vgl. *Vogel*, aaO., Art. 3 Rn. 57 ff.; *Debatin*, DB 1985, Beiheft 23, S. 1 (6); *Gloria*, RIW 1986, S. 970 ff.; *Lang*, Doppelbesteuerung und innerstaatliches Recht, 1992, S. 104 ff.

nerstaatlichen Rechts der Vertragsstaaten gar nicht bedarf. Wenn aber die von den Verfassern des OECD-Berichts angenommene Bindungswirkung an die Qualifikation im Quellenstaat nur dann greifen soll, wenn der Quellenstaat aufgrund des Rückgriffs auf sein innerstaatliches Recht zu einem bestimmten Auslegungsergebnis gelangt, und die im OECD-Bericht enthaltenen Fallbeispiele indessen auch ohne Heranziehung des innerstaatlichen Rechts zu lösen sind, bedeutet dies nichts anderes, als dass Art. 23 OECD-MA nicht einmal nach den Prämissen des OECD-Berichts in diesen Fällen eine Bindungswirkung herbeiführen kann[170]. Wenn also sogar in den von den Autoren des OECD-Berichts selbst gewählten Fallbeispielen äußerst fraglich ist, ob Art. 23 OECD-MA eine Bindungswirkung an das innerstaatliche Recht des Quellenstaates erzeugt, ist des weiteren leicht nachvollziehbar, dass auch in den meisten anderen Fällen darüber kaum Einigkeit erzielt werden kann.

Außerdem spricht noch ein weiteres Argument ebenfalls gegen die im OECD-Bericht vertretene Auffassung, in Art. 23 OECD-MA in bestimmtem Umfang die Bindung an die Qualifikation des Quellenstaates angeordnet zu sehen. Nicht in allen Fällen ergibt sich nämlich die Freistellung im Ansässigkeitsstaat erst durch die Anwendung des Art. 23 OECD-MA[171]. Art. 19 OECD-MA („Öffentlicher Dienst") spricht beispielweise davon, dass die dort geregelten Vergütungen, die von einem Vertragsstaat oder einer seiner Gebietskörperschaften an eine natürliche Person für die diesem Staat oder der Gebietskörperschaft geleisteten Dienste gezahlt werden, „nur in diesem Staat besteuert werden" können[172]. Die Befreiung im Ansässigkeitsstaat ergibt sich daher bereits aus Art. 19 OECD-MA. In den Fällen des Art. 19 OECD-MA bedarf es somit nicht mehr der Anwendung des Art. 23 OECD-MA, um die Befreiung im Ansässigkeitsstaat zu gewährleisten. Folglich kann sich in diesen Fällen auch keine Bindung des Ansässigkeitsstaates an die Qualifikation des Quellenstaates ergeben. Würde aber Art. 23 OECD-MA tatsächlich in allen Fällen eine derartige allgemeine Bindungswirkung herbeiführen, wäre es nicht einzusehen, warum ausgerechnet die unter Art. 19 OECD-MA fallenden Einkünfte davon ausgenommen sein sollen[173]. Zusammenfassend lässt sich hier schließlich sagen, dass der Auslegungsvorschlag des OECD-Steuerausschusses in Bezug auf Art. 23 OECD-MA gegen den Sinnzusammenhang des Musterabkommens verstößt, zu widersprüchlichen, in sich unstimmigen Ergebnissen führt und daher für die Zwecke der Abkommensanwendung kaum zu empfehlen ist.

---

170 Vgl. *Lang* in: FS für *Vogel*, S. 918 f.

171 Siehe *Vogel*, aaO., vor Art. 6-22, Rn. 3.

172 Siehe Art. 19 Abs. 1 OECD-MA.

173 Vgl. *Lang* in: FS für *Vogel*, S. 919.

Leider wurde der OECD-Bericht vom OECD-Steuerausschuss angenommen und am 29.04.2000 zum Teil in den OECD-Musterkommentar umgesetzt. Bei der Auswertung der Ergebnisse des OECD-Berichts sollte jedenfalls berücksichtigt werden, dass sich sowohl die den Bericht verfassende Arbeitsgruppe, als auch der OECD-Steuerausschuss selbst nur aus Mitgliedern der Finanzverwaltungen der OECD-Staaten zusammensetzen. Es sei ebenfalls bemerkt, dass nicht alle OECD-Staaten die oben erörterten Ergebnisse des OECD-Berichts unterstützen und mittragen wollen. Frankreich, Niederlande und Portugal beispielweise haben umfangreiche Vorbehalte gegenüber diesem OECD-Bericht angemeldet[174]. Deutschland und die Schweiz haben ebenfalls einige Vorbehalte geltend gemacht[175]. Auch im Schrifttum haben die umstrittenen Prämissen des OECD-Steuerausschusses in letzter Zeit heftige Kritik erfahren[176]. Auf jeden Fall wirken die Empfehlungen des Berichts auf die vor dem April 2000 abgeschlossenen DBA nicht zurück. Es bleibt zu hoffen, dass auch bei dem Abschluss von neuen DBA die Vertragsstaaten Vorschläge dieses OECD-Berichts nur sehr vorsichtig berücksichtigen werden.

III. Die Qualifikationskonflikte bei der abkommenskonformen Heranziehung des nationalen Rechts nach Art. 3 Abs. 2 OECD-MA

1. Parallele zu den mit der DBA-Auslegung verbundenen Qualifikationskonflikten

Qualifikationskonflikte beim Rückgriff auf das innerstaatliche Recht sind dadurch gekennzeichnet, dass die Auslegung eines Abkommensbegriffs nach den im DBA enthaltenen Definitionen und nach dem Abkommenszusammenhang ergebnislos durchlaufen wurde und nun lediglich der Auslegungsrückgriff auf das jeweilige nationale Recht der Vertragspartner eine Abkommensanwendung ermöglicht[177]. Somit stellen derartige Konflikte eine besondere Art der Qualifikationskollisionen im Internationalen Steuerrecht dar, die ihre eigene Rechtsnatur hat und – systematisch gesehen – mit den von der DBA-Auslegung herrührenden Qualifikationskonflikten nicht zu verwechseln ist. Dennoch sind sowohl die Ur-

---

174 Vgl. OECD-MK zu Art. 1 OECD-MA, Rn. 27.1 und 27.2, sowie zu Art. 23 OECD-MA, Rn. 82.

175 Vgl. OECD-MK zu Art. 15 OECD-MA, Rn. 13.1 und zu Art. 23 OECD-MA, Rn. 81.

176 Siehe z.B. *Wassermeyer* in: *Debatin/Wassermeyer*, aaO., Art. 1 Rn. 28 ff.; *Lang*, IStR 2000, S. 129 ff.

177 Siehe Kapitel C., Abschnitt IV. dieser Arbeit.

sachen, als auch die Auswirkungen beider Konfliktarten ähnlich. Genauso wie die oben betrachteten Qualifikationskonflikte bei der Abkommensauslegung, sind die Konflikte beim Rückgriff auf das nationale Recht nichts anderes als eine Folge unpräziser Abkommensformulierungen. Die Gründe dafür liegen in beiden Fällen darin, dass entweder die Vertragspartner sich wegen divergierender Verhandlungsauffassungen nicht auf eine einheitliche Behandlung einigen konnten oder dass ein später auftretendes Interpretationsproblem zum Zeitpunkt der Abkommensverhandlungen nicht erkannt wurde.

Abgesehen vom ergebnislosen Durchlaufen der dem Auslegungsrückgriff vorgelagerten Auslegungsschritte ist es zur Entstehung eines hier zu behandelnden Qualifikationskonflikts zusätzlich erforderlich, dass in den in Bezug genommenen Rechtssystemen der Vertragspartner eine divergierende Auffassung hinsichtlich des auszulegenden Ausdrucks besteht, da andernfalls der Auslegungsrückgriff in beiden Staaten zum gleichen Ergebnis führen würde.

Die Qualifikationskonflikte beim Auslegungsrückgriff sind ferner dadurch gekennzeichnet, dass sie nicht durch einen Verstoß gegen die in Art. 3 Abs. 2 OECD-MA niedergelegte Auslegungsrichtlinie entstanden sind. Da die Abkommenspartner zum Auslegungsrückgriff berechtigt sind, wenn keine DBA-Definition weiter hilft und der Sinnzusammenhang nichts anderes erfordert, kann ihnen eine unrichtige Abkommensanwendung nicht vorgeworfen werden[178].

Die hier als Qualifikationskonflikte beim Auslegungsrückgriff bezeichneten Konflikte werden in der Literatur mitunter auch nur „Qualifikationskonflikte" genannt[179], während die anderen Konfliktarten, die hier mit den Begriffen „die mit der Abkommensauslegung nicht verbundenen Qualifikationskonflikte" und „die mit der Auslegung der DBA verbundenen Qualifikationskonflikte" genannt wurden, mit anderen Ausdrücken (wie etwa „Auslegungskonflikt" oder „Subsumtionskonflikt") bezeichnet worden sind[180]. Solche Bezeichnungen sind offensichtlich auf das Begriffsverständnis des Internationalen Privatrechts zurückzuführen. In der vorliegenden Arbeit wird hingegen die Beschränkung des Begriffs des Qualifikationskonflikts nur auf die Fälle des nach Art. 3 Abs. 2 OECD-MA zulässigen Auslegungsrückgriffs nicht für sinnvoll erachtet, da die Trennung wegen der schwierigen Abgrenzungsfragen häufig willkürlich wäre. Außerdem hat, wie im Kapitel B., Abschnitt III. eingehend ausgeführt wurde, der Begriff der Quali-

---

178 Vgl. *Debatin*, DB 1985, Beiheft 23, S. 1 (7).

179 Zur Typologie *von Poser und Gross-Naedlitz,* Der Qualifikationskonflikt bei DBA, 1972, S. 104 ff.; zum Verhältnis zwischen der Qualifikation und dem Qualifikationskonflikt *Vogel*, aaO., Einl. Rn. 90 ff.

180 So z.B. *Debatin*, DB 1985, S. 1 (7); *ders.*, DStR/A 1992, Beiheft 23, S. 1 ff.; *ders.* in: *Debatin/Wassermeyer*, aaO., Syst. Rn. 147 ff.; darstellend *Schaumburg*, aaO., Rn. 16.81.

fikation im Internatonalen Steuerrecht eine andere Bedeutung erfahren, als der Qualifikationsbegriff im IPR. Daher sollte die Konstruktion einer Parallele zwischen IPR und Internationalem Steuerrecht, die der begrifflichen Begrenzung auf die Fälle des Art. 3 Abs. 2 OECD-MA zugrunde liegt, hier nicht zum Tragen kommen.

Qualifikationskonflikte beim Auslegungsrückgriff können, genauso wie die mit der DBA-Auslegung unmittelbar verbundenen Qualifikationskonflikte, in allen Bereichen der Abkommensanwendung auftreten, in denen eine Begriffsinterpretation mit Hilfe eines Rückgriffs auf das jeweilige innerstaatliche Recht vorzunehmen ist. Dabei weisen diese Konflikte in ihren Erscheinungsformen bemerkenswerte Ähnlichkeit mit denen aus dem Bereich der Abkommensauslegung nach dem DBA-Wortlaut (erster Auslegungsschritt) auf. Dies ist dadurch bedingt, dass sich konfliktträchtige Abkommensbestimmungen durch die Definitionsverweise ebenso verwirrend auf das jeweilige innerstaatliche Recht beziehen, wie dies auch bei den abkommenskonformen Auslegungsrückgriffen im Sinne des Art. 3 Abs. 2 OECD-MA der Fall ist. Bei der Anwendung beider Auslegungsmethoden mangelt es von vornherein an der Bestimmtheit des Vertragsstaates, dessen Recht für die Zwecke der Abkommensanwendung angewandt werden muss. Daraus können in beiden Fällen dieselben Qualifikationskonflikte resultieren, wenn beide Vertragsstaaten die Qualifikation nach ihrem nationalen Recht als maßgebend für die DBA-Anwendung erachten. Die Einzelheiten der Qualifikationsproblematik bei Definitionsverweisen wurden in den vorstehenden Abschnitten dieses Kapitels eingehend analysiert[181]. Die Ursachen und Beispielfälle für die konfliktauslösenden Auslegungsdivergenzen bei der Interpretation nach Maßgabe des DBA-Wortlauts und beim Rückgriff auf das innerstaatliche Recht unterscheiden sich in dieser Hinsicht nicht. Deswegen kann hier auf die Ausführungen des Abschnitts II. dieses Kapitels generell verwiesen werden.

Die Auswirkungen bzw. Rechtsfolgen der mit der DBA-Auslegung verbundenen Qualifikationskonflikte und der Konflikte beim Rückgriff auf das nationale Recht sind völlig identisch, denn es handelt sich in beiden Fällen entweder um eine Minderbesteuerung, sog. „weiße Einkünfte“ (bei einem negativen Qualifikationskonflikt) oder um eine Doppelbesteuerung (bei einem positiven Qualifikationskonflikt). Auslegungsdivergenzen aller hier untersuchten Arten führen letztlich nur zu diesen zwei Konfliktergebnissen.

Dennoch werden bei der Heranziehung des jeweiligen innerstaatlichen Rechts bisweilen Fragen aufgeworfen, die m.E. nur für diese Form der Abkommensanwendung typisch sind. Das Regelwerk der DBA ist bekanntlich ein unvollkommenes Mittel, welches nie dafür geeignet sein wird, eine lückenlose steuerrechtli-

---

181 Siehe Punkt 1. des Abschnitts II. dieses Kapitels.

che Behandlung grenzüberschreitender Sachverhalte zu gewährleisten. Daher müssen die Anwenderstaaten ständig auf ihr innerstaatliches Recht zurückgreifen, um Rechtsprobleme zu lösen, die der Abkommenswortlaut nicht zu beseitigen vermag. Dabei sind derartigen Rückgriffen im Internationalen Steuerrecht nur sehr vage Grenzen gesetzt, wie etwa das Gebot der Entscheidungsharmonie[182] oder das völkerrechtliche Prinzip der Priorität von DBA-Normen gegenüber den nationalen Rechtsvorschriften[183]. Es bleibt dabei jedoch die Frage offen, wie weit die Ausübung des jeweiligen innerstaatlichen Rechts bei DBA-Sachverhalten gehen kann, wenn das einschlägige DBA keine ausdrücklichen Regelungen zur Einschränkung nationaler Interpretationen enthält.

Im folgenden soll daher gezeigt werden, dass die Heranziehung des nationalen Rechts für die steuerliche Beurteilung internationaler Geschäftsvorgänge auch dann zu Qualifikationskonflikten führen kann, wenn sie durch das DBA-Recht nicht untersagt ist, also abkommenskonform bleibt. Diese Form der Qualifikationskonflikte ist m.E. besonders gefährlich, denn im Gegensatz zu den oben erörterten Erscheinungsformen der Auslegungskollisionen bieten weder der Wortlaut des DBA, noch dessen Sinnzusammenhang ausreichende Anhaltspunkte für die Behebung eines solchen Qualifikationskonflikts, weil die Heranziehung des nationalen Rechts dem DBA hier offensichtlich nicht widerspricht.

2. *Qualifikationskonflikte bei der Anwendung von nationalen Missbrauchsvorschriften*

Ein Paradebeispiel im Sinne der obigen Ausführungen stellt das sog. „Stiftungsurteil" des BFH vom 27.08.1997 dar[184]. Mit diesem Urteil hat der BFH die Auffassung statuiert, dass § 42 AO („Missbrauch von rechtlichen Gestaltungsmöglichkeiten") auch bei missbräuchlichen Rechtsgestaltungen unter Einschaltung beschränkt steuerpflichtiger ausländischer Kapitalgesellschaften anwendbar sein soll. Unter missbräuchlichen Rechtsgestaltungen sollen dabei Gestaltungsmöglichkeiten verstanden werden, mit Hilfe derer die inländische (deutsche) Steuerschuld vermindert oder vermieden wird und denen ausreichende wirtschaftliche oder sonst beachtliche Motive fehlen[185].

---

182 Siehe *Vogel*, aaO., Einl. Rn. 73 ff.; *ders.* in: Festschrift für *Flick*, S. 1043 ff.
183 Vgl. *Kluge*, aaO., S. 661 m.w.H.; auch *Schaumburg*, aaO., Rn. 16.69 ff.
184 Siehe BFH vom 27.08.1997, I R 8/97, BStBl. II 1998, S. 163.
185 Vgl. BFH vom 21.12.1994, I R 65/94, IStR 1995, S. 330 mit Anm. *Wassermeyer*; BFH vom 29.10.1997, I R 35/96, BStBl. II 1998, S. 235; zur Abschirmwirkung ausländischer Gesellschaften siehe *Jacobs*, aaO., S. 795 ff.

a) Die Ausführungen des BFH

Das Urteil vom 27.08.1997 wurde zu folgendem Sachverhalt gefällt. Eine niederländische Stiftung war Alleingesellschafterin zweier niederländischer Kapitalgesellschaften mit Sitz und Geschäftsführung in den Niederlanden. Diese erwarben ein in Deutschland gelegenes Bürogrundstück. Der Erwerb wurde ausschließlich durch ein Darlehen der Stiftung finanziert. Da die Kapitalgesellschaften auch nicht über eine Betriebstätte oder einen ständigen Vertreter in Deutschland verfügten, erzielten sie in den Streitjahren gem. § 8 Abs. 1 KStG i.V.m. § 49 Abs. 1 Nr. 6 EStG in Deutschland steuerpflichtige Einkünfte aus Vermietung und Verpachtung[186]. Infolge der hohen Fremdfinanzierungszinsen, welche die Mieteinnahmen bei weitem überstiegen, erwirtschafteten die niederländischen Kapitalgesellschaften ausschließlich Verluste. Die Mieteinnahmen wurden als Zinszahlungen an die Muttergesellschaft (Stiftung) weitergeleitet und waren in den Niederlanden im Einklang mit dem deutsch-niederländischen DBA steuerbefreit. Soweit die Zinsverbindlichkeiten gegenüber der Stiftung die Mieteinnahmen überstiegen, wurden sie als Verbindlichkeiten passiviert. Außer der Vermietung der in Deutschland belegenen Immobilien entfalteten die Kapitalgesellschaften keine weiteren Tätigkeiten. Die Muttergesellschaft verzichtete später auf die Rückzahlung der passivierten Zinsverbindlichkeiten sowie auf einen Teil des Darlehens.

Der BFH hat in diesem Zusammenhang entschieden, dass die Einkünfte aus Vermietung und Verpachtung nicht den beiden niederländischen Kapitalgesellschaften, sondern vielmehr der Stiftung zuzurechnen seien. Folglich sei die Stiftung in Deutschland beschränkt steuerpflichtig. Diese Urteilspassage soll hier wörtlich zitiert werden:

> „... Ist die vermietende niederländische Kapitalgesellschaft eigenwirtschaftlich funktionslos und handelt sie treuhandähnlich für ihren niederländischen Gesellschafter, eine Stiftung, und dient die Zwischenschaltung ausschließlich steuerlichen Zwecken, so ist die Vermietungstätigkeit gemäß § 42 Satz 2 AO 1977 dem Gesellschafter zuzurechnen."[187]

In der Urteilsbegründung hat der BFH betont, dass die Stiftung durch die ausschließliche Gesellschafterfremdfinanzierung das unternehmerische Risiko aus der Investition in Deutschland getragen habe. Eine Risiko- oder Haftungsstreuung, mit der wirtschaftliche Gründe für die gewählte Struktur vorliegen könnten, sei demnach auszuschließen, weil sich die Kapitalgesellschaften auf keinerlei

186 Gemäß Art. 4 Abs. 1 DBA Deutschland-Niederlande steht Deutschland das Besteuerungsrecht in Bezug auf diese Einkünfte zu.

187 Punkt 2. des BFH-Urteils vom 27.08.1997, I R 8/97, BStBl II 1998, S. 163.

Weise am Kapitalmarkt selbst finanziert haben. Die Zwischenschaltung der genannten Kapitalgesellschaften sei nur steuerlich motiviert, da die Stiftung – wirtschaftlich betrachtet – auch selbst das Grundstück in Deutschland hätte erwerben und vermieten können. Die Zwischenschaltung und Finanzierung der Kapitalgesellschaften habe lediglich dazu gedient, die der Steuerpflicht in Deutschland unterliegenden Einkünfte aus Vermietung und Verpachtung mittels der Finanzierungsaufwendungen einer deutschen Steuerbelastung zu entziehen. Daher sei die gewählte Struktur im Sinne des § 42 AO missbräuchlich[188].

Bemerkenswert ist dabei, dass der BFH in seiner Urteilsbegründung gar keinen Bezug auf das DBA Deutschland-Niederlande genommen hat. Auf die Frage, ob und inwieweit die Anwendung der nationalen Missbrauchsregelung für diesen grenzüberschreitenden Sachverhalt mit dem DBA vereinbar ist, ist er überhaupt nicht eingegangen. Andererseits kann dies durchaus erklärt werden, da das deutsch-niederländische DBA in Art. 2 Abs. 2, in dem es um die Frage der Anwendbarkeit des jeweiligen innerstaatlichen Rechts bei DBA-Sachverhalten geht, auch keine Aussage hinsichtlich der Handhabung in solchen Situationen enthält. Deswegen kann hier mit Recht angenommen werden, dass die Heranziehung von nationalen Vorschriften in Missbrauchfällen weder dem DBA-Wortlaut, noch dessen Sinnzusammenhang widerspricht und für die steuerliche Behandlung von DBA-Sachverhalten sogar unerlässlich sein kann. Dieser Prämisse ist wahrscheinlich auch der BFH gefolgt, als er festgestellt hat, dass sich der Anwendungsbereich des § 42 AO nicht nur auf Rechtsgestaltungen durch in Deutschland unbeschränkt steuerpflichtige Steuersubjekte beschränkt, sondern auch auf Sachverhalte mit Beteiligung von ausländischen, in Deutschland nur beschränkt steuerpflichtigen, Rechtsgebilden ausgedehnt werden kann[189].

Allerdings hat der BFH nicht zu weiteren möglichen Auswirkungen seiner Entscheidung Stellung genommen. Diese Entscheidung kann indessen weitreichende Folgen in einigen DBA-Fallkonstellationen haben, wenn man den Grundgedanken des Stiftungsurteils nicht nur aus der deutschen, sondern auch aus der jeweiligen ausländischen Sicht konsequent auswertet. Die Umsetzung der Prämissen dieses Urteils kann u.U. zur Entstehung von Doppelbesteuerungen bzw. zu einem Qualifikationskonflikt führen, dessen Ursachen und Auswirkungen in folgenden erörtert werden.

---

188 Die Urteilsbegründung, aaO., S. 164 f.

189 Vgl. die Behandlung dieser Frage bei *Wassermeyer* in: *Debatin/Wassermeyer*, aaO., Art. 1 Rn. 58 und vor Art. 6-22 Rn. 15; zu den Erscheinungsformen der Steuerumgehung im DBA-Recht siehe *Vogel*, aaO., Art. 1 Rn. 83 ff.

b) Die Folgen des BFH-Urteils für grenzüberschreitende Sachverhalte

Nachstehend wird der dem Stiftungsurteil des BFH zugrundeliegende Sachverhalt dahingehend verallgemeinert, dass nicht ein konkretes deutsches DBA, sondern das OECD-MA, welchem fast alle DBA der Bundesrepublik Deutschland nachgebildet sind, als Rechtsgrundlage für die steuerlichen Überlegungen angesehen wird[190].

> Beispiel:
> Angenommen, eine ausländische Kapitalgesellschaft, die eigenwirtschaftlich funktionslos ist und über keine eigene wirtschaftliche Substanz verfügt, erwirbt mittels eines Gesellschafterdarlehens ein Grundstück mit aufstehendem Gebäude in Deutschland, welches anschließend vermietet wird. Das Gesellschafterdarlehen ist von dem Alleingesellschafter der Kapitalgesellschaft gewährt worden, der in demselben Staat ansässig ist wie die Kapitalgesellschaft. Ihre inländischen (deutschen) Einkünfte ermittelt die ausländische Kapitalgesellschaft nach § 2 Abs. 2 Nr. 2 EStG, da sie weder über Sitz oder Geschäftsleitung, noch über eine Betriebstätte oder einen ständigen Vertreter in Deutschland verfügt. Aufgrund der hohen Finanzierungsaufwendungen erwirtschaftet die ausländische Kapitalgesellschaft ausschließlich Verluste. Weitere inländische Einkünfte erzielt sie nicht.

1) Steuerliche Behandlung aus deutscher Sicht

Von den Prämissen des BFH-Urteils vom 27.08.1997 ausgehend, müssen die Einkünfte aus Vermietung und Verpachtung nicht der ausländischen Kapitalgesellschaft, sondern ihrem ausländischen Gesellschafter zugerechnet werden. Da in seiner Überschussrechnung die Mieteinnahmen zwar durch Abschreibung für Abnutzung (AfA), nicht aber durch die hohen Finanzierungsanwendungen gekürzt werden, sollte sich für diesen eine effektive deutsche Steuerbelastung ergeben[191]. Es sei in diesem Zusammenhang bemerkt, dass die Unangemessenheit der Rechtsgestaltung, die den Durchgriff auf den Gesellschafter ermöglicht, in jedem Fall vom Finanzamt ausdrücklich festgestellt werden muss, wobei die eigenwirtschaftliche Funktionslosigkeit und das Fehlen einer eigenen wirtschaftlichen Tätigkeit nach der neuesten BFH-Rechtsprechung als ein gewichtiges Indiz, aber nicht als entscheidender und unwiderlegbarer Beweis des Missbrauchs gilt[192].

---

190 Vgl. *Jegzentis/Kahl*, IStR 2001, S. 131 (132).

191 So *Jegzentis/Kahl*, IStR 2001, S. 131 (132); zur Thematik der beschränkten Steuerpflicht in Bezug auf die inländischen Einkünfte aus V. und V. ausführlich *Schaumburg*, aaO., Rn. 5.247 ff. m.w.H.

192 Vgl. *Füger/Rieger*, IStR 1998, S. 353 ff.; BFH vom 19.01.2000, I R 117/97.

2) *Behandlung auf der Abkommensebene und Entstehung eines Qualifikationskonflikts*

Gemäß Art. 6 Abs. 1 OECD-MA steht der Bundesrepublik Deutschland das Besteuerungsrecht auf die Einkünfte aus Vermietung und Verpachtung inländischer Grundstücke zu. Der jeweilige Vertragsstaat wird, soweit er Einkünfte aus der Nutzung von unbeweglichem Vermögen besteuert, die in Deutschland bereits besteuerten Einkünfte nach Art. 23 OECD-MA von seiner Besteuerung freistellen oder die in Deutschland gezahlte Steuer anrechnen[193].

Werden innerstaatliche Vorschriften eines Vertragsstaates in einem grenzüberschreitenden Sachverhalt missbräuchlich ausgenutzt und enthält das jeweilige DBA (genauso wie das OECD-MA) diesbezüglich keine eigene einschlägige Missbrauchsvorschrift, so spricht nichts gegen eine Anwendung des innerstaatlichen Rechts zur Bekämpfung dieser Steuerumgehung, der Rückgriff auf das jeweilige nationale Recht ist hier durchaus abkommenskonform[194]. Im vorliegenden Fall wird die in Deutschland grundsätzlich anerkannte Abzugsfähigkeit von Aufwendungen, die in einem unmittelbaren wirtschaftlichen Zusammenhang mit der Erzielung von Einkünften stehen (§ 50 Abs. 1 Satz 1 EStG), nach der Ansicht des BFH missbräuchlich ausgenutzt, indem Finanzierungsaufwendungen durch die wirtschaftlich unerklärbare Zwischenschaltung einer substanzlosen Kapitalgesellschaft herbeigeführt werden.

Wenn die deutsche Finanzverwaltung auf diese Rechtsgestaltung entsprechend ihrem wirtschaftlichen Gehalt § 42 AO anwenden und folglich die Einkünfte aus der Vermietung des inländischen Grundstücks dem Gesellschafter der ausländischen Kapitalgesellschaft zurechnen will, so wird sich daraus kein Verstoß gegen die Verteilungs- bzw. Verzichtsnormen des dem OECD-MA nachgebildeten DBA ergeben[195]. Welchem Subjekt die Einkünfte aus der Nutzung unbeweglichen Vermögens, das in einem Vertragsstaat belegen ist, im Einzellfall zuzurechnen sind, ist indessen in Art. 6 OECD-MA nicht geregelt. Das OECD-MA überlässt diese Regelung vielmehr dem Recht des jeweiligen Anwenderstaates. § 42 AO ist aber letztlich nur eine Vorschrift, die zu regeln hat, welcher Person Einkünfte in Missbrauchsfällen zuzurechnen sind[196].

Durch die einseitige Anwendung nationaler Missbrauchsvorschriften mit dem Ergebnis, dass nicht die ausländische Kapitalgesellschaft, sondern ihr Gesellschafter Einkünfte aus der Vermietung inländischer Immobilien erzielt, kann es

---

193 Vgl. *Vogel*, aaO., Art. 6 Rn. 4, Art. 23 Rn. 36 ff.

194 So auch *Vogel*, aaO., Einl. Rn. 118.

195 Vgl. *Vogel*, aaO., Einl. Rn. 117; *Wassermeyer* in: *Debatin/Wassermeyer*, aaO., vor Art. 6-22, Rn. 15.

196 So prägnant z.B. BFH vom 21.12.1994, I R 65/94, BFHE 176, S. 571 f.

indessen möglicherweise zu einem positiven Qualifikationskonflikt kommen[197], der eine sog. „wirtschaftliche“ Doppelbesteuerung auslöst.

3) Steuerliche Behandlung im Ausland und Auswirkungen des Qualifikationskonflikts

Unterstellt, der ausländische Staat besteuert normalerweise Einkünfte aus Vermietung und Verpachtung unbeweglichen Vermögens nach Maßgabe seines nationalen Rechts und folgt der Durchgriffsbesteuerung des deutschen Fiskus im Missbrauchsfall – was wohl anzunehmen ist – nicht. In diesem Fall würden die Einkünfte, mit denen der Gesellschafter der ausländischen Kapitalgesellschaft in Deutschland nach der Ansicht des BFH beschränkt steuerpflichtig ist, im Ausland auf Ebene der Kapitalgesellschaft von der Besteuerung durch die Freistellungs- oder Anrechnungsmethode auszunehmen sein[198]. Da die ausländische Kapitalgesellschaft aber mit ihren Vermietungseinkünften in Deutschland nicht steuerpflichtig ist, soll aus der Sicht des ausländischen Fiskus kein Grund bestehen, auf eine Besteuerung der aus Deutschland stammenden Vermietungseinkünften auf der Ebene der Gesellschaft zu verzichten. Andererseits wird der ausländische Gesellschafter, dem diese Einkünfte in Deutschland zugerechnet werden, aus der Sicht des ausländischen Fiskus nicht als Steuersubjekt für die Einkünfte aus der Nutzung des in Deutschland belegenen Vermögens gelten, da der ausländische Vertragsstaat an die deutsche innerstaatliche Qualifikation des Gestaltungsmissbrauchs abkommensrechtlich nicht gebunden ist[199]. Deswegen ist es leicht vorstellbar, dass die ausländische Finanzverwaltung auf der Ebene des Gesellschafters mangels Doppelbesteuerung auch keine Maßnahmen zu deren Vermeidung ergreifen wird.

In der Literatur wird vereinzelt sogar die Auffassung vertreten[200], dass der ausländische Staat in solchen Fällen auch auf der Ebene der Kapitalgesellschaft u.U. keine Maßnahmen zur Vermeidung der Doppelbesteuerung ergreifen müsste, wenn er die Zinsaufwendungen anerkennt und die Vermietungseinkünfte nach ausländischem Recht zu ermitteln sind. Daraus folgt, dass der ausländische Gesellschafter, soweit die Zinserträge beim ihm steuerpflichtig sind, doppelt besteuert würde, und zwar mit seinen Mieterträgen in Deutschland und mit seinen Zinserträgen im Ausland. Die Zinsaufwendungen würden in diesem Fall – soweit der

197 Vgl. *Vogel*, aaO., Einl. Rn. 3 und 91.

198 Im Einzelnen über die Methoden zur Vermeidung der Doppelbesteuerung bei ausländischen Kapitalgesellschaften *Jacobs*, aaO., S. 454 ff. und 465 ff.

199 Ausführlich dazu *Kluge*, aaO., S. 711 m.w.H.; auch *Schaumburg*, aaO., Rn. 16.129 ff.

200 Siehe *Jegzentis/Kahl*, IStR 2001, S. 131 (133).

Gesellschafter sich nicht selbst refinanziert hat – in keinem Staat steuerlich berücksichtigt.

Da in der hier dargestellten Situation die Lösung des Qualifikationskonflikts weder aus dem Wortlaut, noch aus dem Sinnzusammenhang der DBA gewonnen werden kann (das OECD-MA schweigt sich über diese Frage schlechthin aus), ist nur der Weg ins Verständigungsverfahren als einzige abkommenskonforme Lösungsvariante anzusehen[201]. Nach Art. 25 Abs. 3 OECD-MA ist vorgesehen, dass im Rahmen eines Verständigungsverfahrens nicht nur die Fragen der Abkommensauslegung, sondern auch die der Abkommensanwendung geklärt werden können, so dass hier auch Raum für die Vermeidung der Doppelbesteuerung infolge des oben dargestellten Qualifikationskonflikts gegeben sein dürfte.

Abschließend ist festzuhalten, dass die durch die Heranziehung des nationalen Rechts entstehenden Qualifikationskonflikte eine große Herausforderung für den Abkommensanwender darstellen, da sie nicht immer mit den vom DBA zur Verfügung gestellten Mitteln (Wortlaut und Sinnzusammenhang) beseitigt werden können. Erfolgt die steuerliche Behandlung eines grenzüberschreitenden Sachverhalts im Einklang mit den Auslegungs- und Anwendungsrichtlinien des Art. 3 Abs. 2 OECD-MA und wird der Rückgriff auf das jeweilige innerstaatliche Recht als letzter Schritt bei der DBA-Anwendung betrachtet, weil die anderen Anwendungsoptionen bereits ausgeschöpft sind, dann bleibt nach diesem Schritt – falls auch er Qualifikationskonflikte auslöst – keine weitere Möglichkeit mehr, steuerliche Verzerrungen mit Hilfe eines DBA zu beheben. In diesem Fall sind die Vertragsstaaten nur auf ein langwieriges und kompliziertes Verständigungsverfahren angewiesen, aus dem lediglich die Lösungen für einen konkreten Fall, nicht aber allgemein verbindliche Grundsätze für eine einheitliche Behandlung von DBA-Sachverhalten gewonnen werden können.

201 Über die Beseitigung der „wirtschaftlichen" Doppelbesteuerung durch ein Verständigungsverfahren siehe *Schaumburg*, aaO., Rn. 16.95.

E. Lösungsvorschläge unter Berücksichtigung der Systematik der Qualifikationskonflikte

Die in den vorstehenden Kapiteln betrachteten Qualifikationskonflikte wurden in dieser Arbeit in einer bestimmten systematischen Reihenfolge dargestellt und erörtert. Hinsichtlich der Ursachen und Auswirkungen lassen sich, wie oben ausgeführt, drei große Unterarten des Qualifikationskonflikts im Internationalen Steuerrecht unterscheiden, und zwar (1) die mit der Abkommensauslegung nicht verbundenen Qualifikationskonflikte, (2) die mit der Auslegung der DBA verbundenen Qualifikationskonflikte und (3) die Qualifikationskonflikte bei der abkommenskonformen Heranziehung des jeweiligen innerstaatlichen Rechts[1]. Im Hinblick auf die Rechtsnatur und Erscheinungsformen der genannten Konflikte wurden für jede Unterart die Lösungsmöglichkeiten im einzelnen betrachtet und ausgewertet, die einen optimalen Ausweg für die Zwecke der harmonischen Abkommensanwendung anbieten sollen.

Zusammenfassend lassen sich drei Grundoptionen für eine akzeptable Lösung der diversen Qualifikationskonflikten erkennen. Dies sind: Erstens die strickte Befolgung der einheitlichen Auslegungsrichtlinie nach dem Muster des Art. 3 Abs. 2 OECD-MA in richtiger, oben dargestellter Reihenfolge durch beide am DBA-Sacherhalt beteiligten Staaten. Zweitens – falls trotz der koordinierten und einstimmigen DBA-Auslegung keine brauchbaren Ergebnisse für die Zwecke der Abkommensanwendung gewonnen werden können – die Einleitung eines Verständigungsverfahrens, um die Lösung zumindest für einen konkreten Einzellfall zu finden. Drittens die auf die Dauer angelegte kontinuierliche Verbesserung des Regelwerks des OECD-MA, damit wenigstens zukünftige DBA nicht mit den bereits erkannten Mängeln und Lücken behaftet sein werden.

Diese Lösungsoptionen sind vor allem für die Rechtsanwendung (die dritte wohl auch für die Rechtsschöpfung) auf der Abkommensebene, also für bilaterale Maßnahmen, gedacht. Natürlich bieten sich auch auf der Ebene der nationalen Rechtordnungen von DBA-Staaten verschiedene Möglichkeiten für die Beseitigung steuerlicher Verzerrungen (sog. unilaterale Maßnahmen zur Vermeidung der Doppelbesteuerung) an. Man denke hier z.B. an §§ 34c und 35 EStG, §§ 8b und 26 KStG oder § 21 ErbStG im deutschen nationalen Steuerrecht[2]. Nach der

1 Siehe Kapitel D., Abschnitte I., II. und III. dieser Arbeit.

2 § 34c EStG enthält die Regelungen zur Vermeidung der Doppelbesteuerung in Bezug auf die Einkommensteuer bei den in Deutschland unbeschränkt Steuerpflichti-

in der Literatur vertretenen Meinung und nach der Auffassung der höchstrichterlichen Rechtsprechung sind diese Normen im Verhältnis zu den entsprechenden DBA-Vorschriften allerdings grundsätzlich subsidiär[3]. Dies bedeutet, dass sofern ein einschlägiges DBA vorliegt, die Lösungen primär aus dem DBA selbst gewonnen werden müssen. Aus diesem Grund werden in dieser Arbeit nachfolgend nur die oben genannten Lösungsmöglichkeiten analysiert, welche mit der Behandlung auf der Abkommensebene zusammenhängen und daher einen bilateralen Charakter besitzen. Außerdem wird ausgewertet, welche der vorgeschlagenen Lösungsoptionen für jede der drei obigen Unterarten der Qualifikationskonflikte am besten geeignet ist.

I. Abkommensanwendung im Einklang mit der Auslegungsrichtlinie des Art. 3 Abs. 2 OECD-MA

1. Richtige Auslegungsreihenfolge

Im Abschnitt I. des Kapitels C. wurde der Dreischritt der richtigen Abkommensauslegung im Hinblick auf die Auslegungsklauseln deutscher DBA herausgearbeitet, die dem Art. 3 Abs. 2 OECD-MA nachgebildet sind: Zuerst erfolgt die Auslegung nach Maßgabe des DBA-Wortlauts, danach können zusätzliche Auslegungsergebnisse aus dem DBA-Sinnzusammenhang gewonnen werden und erst wenn dadurch keine akzeptablen Lösungen für Qualifikationskonflikte gefunden werden können, muss abkommenskonform auf das jeweilige nationale Recht zurückgegriffen werden. Wenn diesen Orientierungsmaßstäben nicht gefolgt wird, so hat sich gezeigt, dass vielfältige Anwendungsdivergenzen möglich sind, die auf die Eigenarten nationaler Rechtsordnungen zurückzuführen sind.

Nicht nur empirische Beobachtungen, wie z.B. bloße Feststellung der Qualifikationskonflikte in Beispielfällen, legen die Erkenntnis nahe, dass die dargestellte Auslegungsreihenfolge am besten den Anforderungen der Anwendungspraxis der DBA Genüge leistet. Auch die rechtsdogmatischen Überlegungen untermauern dieses Ergebnis. Durch die Befolgung der genannten Orientie-

---

gen, die die Einkünfte aus ausländischen Quellen beziehen; § 26 KStG ist den Methoden zur Beseitigung der Doppelbesteuerung bei den in Deutschland unbeschränkt steuerpflichtigen Körperschaften gewidmet, die den Gewinn im Ausland erwirtschaften; § 21 ErbSt regelt die Fragen der Anrechnung ausländischer Erbschaftsteuer.

3 Vgl. BFH vom 15.03.1995, IR 98/94, BStBl. II 1995, S. 580; BFH vom 20.12.1995, BStBl. II 1996, IR 57/94, S. 261; so auch *Schaumburg*, Internationales Steuerrecht, 2. Auflage, 1998, Rn. 15.11 f. m.w.H.

rungsmaßstäbe und die vorrangige Beachtung eigenständiger Abkommensdefinitionen wird zweifellos auch die Regelungshomogenität der DBA in größtmöglichem Maße sichergestellt[4].

Die DBA müssen stets unter Berücksichtigung ihres primären Zwecks ausgelegt und angewandt werden, um Doppelbesteuerungen zu vermeiden und für eine gerechte Verteilung der Steuergüter zwischen den Vertragsstaaten zu sorgen. Diese teleologischen Kriterien bestimmen sowohl den Inhalt respektive Wortlaut der DBA, als auch den Abkommenssinnzusammenhang, in den u.a. auslegungsbedürftigen Begriffe gestellt sind. Da die Auslegung vornehmlich darauf gerichtet ist, den Sinn von Gesetzesworten (hier: Abkommensbegriffen) vom Gesetzeszweck (hier: Abkommenszweck) ausgehend zu ermitteln und klarzustellen – also stets teleologisch orientiert ist[5] – soll die Auslegung aus dem DBA Vorrang haben. Denn die Auslegung nach dem innerstaatlichen Recht der Vertragspartner vermag den Abkommenszweck üblicherweise nicht zu berücksichtigen.

Mit anderen Worten: Die Auslegungsklausel des Art. 3 Abs. 2 OECD-MA gebietet die Auslegung unter Berücksichtigung des Wortlauts und Sinnzusammenhangs, verankert das Gebot der teleologischen Auslegungsmethode[6] und versperrt damit einen Rückgriff auf innerstaatliches Recht, solange aus dem Abkommen selbst ein brauchbares Auslegungsergebnis zu gewinnen ist. Der Vorrang der am Abkommenszweck orientierten Auslegung ermöglicht allein die Vermeidung der Doppelbesteuerung. Damit wird zugleich auch dem Leistungsfähigkeitsprinzip entsprochen, das ebenfalls die Vermeidung der Doppelbesteuerung gebietet[7]. Denn die Besteuerung soll sich nach der Leistungsfähigkeit des Steuerpflichtigen bemessen. Jedoch kann das einmal Geleistete nicht zweimal oder mehrmals besteuert werden. Eine solche steuerliche Belastung stünde in einem offensichtlichen Missverhältnis zur Leistungsfähigkeit. Darüber hinaus trägt die so verstandene allgemeine Auslegungsrichtlinie auch zur Verteilungsgerechtigkeit zwischen den Vertragsstaaten bei. Ein Rückgriff auf das jeweils geltende, abänderbare innerstaatliche Recht würde den Vertragsstaaten hingegen die dem Zweck der DBA zuwiderlaufende Möglichkeit eröffnen, durch Änderung des innerstaatlichen Rechts zu Lasten des jeweils anderen Vertragsstaates eine ander-

---

4 Vgl. *Schaumburg*, aaO., Rn. 16.57.

5 Vgl. theoretische Ausführungen bei *Tipke/Lang*, Steuerrecht, 15. Auflage, 1996, § 5 Rn. 50 ff.

6 Siehe *Weber-Fas*, RIW 1982, S. 803 (807); *Debatin*, DB 1985, Beilage 23, S. 1 ff.; *ders.*, DStR 1992, Beiheft 23, S. 1 (6).

7 Vgl. *Schaumburg*, aaO., Rn. 16.59.

weitige Verteilung der Steuergüter zu bewirken und hierdurch Abkommensregelungen zu unterlaufen[8].

Die hier dargelegten Gesichtspunkte werden in Teilen des Schrifttums und mitunter auch in der höchstrichterlichen Rechtsprechung positiv bewertet[9]. Die meisten Autoren, die sich mit dieser Problematik befassen, gehen allerdings nicht über die Empfehlung der einen oder der anderen Auslegungsreihenfolge hinaus[10]. Die Qualifikationskonflikte im Internationalen Steuerrecht sind jedoch so beschaffen, dass allein der Vorschlag einer an sich richtigen Auslegungsreihenfolge die Kollisionen bei der Anwendung von DBA nicht zu beheben vermag. Es bedarf vielmehr der beiderseitigen Bindung der Anwenderstaaten an die erzielten Auslegungsergebnisse und, was in der Literatur häufig übersehen oder unterschätzt wird, einer koordinierten Verknüpfung der Dispositionen von DBA-Normen mit den Rechtsfolgen in Tatbeständen der jeweiligen nationalen Vorschriften.

2. Die Bindung des Quellenstaates an die Qualifikation des Sitzstaates

Im Kapitel C. wurde unter anderem festgestellt, dass für die effektive Lösung von Qualifikationskonflikten bei den Definitionsverweisen im Zusammenhang mit der Besteuerung von Gesellschaften neben der Befolgung der Auslegungsrichtlinie des Art. 3 Abs. 2 OECD-MA zudem noch eine weitgehende Bindung des Quellenstaates bzw. Ansässigkeitsstaates der Gesellschafter an die Qualifikation (Auslegungsergebnis) im Sitzstaat der Gesellschaft erforderlich ist. Anhand von mehreren Beispielen wurde anschießend im Abschnitt II. des Kapitels D. nachgewiesen, dass diese Prämisse zumindest bei Qualifikationskonflikten mit unterschiedlich zu behandelnden Personengesellschaften immer dann zu berücksichtigen ist, wenn der auszulegende DBA-Wortlaut nicht konkretisierte Definitionsverweise enthält.

---

8 Über die Zulässigkeit solcher Änderungen *Vogel*, DBA, Kommentar, 3. Auflage, 1996, Einl. Rn. 124b ff. und Art. 3 Rn. 67; *Klebau*, RIW 1985, S. 125 (129).

9 Die Rechtsprechung des BFH lässt allerdings keine klare Linie in dieser Frage erkennen, Hinweise bei *Vogel*, aaO., Einl. Rn. 66 f.

10 Vgl. *Debatin* in: *Debatin/Wassermeyer*, Doppelbesteuerung, SYST. III, Rn. 122 ff.; *Vogel*, aaO., Art. 3 Rn. 72 ff.; *Wassermeyer* in: *Debatin/Wassermeyer*, aaO., Art. 1 Rn. 48 und Art. 3 Rn. 42; *Gloria*, RIW 1986, S. 970 (975 f.); *Mössner* in: FS für Seidl-Hohenveldren, S. 420 ff.; *von Poser und Gross-Naedlitz*, Der Qualifikationskonflikt bei DBA, 1972, S. 50 ff.; *Weber-Fas*, Staatsverträge im Internationalen Steuerrecht, 1982, S. 114 f.; *Blumenwitz* in: *Mössner/Blumenwitz*, DBA und nationales Recht, 1995, S. 5 ff.; *Kluge*, RIW 1975, S. 90 (96); *Klebau*, RIW 1985, S. 125 (126).

Es ist in diesem Zusammenhang zu bemerken, dass auch eine völlig korrekte Auslegung aus dem DBA-Wortlaut, die als erster Schritt in der Auslegungsreihenfolge vorgenommen wird, keinen sicheren Schutz vor Qualifikationskonflikten bietet, insbesondere wenn der Abkommenswortlaut durch Blankettnormen, wie beispielweise Art. 3 Abs. 1 lit. b), Art. 4 Abs. 1 oder Art. 10 Abs. 3 OECD-MA, auf das jeweilige nationale Recht der Vertragsstaaten verweist, ohne dabei die Bindung des jeweils anderen Vertragsstaates an die Qualifizierungsergebnisse des Anwenderstaates zu statuieren. Wird die aus der Auslegung resultierende Qualifikation des Anwenderstaates im anderen Vertragsstaat nicht akzeptiert, sind die Qualifikationskonflikte auch dann vorprogrammiert, wenn die Auslegung aus dem DBA von beiden Staaten rechtzeitig und abkommenskonform durchgeführt wird. In diesen Fällen wird es schlechthin an der koordinierten Anpassung von Auslegungsergebnissen in den Rechtsordnungen der Vertragspartner mangeln.

Daher kann mit Recht die Schlussfolgerung gezogen werden, dass die konfliktfreie Auslegung der Definitionsverweise und folglich auch die Anwendung der DBA-Normen bei grenzüberschreitenden Sachverhalten unter Beteiligung von Personengesellschaften zwei unerlässliche Voraussetzungen hat: Erstens, muss man das DBA zunächst nach Maßgabe seines Wortlauts auslegen und, zweitens, muss man bei diesem Auslegungsschritt die Qualifikation des Sitzstaates der Gesellschaft als ausschlaggebend betrachten und für den Ansässigkeitsstaat der Gesellschafter als bindend anerkennen.

Bei der Auslegung aus dem Sinnzusammenhang ist die Bindung des Ansässigkeitsstaates der Gesellschafter an die Auslegungsergebnisse des Sitzstaates der Gesellschaft allerdings belanglos. Bei diesem Auslegungsschritt ist vielmehr die Berücksichtigung des gesamten DBA-Zusammenhangs von entscheidender Bedeutung. Bei der Auslegung aus dem Sinnzusammenhang erfolgt im Gegensatz zu den Definitionsverweisen keine „Verschiebung" der Qualifikation auf die Ebene des nationalen Rechts der Vertragsstaaten. Deswegen kann hier auch kein Qualifikationsergebnis nach Maßgabe des jeweiligen innerstaatlichen Rechts entstehen. Folglich erübrigt sich ebenfalls die Frage nach der gegenseitigen Bindung an die Qualifikation eines der beteiligten Staaten. Dies bedeutet allerdings nicht, dass die Auslegung aus dem Sinnzusammenhang überhaupt keine beiderseitige Koordinierung der Interpretationsergebnisse voraussetzt. Freilich muss auch diese Art der Auslegung zu einheitlichen und für beide Vertragsstaaten verbindlichen Qualifikationen führen. Die Grundlage für die Qualifikation liefert in diesem Fall jedoch ausschließlich der Sinnzusammenhang des DBA; die nationalen Rechtsordnungen werden zu diesem Auslegungsvorgang nicht herangezogen. Das aus dem Abkommenszusammenhang gewonnene Auslegungsergebnis muss somit für beide Anwenderstaaten gleichermaßen verbindlich sein.

Die hier dargestellten Prinzipien der Abkommensauslegung haben theoretischen Charakter. Die Praxis der Abkommensanwendung ist jedoch sehr vielschichtig und ruft verschiedenartige Qualifikationskonflikte ins Leben. Daher soll der obige Lösungsvorschlag nachstehend aus praktischer Sicht in Bezug auf konkrete Unterarten der Qualifikationskonflikte gewürdigt werden.

3. Anwendbarkeit der Auslegungsrichtlinie des Art. 3 Abs. 2 OECD-MA in der Praxis

a) Die Frage der Durchsetzbarkeit

In den vorstehenden Kapiteln dieser Arbeit wurde dargelegt, dass bisher sowohl in der Literatur, als auch in der Praxis der Finanzverwaltung noch keine Einigkeit über die Anwendung der dem Art. 3 Abs. 2 OECD-MA nachgebildeten Auslegungsklauseln der DBA besteht[11]. Die hier vertretene Auffassung wird bei weitem nicht von allen Autoren geteilt, vielmehr ähnelt der heutige Zustand der Meinungsvielfalt einem unübersichtlichen Wirrwarr[12]. Die endlosen Diskussionen im Schrifttum geben infolge des permanenten Meinungsstreits auch kaum brauchbare Anhaltspunkte für eine einheitliche internationale Handhabung bei der Anwendung der DBA. Man darf außerdem nicht außer Acht lassen, dass die sofortige Heranziehung des innerstaatlichen Rechts für die Lösung der DBA-Probleme in vielen Ländern traditionellerweise noch immer einen hohen Stellenwert besitzt. Praktische Erfahrungen zeigen, dass heutzutage kaum zu erwarten ist, dass z.B. ein Quellenstaat sich bei der Einordnung von Einkunftskategorien seines nationalen Rechts unter die Normen des DBA-Rechts von seiner eigenen innerstaatlichen Qualifikation weit entfernen und die Qualifikation des Sitzstaates ohne weiteres akzeptieren wird.

Diese Tendenz ist nicht nur in der Vorgehensweise der Finanzverwaltung erkennbar, sie findet ihren Niederschlag z.T. auch in den Entscheidungen der höchstrichterlichen Rechtsprechung, wobei diese allerdings keine einheitliche Linie hinsichtlich der Auslegungsreihenfolge der DBA zeigt. So ist z.B. die Haltung des BFH in dieser Frage ziemlich ambivalent. Einerseits existieren Urteile, die eher der hier vertretenen Auffassung bezüglich der Auslegungsreihenfolge

11 Siehe Kapitel C., Abschnitte III. und IV..

12 Umfassende Darstellung bei *Kluge*, Das Internationale Steuerrecht, 4. Auflage, 2000, S. 695 ff.; vermittelnd *Vogel*, aaO., Einl. Rn. 59 ff.; siehe auch *Schaumburg*, aaO., Rn. 16.58 f.

Recht geben[13], andererseits sind auch Entscheidungen zu finden, die völlig gegensätzliche Ansichten belegen[14].

Bis jetzt hat sich keine Abkehr des Fiskus von der Bestrebung abgezeichnet, für die steuerliche Behandlung grenzüberschreitender Sachverhalte primär das jeweilige innerstaatliche Recht in Betracht zu ziehen und auf die Auslegung unmittelbar aus dem DBA heraus in der Regel zu verzichten[15]. Das unvermeidliche Auftreten von Qualifikationskonflikten wird dabei als hinzunehmender Preis für die aus nationaler Sicht einfachere und schnellere Abkommensanwendung angesehen. Auch in der Literatur wird diese Auffassung von den Vertretern der Finanzverwaltung verstärkt zum Ausdruck gebracht[16].

Dieses Hinnehmen der Zwangsläufigkeit von Qualifikationskonflikten bedeutet m.E. im Grunde genommen nichts anderes als eine Kapitulation vor dem genannten Problem, ohne zuerst zumindest zu versuchen, die Divergenzen durch die Auslegung aus dem DBA selbst zu beheben oder abzumildern. Dies darf aber kein Dauerzustand der Abkommensanwendung sein. Der Zweck und die Funktion der DBA bestehen nicht nur darin, den rein technischen Mechanismus der Vermeidung der Doppelbesteuerung durch die Steueranrechnung oder die Freistellung unter Progressionsvorbehalt nach dem Muster des Art. 23 A und B OECD-MA zur Verfügung zu stellen. Die Aufgabe der DBA wird vielmehr darin gesehen, eine mehr oder weniger gerechte Verteilung des Steueraufkommens zwischen den Vertragsstaaten sicherzustellen. Dies ist allerdings nur dann möglich, wenn keine permanenten Qualifikationskonflikte die Abkommensanwendung erschweren. Sofern die Qualifikationskonflikte auf der Abkommensebene entstehen, müssen sie primär auf dieser Ebene auch gelöst werden – die DBA geben genügend Anhaltspunkte hierfür. Der sofortige Rückgriff auf das innerstaatliche Recht beseitigt diese Probleme nicht, sondern führt vielmehr zu einer ungerechtfertigten Verlagerung des „Sprengstoffs“ auf die nationale Ebene, auf der es

---

13 Vgl. z.B. BFH vom 15.01.1971, III R 125/69, BStBl. II 1971, S. 379; BFH vom 21.08.1985, BStBl. II 1986, IR 63/80, S. 4; BFH vom 27.01. 1988, IR 241/83, BStBl. II 1988, S. 574; BFH vom 11.04.1990, BFHE 160, IR 75/88, S. 513; BFH vom 30.05.1990, BStBl. II 1990, IR 179/86, S. 907.

14 Vgl. z.B. BFH vom 13.03.1974, I R 7/71, BFHE 112, S. 61; BFH vom 27.02.1991, I R 15/98, BFHE 164, S. 38; BFH vom 26.02.1992, I R 85/92, BFHE 168, S. 52; BFH vom 31.05.1995, I R 74/93, BFHE 178, S. 74 ; BFH vom 17.12.1997, I R 34/97, IStR 1998, S. 243.

15 Es gibt jedoch einzelne Stellungnahmen der Finanzverwaltung, die der hier vertretenen Auffassung entsprechen: FinMin NW vom 08.09.1983, DB 1983, S. 2323; BMF vom 08.11.1983, DB 1983, S. 2499.

16 Vgl. *Wassermeyer*, StuW 1990, S. 406 ff.; *ders.*, IStR 1998, S. 489 ff.; *Krabbe*, IStR 2000, S. 196 ff.

überhaupt keine Grundlage für die einheitliche Beilegung des internationalen Widerstreits der Besteuerungskompetenzen gibt.

b) Grundsätzliche Geeignetheit der vorgeschlagenen Auslegungsmethode für die Lösung der Qualifikationsprobleme

Obwohl die in dieser Arbeit vorgeschlagene Auslegungsreihenfolge der aktuellen Praxis der Finanzverwaltung nicht zugrunde liegt, bietet sie brauchbare und abkommenskonforme Ansatzpunkte für die einheitliche und systematische Lösung der Qualifikationskonflikte im DBA-Recht an. Die im Kapitel C. angeführten zahlreichen Beispiele bestätigen diese These. Von der hier dargestellten Systematisierung der Qualifikationskonflikte ausgehend wird nachfolgend gezeigt, für welche Unterarten der Konflikte diese Vorschläge am besten geeignet sind.

Wie im Abschnitt II. des Kapitels D. bereits eingehend ausgeführt wurde, muss die richtige Auslegungsreihenfolge vor allem bei den mit der Auslegung der DBA verbundenen Qualifikationskonflikte besonders berücksichtigt werden. Dies sind die Qualifikationskonflikte, welche (1) bei der Konkretisierung von Definitionsverweisen im DBA-Wortlaut entstehen und welche (2) mit der Beurteilung des Zweifelsfalls zusammenhängen, ob die Auslegung aus dem Sinnzusammenhang oder stattdessen der sofortige Rückgriff auf das innerstaatliche Recht dem Zweck der Abkommensanwendung am besten Genüge leisten können. In solchen Fällen ist die Beachtung des in dieser Arbeit vorgeschlagenen Dreischritts der Auslegung unerlässlich. Wird in diesen Fallkonstellationen vorzeitig auf das jeweilige nationale Recht zurückgegriffen, ohne zuerst die Auslegungsmöglichkeiten aus dem DBA-Wortlaut und dessen Sinnzusammenhang auszuschöpfen, so sind die Qualifikationskonflikte infolge divergierender Rechtsauffassungen in den Vertragsstaaten unvermeidlich. Nur wenn die Vertragsstaaten sich an eine einheitliche Auslegungsreihenfolge – zunächst der Abkommenswortlaut, dann der Abkommenszusammenhang und erst danach, als letztes Mittel, die Heranziehung des nationalen Rechts – übereinstimmend halten, können die meisten Qualifikationskonflikte, die mit der Abkommensauslegung zusammenhängen, effektiv gelöst werden.

Für zwei andere Unterarten der Konflikte, und zwar für die mit der DBA-Auslegung nicht verbundenen Qualifikationskonflikte (Kapitel D., Abschnitt I.) und die Qualifikationskonflikte bei der abkommenskonformen Heranziehung des innerstaatlichen Recht nach der Auslegungsklausel des Art. 3 Abs. 2 OECD-MA (Kapitel D., Abschnitt III.) ist die Befolgung der dargestellten Auslegungsrichtlinie allerdings gegenstandslos, da die genannten Konflikte mit der bestimmten Reihenfolge der Abkommensauslegung unmittelbar nicht zusammenhängen. Sie werden nicht durch die Abweichung von der abkommenskonformen Interpretationsweise ausgelöst, vielmehr wird in diesen Fällen entweder noch keine Abkommensauslegung stattfinden, weil sie noch nicht erforderlich ist (Konflikte im Vorfeld der Abkommensanwendung), oder bereits keine Abkommensauslegung mehr nötig sein, weil der korrekte Auslegungsvorgang bereits stattgefunden und keine brauchbaren Ergebnisse gebracht hat (Konflikte bei dem abkommenskonformen Rückgriff auf das nationale Recht). Für diese Unterarten der Qualifikationskonflikte werden nachstehend andere Lösungsmöglichkeiten vorgeschlagen.

II. Das Verständigungsverfahren

1. Die Grundsätze der Verständigung

Wie oben bereits erwähnt wurde, können bei weitem nicht alle Kollisionen im Bereich des DBA-Rechts allein durch die entsprechende Auslegungsweise beseitigt werden. Es geht hierbei insbesondere um Qualifikationskonflikte, die auf bilateraler Ebene grundsätzlich nur durch ein Verständigungsverfahren behoben werden können. Die Möglichkeit für eine Lösung in solchen Fällen bietet Art. 25 OECD-MA („Verständigungsverfahren"). Alle zur Zeit geltenden deutschen DBA enthalten eine dem OECD-Muster mehr oder weniger entsprechende Verständigungsregelung[17]. Das Verständigungsverfahren eröffnet den zuständigen Behörden beider Vertragsstaaten die Möglichkeit, Schwierigkeiten bei der Auslegung und Anwendung der DBA im gegenseitigen Einvernehmen zu regeln. Im Sinne des DBA-Rechts sind diese Verfahren auf einen konkreten Einzelfall bezogen und darauf gerichtet, eine dem Abkommenszweck nicht entsprechende Besteuerung durch das Entgegenkommen eines oder beider Vertragsstaaten zu vermeiden oder aufzuheben[18].

Außer dem Verständigungsverfahren ist in Art. 25 Abs. 3 OECD-MA ein sog. Konsultationsverfahren vorgesehen. Es erstreckt sich im Unterschied zum Verständigungsverfahren nicht nur auf Einzelfälle, sondern dient auch allgemein der ergänzenden oder abändernden Rechtsfindung. In diesem Verfahren sollen Schwierigkeiten oder Zweifel bei der Auslegung oder Anwendung eines DBA durch eine allgemeine Vereinbarung behoben werden. Das Konsultationsverfahren kann daher auch für die Schließung eventueller Vertragslücken benutzt werden[19]. Nach der im Schrifttum vertretenen Auffassung ermöglicht dies den Ver-

17 Siehe den Abkommensübersicht bei *Vogel*, aaO., Art. 25 Rn. 47 und Rn. 85.

18 Vgl. *Schaumburg*, aaO., Rn.16.89 ff.; *Menck* in: *Mössner*, Steuerrecht international tätiger Unternehmen, 2. Auflage, 1998, S. 519 ff.

19 Vgl. *Gloria*, Das steuerliche Verständigungsverfahren und das Recht auf diplomatischen Schutz, 1988, S. 158 ff.; *Kluge*, aaO., S. 692.

tragspartnern, das DBA für einige durch das Abkommensregelwerk nicht gedeckte Fallgruppen oder für einzelne Fälle mit materiell-rechtlicher Wirkung im Verwaltungswege zu ergänzen.[20] Darüber hinaus enthalten einige deutsche DBA Regelungen über ein Schiedsverfahren[21]; auch die EG-Schiedsverfahrendkonvention 1990 sieht die Möglichkeit eines solchen Verfahrens für steuerliche Zwecke vor (Einzelheiten dazu im Abschnitt III. dieses Kapitels).

Das Verständigungsverfahren ist von seiner Rechtsnatur her als eine Art Verwaltungsverfahren anzusehen, in dem die zuständigen Behörden der Vertragsstaaten gem. Art. 25 Abs. 4 OECD-MA unmittelbar miteinander verkehren. Die Verständigungsverfahren sind nach herrschender Meinung keine Rechtsbehelfsverfahren im Sinne des deutschen Rechts, folglich sind die Steuerpflichtigen an ihnen – abgesehen von der Antragstellung nach Art. 25 Abs. 1 OECD-MA – als Parteien grundsätzlich nicht beteiligt[22]. Sie sind vielmehr als bilaterale Streiterledigungsmittel zu verstehen, für die zwar allgemeine Billigkeitsgründe und Praktikabilitätserwägungen sprechen[23], nicht aber die Prinzipien und Garantien eines rechtsförmlichen Verfahrens gelten[24]. Dennoch werden die Verständigungsverfahren nicht im völlig rechtsfreien Raum durchgeführt: Sie befassen sich in jedem Fall mit der abkommenskonformen Auslegung und Anwendung der DBA, mit den Fragen der zutreffenden und einheitlichen Ermittlung des Sachverhalts und folglich mit einer koordinierten Rechtsanwendung[25]. Es besteht allerdings für die beteiligten Verwaltungsbehörden keine Verpflichtung zur Einigung in einem solchen Verfahren[26], obwohl die Einigung in der bisherigen internationalen Verständigungspraxis in der Regel erreicht wurde.

Da die unmittelbare Beteiligung des betroffenen Steuerpflichtigen an dem Verständigungsverfahren ausgeschlossen ist, kann er auf den Verlauf des Verfahrens unmittelbar nicht einwirken, d.h. er hat keinen Einfluss auf dessen Fortführung oder Beendigung. Dies bedeutet, dass das eingeleitete Verständigungsverfahren grundsätzlich auch gegen den Willen des Steuerpflichtigen weitergeführt

---

20 Siehe *Kluge*, aaO., S. 692; *Vogel*, aaO., Art. 25 Rn. 9.

21 Siehe z.B. Art. 25 Abs. 5 DBA Deutschland-USA, Art. 25 A DBA Deutschland-Frankreich, Art. 41 Abs. 5 DBA Deutschland-Schweden.

22 Vgl. *Schaumburg*, aaO., Rn. 16.90; *Vogel*, aaO., Art. 25 Rn. 81; *Kluge*, aaO., S. 691. Die Regelungen über den Verfahrensablauf aus der Sicht der deutschen Finanzverwaltung sind im BMF-Schreiben vom 01.07.1997, BStBl. I 1997, S. 717 ff. niedergelegt.

23 So *Schaumburg*, aaO., Rn. 16.90 m.w.H.

24 Vgl. *Gloria*, aaO., 162 ff.; *Schaumburg*, aaO., Rn. 16.90.

25 Sehe *Vogel*, aaO., Art. 25 Rn. 68 f.

26 Vgl. *Kluge*, aaO., S. 691; *Menck* in: *Mössner*, aaO., S. 517.

werden kann[27]. Der betroffene Steuerpflichtige muss allerdings über den Verlauf des Verfahrens regelmäßig unterrichtet werden und kann seine Stellungnahmen abgeben[28] (Anhörungsrecht).

2. Rechtsanspruch auf Durchführung eines Verständigungsverfahrens?

Im Einklang mit Art. 25 Abs. 1 Satz 1 OECD-MA eröffnet die Auffassung, wonach Maßnahmen eines oder beider Vertragsstaaten zu einer dem Abkommen nicht entsprechenden Besteuerung führen oder führen werden, der betroffenen abkommensberechtigten Person die Befugnis, einen Antrag auf Einleitung eines Verständigungsverfahrens bei der zuständigen Behörde des Vertragsstaates zu stellen, in dem sie ansässig ist oder dessen Staatsangehörigkeit sie besitzt. In der Bundesrepublik Deutschland ist dafür das Bundesfinanzministerium zuständig[29]. Der Nachweis einer juristischen Doppelbesteuerung ist dabei nicht erforderlich, es sei denn, das jeweilige DBA setzt einen solchen Nachweis voraus (wie z.B. Art. 22 Abs. 1 DBA Deutschland-Luxemburg).

Eine abkommenswidrige Besteuerung kann insbesondere bei einer divergierenden Auslegung und Anwendung des DBA-Rechts, bei einer konfliktauslösenden Anwendung des jeweiligen innerstaatlichen Rechts (sofern das DBA auf dieses Recht Bezug nimmt) und bei einer unrichtigen steuerlichen Würdigung eines grenzüberschreitenden Sachverhalts geltend gemacht werden[30]. Mit dem Antrag auf die Einleitung eines Verständigungsverfahrens kann auch eine abkommenswidrige wirtschaftliche (nichtjuristische) Doppelbesteuerung gerügt werden, was z.B. im Hinblick auf Art. 9 Abs. 2 OECD-MA („Verbundene Unternehmen") für den in der Praxis wichtigen Fall der Gewinnkorrektur bei verbundenen Unternehmen von Bedeutung ist[31]. Andererseits ist es nach der Meinung im Schrifttum auch möglich, dass eine dem DBA nicht entsprechende Besteuerung als Grund für die Einleitung eines Verständigungsverfahrens auch dann vorliegt, wenn die Anwendung des DBA zu einer unerwünschten Doppelfreistellung führen würde[32].

---

27 So *Schaumburg*, aaO., Rn. 16.91; BMF-Schreiben vom 01.07.1997, BStBl. I 1997, S. 717 ff. sieht allerdings in Tz. 5.2. vor, dass beim Verzicht seitens des Steuerpflichtigen kein Verständigungsverfahren durchzuführen ist.

28 Siehe *Kluge*, aaO., S. 691.

29 Siehe BMF vom 01.07.1997, BStBl. I 1997, S. 717, Tz. 2.1.4.

30 Darstellend *Schaumburg*, aaO., Rn. 16.94; *Vogel*, aaO., Art. 25 Rn. 35.

31 Vgl. *Schaumburg*, aaO., Rn. 16.95; *Vogel*, aaO., Art. 25 Rn. 38.

32 So z.B. *Kluge*, aaO., S. 690.

Die oben dargestellten Voraussetzungen begründen die Zulässigkeit der Antragstellung. Eine ganz andere Frage besteht darin, ob der Steuerpflichtige nicht nur eine Antragsbefugnis, sondern auch einen Rechtsanspruch auf die Durchführung eines Verständigungsverfahrens gemäß den dem Art. 25 OECD-MA nachgebildeten Regelungen der deutschen DBA hat. Diese Frage ist in der Literatur sehr umstritten[33]. Einige Autoren sind z.B. der Auffassung, dass die Statuierung eines solchen Rechtsanspruchs gegen die Zwecksetzung der DBA verstößt, die durch den Abbau besonderer Belastungen den wirtschaftlichen Verkehr zwischen den Vertragsstaaten liberalisieren sollen. Davon ausgehend ließe sich argumentieren, Zweck des Verständigungsverfahrens sei es, die angestrebte Liberalisierung zu vervollkommnen und dieser Zweck gehöre der Wirtschaftspolitik der Vertragsstaaten an. Das Verfahren sei also dazu bestimmt, den Interessen der Allgemeinheit und nicht der Verwirklichung subjektiver Rechte einzelner Privatpersonen zu dienen[34]. Diese Auffassung wird allerdings heftig kritisiert. Die Argumentation der Kritiker ist m.E. überzeugend. Demzufolge sei die wirtschaftspolitische Zielsetzung der DBA zwar unbestreitbar, daneben müssten jedoch zumindest die einschlägigen Transformationsgesetze (gemeint sind die deutschen Zustimmungsgesetze zu den DBA) unter dem Blickwinkel verfassungsrechtlicher Grundwertungen auch als Versuch verstanden werden, die individuelle steuerliche Belastung gerecht auszugestalten. Beruft sich der betroffene Steuerpflichtige im Streitfall auf die Verständigungsklausel, so kann ihm nicht entgegengehalten werden, es handele sich um eine DBA-Regelung, die keine Individualinteressen schützen wolle und kein subjektives Recht gewähre[35].

Die Finanzverwaltung und der überwiegende Teil der Literatur vertreten in Bezug auf diese Frage die Auffassung, dass es im Ermessen der Antragsbehörde stehe, ob ein Verständigungsverfahren eingeleitet wird oder nicht[36]. Diese Prämisse wird aus dem Wortlaut des Art. 25 Abs. 2 Satz 1 OECD-MA abgeleitet, der besagt, dass die zuständige Behörde „sich bemühen" wird, „den Fall durch Verständigung mit der zuständigen Behörde des anderen Staates zu regeln". Die Entscheidungen der Behörde, durch welche die Eröffnung eines Verständigungsverfahrens abgelehnt wird, können allerdings von den Finanzgerichten daraufhin überprüft werden, ob die zuständige Behörde – das BMF – ihr Ermessen fehler-

33 Darstellung bei *Kluge*, aaO., S. 690 f.

34 So z.B. *Teichner*, StuW 1965, S. 346 ff.

35 Siehe *Tipke*, AWD 1972, S. 590 f.; auch *Kluge*, aaO., S. 690.

36 Vgl. BMF vom 01.07.1997, BStBl. I 1997, S. 717 f.; *Menck* in: *Mössner*, aaO., S. 513 f.

frei ausgeübt hat[37]. Dieser Auffassung zufolge hat der Antragsteller nur einen Anspruch auf fehlerfreie Ermessungsausübung durch die Antragsbehörde[38].

Eine Analyse der von der Bundesrepublik Deutschland abgeschlossenen DBA ermöglicht indessen die Schlussfolgerung, dass die entsprechenden Verständigungsregelungen vieler DBA dem Antragsberechtigten im Ergebnis doch einen Rechtsanspruch auf Durchführung eines Verständigungsverfahrens gewähren. Dies ist z.B. in den DBA mit den Staaten des anglo-amerikanischen Rechtskreises sowie im DBA Deutschland-Niederlande der Fall[39]. Trotz der Vielfalt der Formulierungen soll diese Schlussfolgerung nach der Meinung von *Schaumburg* sogar für alle diejenigen DBA gleichermaßen gelten, die eine dem Art. 25 Abs. 2 OECD-MA nachgebildete Verständigungsklausel enthalten[40]. Denn selbst wenn die DBA unmittelbar kein Recht auf Durchführung von Verständigungsverfahren gewähren, ergebe sich schon aufgrund der dem Heimatstaat obliegenden diplomatischen Schutzpflicht eine Reduzierung des der Antragsbehörde eingeräumten Ermessensspielraums auf Null[41]. Ferner führt *Schaumburg* aus, dass sich der Rechtsanspruch auf Einleitung des Verständigungsverfahrens auch aus dem verfassungsrechtlich verankerten Rechtsprinzip der Besteuerung nach der Leistungsfähigkeit ableiten ließe. Die Besteuerung nach dem Leistungsfähigkeitsprinzip gebiete nämlich die Vermeidung der Doppelbesteuerung als Kehrseite der auf qualitativ und quantitativ vollständige Erfassung der Einkünfte ausgerichteten Besteuerung des Welteinkommens. Dies solle vor allem dann gelten, wenn es zu einer der Regelungshomogenität der DBA widersprechenden Doppelbesteuerung kommt[42].

Die Auffassung von *Schaumburg* stellt offensichtlich eine Mindermeinung dar. Dennoch ist sie m.E. überzeugend argumentiert. Die Durchsetzung des Rechtsanspruchs auf die Einleitung eines Verständigungsverfahrens in Streitfällen entspricht jedenfalls dem primären Zweck der DBA, steuerliche Verzerrungen bei grenzüberschreitenden wirtschaftlichen Aktivitäten zu vermeiden. Betroffen sind dabei nicht nur die fiskalischen Belange der Vertragsstaaten, sondern auch Individualinteressen der einzelnen Steuersubjekte. Es leuchtet deswegen

---

37 Siehe BFH vom 26.05.1982, I R 16/78, BStBl. II 1982, S. 583; *Menck* in: *Mössner*, aaO., S. 518.

38 Vgl. *Vogel*, aaO., Art. 25 Rn. 73; *Debatin* in: *Debatin/Wassermeyer*, aaO., SYST. III, Rn. 193; *Kluge*, aaO., S. 690; BMF vom 01.07.1997, BStBl. I 1997, S. 717, Tz. 2.4.3.

39 Siehe den Abkommensüberblick bei *Vogel*, aaO., Art. 25 Rn. 85; Nachweise bei *Gloria*, aaO., S. 263.

40 Vgl. *Schaumburg*, aaO., Rn. 16.101 m.w.H.

41 Siehe *Schaumburg*, ebenda, auch Gloria, aaO., S. 267 ff.

42 *Schaumburg*, ebenda, nennt als Beispiel zur Begründung seiner Auffassung BVerfG vom 29.05.1990, 1 BvL 20/84, 1BvL 26/84, BStBl. II 1990, S. 653 ff.

nicht ein, warum diesen ein Rechtsanspruch auf die Lösung der Streitfragen des DBA-Rechts durch eine zwischenstaatliche Verständigung verwehrt sein soll.

3. Die Rechtsfolgen einer Verständigungsvereinbarung

Erfolgt im Zuge des Verständigungsverfahrens eine Einigung, so ergibt sich hieraus eine unter dem Vorbehalt der Gegenseitigkeit stehende völkerrechtliche Erfüllungspflicht, die in Deutschland gemäß § 175a AO ohne weiteres umgesetzt werden kann. Dementsprechend werden Steuerbescheide durch die Finanzämter erlassen, aufgehoben oder geändert, soweit dies zur Erfüllung einer Verständigungsvereinbarung geboten ist[43].

Die höchstrichterliche Rechtsprechung erachtet die Verständigungsvereinbarungen der Finanzverwaltungen als völkerrechtlich verbindlich, als innerstaatlich jedoch unverbindlich, da sie nicht das nach Art. 59 Abs. 2 GG zwingend vorgeschriebene Zustimmungsgesetz (im nachhinein) ändern können[44]. Dies ist für sich genommen richtig: Zwar handelt es sich bei den Verständigungsklauseln der DBA um unmittelbar anwendbares innerstaatliches Recht, die Verständigungsvereinbarung als solche hat aber nur den Rechtscharakter eines schlichten Verwaltungsabkommens. Es wird dabei auf die allgemeine Normenhierarchie verwiesen, die kein anderes Verständnis für derartige Vereinbarungen zulässt[45]. Man kann diese also unter keinen Umständen als Votum gegen einen völkervertragsrechtlichen Abkommensinhalt verstehen.

Daraus folgt, dass die Verständigungsvereinbarungen für nationale Gerichte nicht verbindlich sind. Die Finanzbehörden sollen allerdings an die Ergebnisse einer von ihnen angestrebten Verständigungsvereinbarung gebunden sein, denn ansonsten würde die Umsetzung dieser Vereinbarung auf der nationalen Ebene kaum funktionieren[46]. Dabei ist jedenfalls zu beachten, dass die Verständigungsvereinbarung lediglich für einen konkreten Fall getroffen wird und folglich nur für diesen Einzellfall gilt. Das bedeutet: Sollte sich die Finanzverwaltung später erneut mit einer vergleichbaren Situation auseinandersetzen, muss sie nicht unbedingt den Prämissen einer früher getroffenen Verständigungsvereinbarung folgen.

---

43 Zur Problematik der innerstaatlichen Umsetzung siehe *Krabbe*, DStZ 1995, S. 628 ff.; *Dehnen*, DB 1998, S. 540 f.; *Tipke/ Kruse*, AO/FGO, § 175a AO, Rn. 7.

44 Siehe BFH vom 15.10.1996, VII R 35/96, BStBl 1997 II, S. 17.

45 Vgl. *Kluge*, aaO., S. 669.

46 Vgl. *Schaumburg*, aaO., Rn. 16.91; *Gloria*, aaO., S. 182.

4. *Praktische Anwendbarkeit eines Verständigungsverfahrens für die Lösung der Qualifikationskonflikte*

a) Die Problematik der Durchführbarkeit

Obwohl die Durchführung des Verständigungsverfahren gem. Art. 25 Abs. 4 OECD-MA keinen förmlichen diplomatischen Regeln unterliegt – der umständliche diplomatische Weg über die Außenministerien daher nicht erforderlich ist – und die Finanzverwaltungen grundsätzlich sogar im mündlichen Meinungsaustausch verkehren dürfen, dauern die Verfahren dennoch bisweilen einige Jahre[47]. Die für den Steuerpflichtigen bei der Durchführung von Verständigungsverfahren bestehenden rechtlichen Defizite, die Dauer des Verfahrens und die Schwierigkeiten bei der Umsetzung seiner Ergebnisse auf den nationalen Rechtsebenen führen dazu, dass in der internationalen Praxis nur relativ wenige Verständigungsverfahren durchgeführt werden[48]. Die Zahl der bisher abgeschlossenen Verfahren entspricht bei weitem nicht der Häufigkeit der Anwendungsprobleme und Kollisionen im DBA-Recht[49]. Die Bundesrepublik Deutschland pflegt besonders oft bei Divergenzen in Bezug auf die DBA Deutschland-Schweiz und Deutschland-Österreich Verständigungsverfahren einzuleiten[50]. Mit den Ländern, mit denen Deutschland keine gemeinsame Staatsgrenze besitzt, werden hingegen in der Regel nur sehr wenige Verständigungsvereinbarungen getroffen. Dies hängt naturgemäß auch mit der Intensität der Wirtschaftsbeziehungen zusammen.

Wegen des Fehlens der umfassenden innerstaatlichen Verbindlichkeit der Verständigungsvereinbarungen und infolge der geringen rechtsförmlichen Ausprägung kann das Verständigungsverfahren dem betroffenen Steuerpflichtigen leider keinen ausreichenden Schutz vor einer Doppelbesteuerung gewähren. Deswegen wird in der Literatur[51] zunehmend dafür geworben, die Rechte des Steuerpflichtigen beim Verständigungsverfahren zu stärken und für die Fälle, in denen sich die Verwaltungsbehörden nicht einigen können, andere Lösungsmöglichkeiten vorzusehen. Diese Möglichkeiten werden im nachfolgenden Abschnitt III. im Einzelnen betrachtet.

---

47 Vgl. *Eilers* in: *Debatin/Wassermeyer*, aaO., Art. 25 Rn. 19.
48 Vgl. *Schaumburg*, aaO., Rn. 16.92 m.w.H.
49 Die Übersicht bei *Wassermeyer*, Handbuch des Außensteuerrechts 2000, Abschnitt C.6.
50 Siehe *Wassermeyer*, ebenda, C. 6.27 (Österreich) und C.6.33 (Schweiz).
51 Darstellend *Schaumburg*, aaO., Rn. 16.93.

b) Eignung für die Lösung der Qualifikationskonflikte

Ein Verständigungsverfahren ist das optimale Lösungsmittel für diejenige Qualifikationskonflikte, welche nicht durch die Anwendung der Auslegungsrichtlinie des Art. 3 Abs. 2 OECD-MA beseitigt werden können. In der hier dargestellten Klassifikation sind das die mit der Abkommensauslegung nicht verbundenen Qualifikationskonflikte und die Konflikte beim abkommenskonformen Rückgriff auf das jeweilige innerstaatliche Recht. Wie oben im Kapitel D. mit den Beispielen belegt wurde, können diese Unterarten der Qualifikationskonflikte nur durch eine zwischenstaatliche Verständigung geschlichtet werden. Der Bedarf an einer Verständigungsvereinbarung ist besonders hoch z.B. bei Einkünfteermittlungskonflikten und bei Konflikten hinsichtlich der Einordnung und Würdigung eines DBA-Sachverhalts (sie gehören zu den mit der Auslegung nicht verbundenen Qualifikationskonflikten), die – wie oben ausgeführt wurde – in der Praxis besonders oft vorkommen. Auch im Bereich der abkommenskonformen Heranziehung des nationalen Rechts, insbesondere bei der Anwendung innerstaatlicher Missbrauchsklauseln, bleibt den Vertragsstaaten nichts anderes übrig, als sich in einem Verständigungsverfahren über die koordinierte steuerliche Behandlung von missbräuchlichen Rechtsgestaltungen zu einigen, damit den Betroffenen keine unzumutbaren Härten erwachsen.

Es sei ebenfalls betont, dass das Verständigungsverfahren nicht nur in den oben genannten Fällen, sondern auch bei den mit der DBA-Auslegung verbundenen Qualifikationskonflikten mitunter empfohlen werden kann. In einer Verständigungsvereinbarung kann hier beispielweise die einheitliche Auslegungsreihenfolge für die DBA-Vorschriften verankert oder die Bindung des einen Vertragsstaates an die Qualifikation des anderen Vertragstaates (z.B. bei den Definitionsverweisen) festgelegt werden. Allerdings vermögen die Verständigungsvereinbarungen infolge ihres Rechtscharakters als Einzelfallentscheidungen keinen allgemein verbindlichen Leitfaden und keine feste Grundlage für die Rechtsneuschöpfung im Internationalen Steuerrecht zu geben. Dieser Umstand mindert beachtlich ihre Wirkung als Hilfsmittel für die Lösung der Qualifikationskonflikte.

III. Andere Lösungsmöglichkeiten

1. Schiedsverfahren

a) Schiedsklauseln in einzelnen DBA

Die in den DBA üblicherweise vorgesehenen Verständigungsverfahren nach dem Muster des Art. 25 OECD-MA vermitteln dem betroffenen Steuerpflichtigen keinen Anspruch darauf, dass sich die am Verständigungsverfahren beteiligten Finanzbehörden auch tatsächlich einigen[52]. Kommt es in einem solchen Verfahren zu keiner Einigung, so kann das Hauptziel der DBA, die Doppelbesteuerungen auf bilateraler Ebene zu vermeiden, im Hinblick auf die somit fortbestehenden Auslegungskonflikte nicht erreicht werden. In einigen deutschen DBA – z.B. die DBA Deutschland-Frankreich, Deutschland-USA und Deutschland-Schweden[53] – ist indessen für den Fall, dass das eingeleitete Verständigungsverfahren zu keiner einvernehmlichen Vereinbarung geführt hat, ein Schiedsverfahren als eigenständiges Lösungsmittel vorgesehen. Dieses Schiedsverfahren kann letztlich eine den Qualifikationskonflikt behebende endgültige Entscheidung herbeiführen.

Nach der Meinung im Schrifttum können derartige Schiedsverfahren insbesondere in Streitfällen der bilateralen Einkünfteabgrenzung vom Nutzen sein, wenn es sich um Gewinnberichtigungen der in beiden Vertragsstaaten ansässigen verbundenen Unternehmen handelt[54]. Das Schiedsverfahren soll sich jedenfalls an den international anerkannten Grundsätzen orientieren – dies ist z.B. in Art. 41 Abs. 5 Sätze 4 und 5 DBA Deutschland-Schweden ausdrücklich verankert. Es können aber auch spezielle Regelungen zur Durchführung des Verfahrens von den Vertragsstaaten festgelegt werden, wie dies beispielweise im Notenwechsel zu Art. 25 Abs. 5 DBA Deutschland – USA der Fall ist. Die Entscheidungen der Schiedsgerichte oder Schiedsstellen sind für beide Vertragsstaaten in Bezug auf den konkreten Einzellfall bindend, eine über den entschiedenen Einzellfall hinausgehende allgemeine Bindungswirkung haben sie, wie auch die Verständigungsvereinbarungen, jedoch nicht. Die Einleitung des Schiedsverfahrens setzt in der Regel die Zustimmung des betroffenen Steuerpflichtigen voraus. Dies stimmt in etwa mit der Praxis der deutschen Finanzverwaltung bei Verständigungsverfahren überein, wonach die Umsetzung einer Verständigungsvereinbarung nur dann erfolgt, wenn sich der Antragsteller mit ihrem Inhalt einverstanden erklärt.

b) EG-Schiedsverfahrenskonvention

Am 23.06.1990 wurde das „EG-Abkommen über die Beseitigung der Doppelbesteuerung im Falle einer Gewinnberichtigung bei Geschäftsbeziehungen zwischen verbundenen Unternehmen“ im Rahmen des sog. „Dreier-Pakets im Bereich der Unternehmenssteuern“ verabschiedet. Dieses Übereinkommen ist nach Hinterle-

52 Vgl. *Vogel*, aaO., Art. 25 Rn. 76; *Eilers* in: *Debatin/Wassermeyer*, aaO., Art. 25 Rn. 9.

53 Siehe Art. 25 A DBA Deutschland-Frankreich, Art. 25 Abs. 5 DBA Deutschland-USA und Art. 41 Abs. 5 DBA Deutschland-Schweden.

54 Vgl. *Schaumburg*, aaO., Rn. 16.107 mit den Beispielen.

gung aller Ratifikationsurkunden zum 01.01.1995 in Kraft getreten[55]. Es ist allerdings nur auf die Behebung wirtschaftlicher Doppelbesteuerung gerichtet, die dadurch entstehen kann, dass die Finanzverwaltungen der EG-Mitgliedsstaaten nicht abgestimmte Einkünfteberichtigungen vornehmen, die sich als Folge von Verrechnungspreiskorrekturen zwischen verbundenen Kapitalgesellschaften und veränderter Einkünfteabgrenzungen zwischen Stammhaus und Betriebstätten innerhalb der EG ergeben.

Mit den dem Art. 25 OECD-MA nachgebildeten DBA-Normen kann die Beseitigung steuerlicher Verzerrungen in solchen Fällen bekanntlich nicht hinreichend garantiert werden. Hinzu kommt, dass viele deutsche DBA auch keine dem Art. 9 Abs. 2 OECD-MA entsprechende Gegenberichtigungsklausel in Bezug auf die Gewinnkorrekturen bei verbundenen Unternehmen enthalten[56]. Die EG-Schiedsverfahrenkonvention öffnet somit den Mitgliedstaaten ein verbindliches Schlichtungsverfahren, das die Doppelbesteuerung in den genannten Konfliktfällen beseitigen kann. Die Konvention stellt im Grunde genommen eine Fortführung des klassischen Verständigungsverfahrens nach Art. 25 OECD-MA dar[57]: Der Streitfall ist innerhalb von zwei Jahren nach Einleitung des Verständigungsverfahrens – falls bis dahin keine Verständigungsvereinbarung erreicht werden konnte – dem Schlichtungsausschuss („Beratender Ausschuss“) vorzulegen. Das Schiedsverfahren wird durch das Unternehmen initiiert, welches den Fremdvergleichsgrundsatz der Gewinnberichtigung in seinem Fall für falsch angewandt hält. Dieses Verfahren kann parallel zu nationalen Rechtsbehelfsverfahren laufen. Die zuständigen Behörden der beteiligten Staaten können von der Entscheidung des Beratenden Ausschusses bis zu einem gewissen Grade abweichen, sofern diese Abweichung für die angestrebte Vermeidung der Doppelbesteuerung unschädlich ist. Können sie sich binnen sechs Monaten nicht auf eine abweichende Regelung einigen, so sind sie an die Stellungnahme des Beratenden Ausschusses als Schiedsspruch gebunden[58].

Das hier dargestellte EU-Schiedsverfahren ist in der praktischen Anwendung bisher noch sehr wenig erprobt. Es steht vor allem nicht fest, ob die Beratenden Ausschüsse mehr als unabhängige, sachverständige Berater den Einigungsprozess der Finanzverwaltungen vermitteln, oder ob sie sich zu Schiedsstellen mit kontinuierlicher Spruchpraxis entwickeln werden[59]. Von dem Stand der heutigen Entwicklung ausgehend lässt sich vermuten, dass das Schiedsverfahren nach der EU-

---

55 BStBl. I 1995, S. 166. Zum "Dreier-Paket“ darstellend *Kluge*, aaO., S. 118 f.

56 Siehe die Abkommensübersicht bei *Vogel*, aaO., Art. 9 Rn. 47.

57 So *Kluge*, aaO., S. 692 f.

58 Die Einzelheiten zum Ablauf des Schiedsverfahrens in BMF vom 01.07.1997, IV C 5 – S 1300 – 189/96, BStBl. I 1997, S. 717 ff.

59 Vgl. *Menck* in: *Mössner*, aaO., S. 522.

Konvention – wie auch das klassische Verständigungsverfahren nach dem OECD-MA – für absehbare Zukunft wohl nur Ausnahme und letztes Mittel zur Verständigung in außergewöhnlichen Situationen bleiben wird.

c) Würdigung

In Anbetracht der Tatsache, dass das traditionelle Verständigungsverfahren nicht immer die nötige Einigung der Finanzverwaltungen herbeiführen kann, erscheint die Einführung eines Schiedsverfahrens in die internationale Praxis der DBA-Anwendung durchaus begründet und wünschenswert. Sowohl die EU-Schiedsverfahrenskonvention, als auch die Regelungen einzelner deutscher DBA geben gute Beispiele für die Ausgestaltung eines solchen Verfahrens. Es wäre daher empfehlenswert, Art. 25 OECD-MA durch eine entsprechende allgemeine Schiedsklausel zu ergänzen, die eine zusätzliche Lösungsmöglichkeit für die Qualifikationskonflikte auch bei dem ergebnislosen Durchlaufen eines Verständigungsverfahrens öffnen und ein Muster für alle zumindest im OECD-Raum abzuschließenden DBA darstellen würde. Demzufolge sollte in den Art. 25 OECD-MA möglicherweise ein neuer Absatz eingefügt werden, der den Übergang vom Verständigungsverfahren zum Schiedsverfahren für die Fälle regelt, in denen unabhängig von der Zeitdauer der laufenden Verhandlungen bereits abzusehen ist, dass sich die beteiligten Finanzbehörden nicht einigen werden. Die Schiedsklausel des Art. 25 OECD-MA sollte m.E. auch einige allgemeine Orientierungsmaßstäbe für die Entscheidungsfindung im Schiedsverfahren enthalten. So müssten die international anerkannten Grundsätze des Völkerrechts, die Prinzipien der abkommenskonformen Auslegung sowie der Sinnzusammenhang des in Frage stehenden DBA auf jeden Fall berücksichtigt werden. Interessante Formulierungsvorschläge zu diesem Thema enthalten z.B. Art. 41 Abs. 5 DBA Deutschland-Schweden und Art. 25a Abs. 4 DBA Deutschland-Frankreich.

Das Schiedsverfahren vermag eine Lösung für all diejenigen Qualifikationskonflikte darzustellen, die auch durch ein traditionelles Verständigungsverfahren (falls es mit einer Verständigungsvereinbarung gekrönt wird) beseitigt werden können. Dies sind, wie im Abschnitt II. dieses Kapitels ausgeführt wurde, vor allem die mit der DBA-Auslegung nicht verbundenen Qualifikationskonflikte und die Konflikte bei der abkommenskonformen Heranziehung des nationalen Rechts. Es ist indessen im Hinblick auf den Rechtscharakter des Schiedsspruchs als Einzelfallentscheidung zu beachten, dass dieser Spruch, genauso wie die Verständigungsvereinbarung, leider keine allgemeinen Richtlinien für die Beilegung der Streitigkeiten statuieren kann.

Es liegt schon seit langem auf der Hand, dass für eine auf Dauer angelegte Lösung der Auslegungs- und Anwendungsprobleme im DBA-Recht die Einrichtung eines besonderen internationalen Schiedsgerichtshofs erforderlich ist. Die internationale Handelskammer hat vor einigen Jahren mehrere Vorschläge zur Verbesserung der zwischenstaatlichen Kooperation auf dem Gebiet des Internationalen Steuerrechts ausgearbeitet[60]. Es geht dabei um die Ideen über die Fortentwicklung des Verständigungsverfahrens, an dem sich der betroffene Steuerpflichtige unmittelbar beteiligen könnte, sowie die Bildung eines internationalen Steuergerichts, dessen Entscheidungen für die DBA-Staaten auch innerstaatlich bindend sein sollten[61]. Diese Vorschläge sind bisher nicht verwirklicht worden. Es lässt sich heutzutage nicht vorhersagen, ob die Bestrebung nach einem effektiv funktionierenden internationalen Schiedsgerichtshof in absehbarer Zukunft in die Tat umgesetzt wird, da die meisten Staaten in diesem Fall beachtliche Steuerausfälle und Eingriffe in ihre hoheitliche Kompetenzen im nationalen Steuerwesen befürchten.

2. Switch-Over-Klausel in Art. 23 A Abs. 4 OECD-MA

Durch die vom OECD-Steuerausschuss vorgenommene Revision 2000 wurde Art. 23 A („Befreiungsmethode") mit dem neuen Abs. 4 ergänzt, der die sog. Switch-Over-Klausel enthält[62]. Diese Klausel ist auf die Bekämpfung von abkommenswidrigen Doppelfreistellungen gerichtet, die infolge diverser Qualifikationskonflikte entstehen können. Von der neuen Vorschrift sind gemäß den Erläuterungen des OECD-Musterkommentars (Nr. 56.1 ff. zu Art. 23 A OECD-MA) nur die Fälle betroffen, in denen entweder eine Abkommensvorschrift als solche von den beiden Vertragsstaaten unterschiedlich ausgelegt wird oder ein und derselbe Sachverhalt in den nationalen Rechtsordnungen unterschiedlich steuerlich gewürdigt wird, z.B. wenn der Wohnsitzstaat das Vorhandensein einer Betriebsstätte in dem anderen Vertragsstaat bejaht, der andere Staat dies jedoch verneint. Ergibt sich aus einem solchen Qualifikationskonflikt eine doppelte Freistellung der Einkünfte, so muss die Freistellungsmethode bei der Behandlung dieser Einkünfte in einem der Vertragsstaaten durch die Anrechnungsmethode ersetzt werden[63].

Diese Option ist auch der früheren deutschen Abkommenspraxis nicht unbekannt. In einige neuere deutsche DBA wurden ähnliche Klauseln schon vor der Novellierung des OECD-MA 2000 eingeführt. Es sind dies z.B. die DBA

---

60 Der Bericht darüber in: BB 1987, S. 595 ff.

61 Vgl. *Vogel*, aaO., Art. 25 Rn. 132a.

62 Ausführlich dazu *Krabbe*, IStR 2000, S. 196 (197).

63 Siehe *Krabbe*, IStR 2000, S. 196 (201).

Deutschland-Norwegen, Deutschland–USA, Deutschland-Kanada, Deutschland-Russland, Deutschland-Pakistan, Deutschland-Mexiko und einige andere[64]. Dabei werden die Switch-Over-Klauseln teilweise in entsprechenden Protokollen zu den jeweiligen Methodenartikeln der DBA niedergelegt, teilweise auch direkt im Text des Methodenartikels (wie z.B. in Art. 23 Abs. 2 lit. e) DBA Deutschland-Russland) verankert.

Inhalt und Zweck der Switch-Over-Klauseln werden in der Literatur zum Teil kritisch betrachtet. *Vogel* weist z.B. in Bezug auf die Formulierungen dieser Klauseln in den deutschen DBA darauf hin, dass dabei stets unklar sei, ob ein Qualifikationskonflikt objektiv vorliegen muss – d.h. ob die Regelung nur anzuwenden sei, wenn sich der Konflikt trotz richtiger Abkommensanwendung in den beiden Vertragsstaaten ergebe, oder ob es genüge, dass die zuständigen Behörden sich nicht einigen können[65]. Auch der im Art. 23 A Abs. 4 OECD-MA dargestellte Lösungsvorschlag bringt m.E. keine Klarheit in diese Frage. Außerdem muss jede Abkommensvorschrift zur Erreichung des Hauptziels der DBA – Vermeidung der Doppelbesteuerung – beitragen. Ob die Vermeidung der doppelten Nichtbesteuerung mithin ebenfalls zum primären Zweck der DBA gehört, ist fragwürdig. Im Schrifttum wird beispielweise mitunter die Auffassung vertreten, dass die aus den Qualifikationskonflikten resultierenden Doppelfreistellungen hingenommen werden sollten[66]. Auch die hier dargestellte Novellierung des Art. 23 A OECD-MA wird von einigen Autoren dahingehend kritisiert, dass die Verfasser dieses Vorschlags (ausschließlich Angehörige der Finanzverwaltungen) die Unvollkommenheit des OECD-MA und jetziger DBA auf Kosten der Steuerpflichtigen zu kompensieren versuchen, indem sie lediglich die für den Fiskus unerwünschten Rechtsfolgen der die Qualifikationskonflikte auslösenden Regelungslücken durch Switch-Over-Klauseln beseitigen wollen[67].

Dieser Kritik ist m.E. beizupflichten. Zum einen ändern die Switch-Over-Klauseln nichts an dem Regelwerk der DBA und an den Mängeln und Unklarheiten der Verteilungs- und Verzichtsnormen, von denen die Qualifikationskonflikte eigentlich herrühren. Zum anderen vermögen sie nur eine der Rechtsfolgen der Qualifikationskonflikten – die Doppelfreistellung – zu beheben, die andere Folge – und zwar: die abkommenswidrige Doppelbesteuerung – beseitigen sie in keiner Weise. Daher können Switch-Over-Klauseln, trotz ihrer Begrüßung seitens der Vertreter der Finanzverwaltung[68], weder als eine Lösungsmöglichkeit für die

64 Die Abkommensübersicht bei *Vogel*, aaO., Einl. Rn. 102 ff.
65 Siehe *Vogel*, aaO., Einl. Rn. 102a.
66 So z.B. *Wassermeyer* in: *Debatin/Wassermeyer*, aaO., Art. 1 Rn. 28g.
67 Vgl. z.B. *Lang* in FS für Vogel, S. 920 ff.; *ders.*, IStR 2000, S. 129 ff.
68 Vgl. *Menck*, IStR 1999, S. 147 ff.; *Krabbe*, IStR 2000, 196 ff.

Qualifikationskonflikte als solche, noch als ein Mittel zur Erfüllung des Hauptzwecks der DBA angesehen werden.

3. Die Konkretisierung der Auslegungsrichtlinie des Art. 3 Abs. 2 OECD-MA

In dieser Arbeit wurde konsequent dafür geworben, bei der Abkommensanwendung stets eine einheitliche Auslegungsreihenfolge zu beachten. Die Rechtsgrundlage für die DBA-Auslegung stellt bekanntlich Art. 3 Abs. 2 OECD-MA dar. Es wurde ebenfalls mehrfach betont, dass der Wortlaut dieser Regelung unklar und mehrdeutig ist. Die unpräzisen Formulierungen führen zwangsläufig zu divergierenden und widersprüchlichen Auslegungsergebnissen. Es empfiehlt sich deswegen, die Bestimmungen der obengenannten Vorschrift inhaltlich und sprachlich zu vervollkommnen, damit die einheitliche Auslegungsrichtlinie so deutlich wie möglich zum Ausdruck kommt. Im Hinblick auf die in dieser Arbeit angestellten Überlegungen und betrachteten Fallbeispiele könnte folgender Formulierungsvorschlag für den Wortlaut des Art. 3 Abs. 2 OECD-MA den Belangen der Abkommenspraxis Rechnung tragen:

„Bei der Anwendung des Abkommens durch einen Vertragsstaat müssen zuerst die Begriffsdefinitionen berücksichtigt werden, die im Wortlaut des Abkommens enthalten sind. Geben die Abkommensdefinitionen unmittelbar keine ausreichenden Anhaltspunkte für die Abkommensanwendung, so hat die Auslegung aus dem Sinnzusammenhang des Abkommens unter Berücksichtigung des Zwecks des Abkommens zu erfolgen. Nur wenn aus dem Abkommenszusammenhang keine die Abkommensanwendung ermöglichenden Auslegungsergebnisse gewonnen werden können, kann der im Abkommen nicht hinreichend definierte Ausdruck die Bedeutung erfahren, die ihm zum Zeitpunkt der Abkommensanwendung nach dem Recht des Anwenderstaates über die Steuern zukommt, für die das Abkommen gilt. Dabei hat die Bedeutung nach dem in diesem Staat anzuwendenden Steuerrecht den Vorrang vor einer Bedeutung, die der Ausdruck nach einem anderen Recht dieses Staates besitzt.“

M.E. wäre es sinnvoll, den heutigen Wortlaut des Art. 3 Abs. 2 OECD-MA durch diese oder eine ähnliche Formulierung zu ersetzen. Denn solange die Auslegungsklausel in seiner jetzigen, offensichtlich misslungenen Form im OECD-MA existiert, werden der endlose Meinungsstreit in der Literatur und der Wirrwarr in den Auslegungshandhabungen der Finanzverwaltungen weiterhin unvermeidlich sein. Wenn die Bestrebung nach einer einheitlichen und in sich stimmigen Auslegungsreihenfolge in der Praxis der Abkommensanwendung in die Tat umgesetzt wird, wird dies auch zur Lösung der Qualifikationskonflikte in beachtlichem Maße beitragen. Zumindest die mit der DBA-Auslegung unmittelbar verbundenen Qualifikationskonflikte könnten dann weitgehend vermieden werden. Es bleibt nur die Frage offen, ob die OECD-Staaten heutzutage den nötigen politischen Willen dazu aufbringen, sich auf ein einheitliches Auslegungsmodell im DBA-Recht in entsprechender Weise zu einigen.

F. Schlussbetrachtung

I. Die Auslegung als Auftakt der Qualifikation und der Qualifikationskonflikte bei der Abkommensanwendung

Die in dieser Arbeit durchgeführten Untersuchungen bestätigen die These, dass die Auslegung der DBA eine zentrale Rolle bei der Abkommensanwendung spielt. Die Auslegung bildet gewissermaßen den rechtlichen Rahmen für die einschlägige steuerliche Qualifikation der internationalen wirtschaftlichen Vorgänge. Die essentielle Bedeutung der richtigen und einheitlichen Auslegung im DBA-Recht wird indessen oft verkannt. Die Abkommensbestimmungen werden von den Vertragsstaaten häufig autonom und unkoordiniert ausgelegt und die Auslegungsergebnisse werden an die Maßstäbe der jeweiligen nationalen Rechtsordnung angepasst. Die Auslegungsdivergenzen können im allgemeinen dadurch erklärt werden, dass die Abkommensanwendung letztlich stets auf der nationalen Ebene des Anwenderstaates erfolgt und die Abkommensbestimmungen folglich nach dem Rechtsverständnis des jeweiligen DBA-Staates interpretiert werden.

Einen Anhaltspunkt für die koordinierte Abkommensauslegung gibt Art. 3 Abs. 2 OECD-MA, soweit die Auslegungsklauseln der einzelnen DBA diesem Muster im wesentlichen nachgebildet sind. Geht man von dem völkerrechtlichen Verständnis des Rechtscharakters der DBA aus, so kann dem Inhalt des Art. 3 Abs. 2 OECD-MA entnommen werden, dass in jedem Fall folgende Auslegungsrichtlinie zu beachten ist: Zuerst müssen die eigenständigen Begriffsdefinitionen des DBA berücksichtigt werden, danach – wenn aus den DBA-Bestimmungen unmittelbar kein schlüssiges Auslegungsergebnis resultiert – hat eine Interpretation aus dem gesamten Sinnzusammenhang des Abkommens zu erfolgen und erst wenn die Auslegung aus dem DBA-Zusammenhang immer noch keine Abkommensanwendung ermöglicht, kann als ultima ratio der Auslegungsrückgriff auf das jeweilige innerstaatliche Recht des Anwenderstaates stattfinden. Diese Auslegungsreihenfolge soll für beide an einem internationalen Sachverhalt beteiligten Vertragsstaaten gleichermaßen verbindlich sein, soweit die bilateralen DBA nicht ausdrücklich eine andere Auslegungsanweisung enthalten, als die, die im OECD-MA vorgesehen ist.

Das Problem besteht indessen darin, dass selbst die Auslegungsklausel des OECD-MA sehr vage und inkonsequent formuliert ist. Dies löst verständlicherweise eine „Kettenreaktion" unpräziser und mehrdeutiger Auslegungsregelungen in fast allen DBA aus, denen das OECD-MA zugrunde liegt. Dieser Umstand führt im Ergebnis zu einem unübersichtlichen Chaos von Meinungen und Interpretationen im Bereich der internationalen Abkommenspraxis. Die Mehrdeutigkeit der Abkommensbestimmungen einerseits und die nationalen fiskalischen Interessen der DBA-Staaten andererseits erzeugen einen Zustand des grenzenlosen Pluralismus der Anwendungshandhabungen, der zwangsläufig die Entstehung zahlreicher Qualifikationskonflikte zur Folge hat. Divergierende Auslegungsergebnisse, die mangels einer einheitlichen Auslegungsweise immer wieder auftreten, führen in den meisten Fällen unterschiedliche steuerrechtliche Qualifikation ein und desselben Sachverhalts in den Vertragsstaaten herbei.

II. Die Systematik der Qualifikationskonflikte

Die Qualifikationskonflikte im DBA-Recht sind sehr vielschichtig. Dennoch lassen sie sich in drei große Unterarten unterteilen: (1) die mit der Abkommensauslegung nicht verbundenen Qualifikationskonflikte, (2) die mit der Abkommensauslegung verbundenen Qualifikationskonflikte und (3) die Qualifikationskonflikte bei der abkommenskonformen Heranziehung des jeweiligen innerstaatlichen Rechts.

Die erste Unterart sind im Grunde genommen die Konflikte im Vorfeld der Abkommensanwendung, die entstehen, noch bevor das DBA unmittelbar ausgelegt wird. Auf dieser Qualifikationsebene sind vor allem Divergenzen hinsichtlich der Zurechnung eines Steuerobjekts zu bestimmten Steuersubjekten, der Ermittlung von Einkommensgrößen sowie der gesamten steuerlichen Würdigung eines grenzüberschreitenden Sachverhalts nach Maßgabe verschiedener nationaler Rechtsordnungen besonders häufig. Diese Konflikte erschweren im Endergebnis auch die nachfolgende Abkommensauslegung und Abkommensanwendung, denn die Vertragsstaaten übertragen ihre nationalen „Vorergebnisse“ der Sachverhaltswürdigung schließlich auf die Abkommensebene. Dies bedeutet, dass die Qualifikationsunterschiede im Vorfeld der DBA-Anwendung letztlich die Qualifikationskonflikte im Stadium der eigentlichen Abkommensauslegung nach sich ziehen können.

Die zweite Unterart sind die Konflikte, die sich unmittelbar aus unterschiedlichen Interpretationen des DBA-Wortlauts und dessen Sinnzusammenhangs ergeben. Es sei bemerkt, dass die Begriffsdefinitionen der DBA häufig selbst Auslegungsdivergenzen provozieren, da der Abkommenswortlaut nicht immer perfekte sprachliche Lösungen für die Beschreibung der juristischen Intentionen der Vertragsstaaten enthält. Auch das Verhältnis zwischen den Begriffswelten der DBA und den innerstaatlichen Rechtsordnungen bleibt im Regelwerk der DBA üblicherweise weitgehend ungeklärt; die Grenze, an der die Auslegung aus dem Abkommen heraus endet und die Interpretation nach dem jeweiligen nationalen Recht beginnt, wird oft sehr unscharf gezogen. Die mit der DBA-Auslegung verbundenen Qualifikationskonflikte bilden den Kern der Konfliktproblematik im DBA-Recht. Sie sind in der Abkommenspraxis sehr weit verbreitet. Ihre Intensität und ihre Rechtsfolgen vermögen den Hauptzweck der DBA – die Vermeidung der Doppelbesteuerung – zum Scheitern zu bringen. Die Unterschiede in den die Auslegung begleitenden Rechtsauffassungen der Vertragsstaaten, die diese Konflikte ins Leben rufen, sind grundsätzlicher Natur und wurzeln in der Systematik des juristischen Denkens in jedem einzelnen Land. Daher werden die mit der DBA-Auslegung zusammenhängenden Kollisionen wohl immer bestehen bleiben, solange sich dic DBA-Staaten nicht auf eine einheitliche und verbindliche Auslegungsrichtlinie einigen.

Die dritte Unterart sind die Konflikte, die eine in angemessener und erlaubter Weise erfolgte Heranziehung des innerstaatlichen Rechts für die Beurteilung der DBA-Sachverhalte mit sich bringt. Der Rückgriff auf das jeweilige nationale Recht ist aus der Sicht des Art. 3 Abs. 2 OECD-MA abkommenskonform, sofern die Auslegung aus dem DBA selbst bereits erfolgt ist und zu keinen brauchbaren Ergebnissen geführt hat. Die Heranziehung des nationalen Rechts ist außerdem auch in den Fällen abkommenskonform, in denen das jeweilige DBA überhaupt keine Regelungen und Anhaltspunkte zur steuerlichen Behandlung eines grenzüberschreitenden Sachverhalts enthält (wie z.B. zur Bekämpfung von missbräuchlichen Rechtsgestaltungen), so dass hier von vorneherein keine Auslegung aus dem Abkommenswortlaut oder Sinnzusammenhang erfolgen kann. Die Ursachen für die Entstehung von Qualifikationskonflikten sind hier in den Unterschieden der innerstaatlichen Rechtsordnungen und in der fehlenden zwischenstaatlichen Abstimmung bzw. Koordination der Qualifikationsergebnisse zu finden. Derartige Qualifikationskonflikte sind mit den Konflikten im Vorfeld der Abkommensauslegung (erste Unterart) nicht zu verwechseln, da die Abkommensauslegung (aus dem Wortlaut und Sinnzusammenhang) bei diesen – wie oben ausgeführt – entweder bereits stattgefunden hat oder nie stattfinden wird.

Der hier vorgenommene Versuch einer Einordnung von Qualifikationskonflikten soll einen gewissen Impuls für die Systematisierung der gesamten Qualifikationsproblematik im DBA-Recht geben. Man kann zur Erkenntnis eines komplexen Rechtsproblems schließlich nur dann gelangen, wenn dessen Ursachen, Auswirkungen und Erscheinungsformen mehr oder weniger klar eingeordnet sind.

III. Die Bedeutung der systematischen Betrachtungsweise für die Lösung der Qualifikationskonflikte

Die Berücksichtigung der Systematik der Qualifikationskonflikte ist für die Auswertung der Lösungsmöglichkeiten von großer Bedeutung. Es wurde festgestellt, dass die mit der DBA-Auslegung verbundenen Qualifikationskonflikte am besten durch eine einheitliche Interpretationsweise im Einklang mit der Auslegungsrichtlinie des Art. 3 Abs. 2 OECD-MA weitgehend beseitigt werden können. Dabei bedarf es allerdings nicht unbedingt der Einleitung eines Verständigungsverfahrens für jeden Einzelfall. Für die Lösung der mit der DBA-Auslegung nicht verbundenen Qualifikationskonflikte und der Konflikte beim abkommenskonformen Rückgriff auf das innerstaatliche Recht ist hingegen grundsätzlich ein Verständigungs- oder Schiedsverfahren erforderlich; die Befolgung der Auslegungsanweisung nach dem Muster des Art. 3 Abs. 2 OECD-MA allein hilft hier nicht weiter.

Die Beurteilung der Lösungsoptionen unter dem systematischen Blickwinkel ermöglicht darüber hinaus eine effektive Ausarbeitung von weiteren systembezogenen Vorschlägen nicht nur für die Behebung der bereits aufgetretenen Qualifikationskonflikte, sondern auch für die Ausfüllung der konfliktauslösenden Lücken im Regelwerk der DBA. Im Idealfall soll daher sowohl die Aufdeckung und Einordnung der Qualifikationskonflikte, als auch deren Lösung in einem international anerkannten und einheitlichen systematischen Rechtsrahmen erfolgen.

Literaturverzeichnis

Arthur Andersen & Co. GmbH (Hrsg.): Doppelbesteuerungsabkommen Deutschland-USA, Kommentar, Köln 1990

Avery Jones, John: The interpretation of tax treaties, Bulletin for International Fiscal Documentation, Vol. 40 1986, S. 75

Avery Jones, John: Credit and Exemption under Tax Treaties in Cases of Differing Income Characterization, London 1996

Bernhardt, Rudolf: Die Auslegung völkerrechtlicher Verträge, Köln und Berlin 1963

Blumenwitz, Dieter u.a.: Doppelbesteuerungsabkommen und innerstaatliches Recht, München 1995

Bühler, Ottmar: Prinzipien des internationalen Steuerrechts, Amsterdam 1964

Burmester, Gabriele: Die Besteuerung ausländischer Betriebstätten – künftig ohne Auslandsinvestitionsgesetz ? RIW 1988, S. 294

Crezelius, Georg: Steuerrecht II, 2. Auflage, München 1994

Debatin, Helmut: Auslegungsmaximen zum internationalen Steuerrecht, AWD 1969, S. 477

Debatin, Helmut: Außensteuerrechtliche und internationalrechtliche Behandlung von Rechtsträgern und daran bestehenden Beteiligungen, DB 1977, Beilage 13/1977

Debatin, Helmut: Die Bilanzbündeltheorie im Spiegel des Internationalen Steuerechts, DB 1978, S. 2437

Debatin, Helmut: Qualifikationsprobleme im Doppelbesteuerungsrecht, FR 1979, S. 493

Debatin, Helmut: Probleme der internationalen Doppelbesteuerung, in: Handbuch der Finanzwissenschaft, 3. Auflage 1982, Bd. IV, S. 269

Debatin, Helmut: Zur Auslegung von Doppelbesteuerungsabkommen, in: Fischer, Lutz (Hrsg.), Unternehmung und Steuer, Festschrift zur Vollendung des 80. Lebensjahres von Peter Scherpf, Wiesbaden 1983, S. 305

Debatin, Helmut: System und Auslegung der Doppelbesteuerungsabkommen, DB 1985, Beiheft 23, S. 1

Debatin, Helmut: Entwicklungstendenzen im Internationalen Steuerrecht und nationalen Außensteuerrecht im Lichte der neueren höchstrichterlichen Rechtsprechung, DStZ/A 1987, S. 212

Debatin, Helmut: Subjektfähigkeit ausländischer Wirtschaftsgebilde im deutschen Steuerrecht, BB 1988, S. 1155

Debatin, Helmut: Zum Grundverständnis der Doppelbesteuerungsabkommen, RIW 1988, S. 727

Debatin, Helmut: Subjektiver Schutz unter Doppelbesteuerungsabkommen, BB 1989, Beilage 2/1989

Debatin, Helmut: Doppelbesteuerungsabkommen und innerstaatliches Recht, DStR 1992, Beiheft 23, S. 1

Debatin, Helmut / Wassermeyer, Franz (Hrsg.): Doppelbesteuerung, Kommenar (Loseblatt), 11. Auflage, Stand: Juni 2001, München

Dehnen, Peter: Das Verständigungsverfahren nach den Doppelbesteuerungsabkommen – Behördenhandel im rechtsfreien Raum? DB 1998, S. 540

Deloitte & Touche (Hrsg.): Taxation in Central and South Amerika, London 1998

Diel, Wolfram: Qualifikationskonflikte im Außensteuerrecht, FR 1978, S. 517

Djanani, Christiana / Hartmann, Thomas: Der Progressionsvorbehalt im Nichtansässigkeitsstaat und bei subjektiven Qualifikationskonflikten, IStR 2000, S. 321

Firsching, Karl: Einführung in das internationale Privatrecht, 2. Auflage, München 1981

Fischer-Zernin, Justus: Doppelbesteuerungsabkommen und internationale Gerichtsbarkeit, Osnabrück 1988

Flick, Hans / Wassermeyer, Franz: Doppelbesteuerungsabkommen Deutschland-Schweiz, Kommentar (Loseblatt), Stand: Juni 1999, Köln

Flume, Werner: Steuerwesen und Rechtsordnung, Köln 1986

Füger, Rolf / Rieger, Norbert: Ende des Mythos der Monaco-Entscheidung, IStR 1998, S. 353

Gloria, Christian: Die Doppelbesteuerungsabkommen der Bundesrepublik Deutschland und die Bedeutung der Lex-Fori-Klausel für ihre Auslegung, RIW 1986, S. 970

Gloria, Christian: Das steuerliche Verständigungsverfahren und das Recht auf diplomatischen Schutz, Berlin 1988

Haarmann, Wilhelm (Hrsg.): Unternehmensstrukturen und Rechtsformen im internationalen Steuerrecht, Köln 1996

Haas, Gerhard: Qualifikationskonflikte ausländischer Mitunternehmerschaften, BB 1978, S. 1253

Haberstock, Lothar: Die Steuerplanung der internationalen Unternehmung, Wiesbaden 1976

Hannes, Berthold: Qualifikationskonflikte im Internationalen Steuerrecht, Hamburg 1992

Hartwieg, Oskar: Der Renvoi im deutschen Internationalen Vertragsrecht, Frankfurt a.M./Berlin 1967

Herrmann, Carl / Heuer Gerhard / Raupach, Arndt: Einkommensteuer- und Körperschaftsteuergesetz mit Nebengesetzen – Kommentar (Loseblatt), 21. Auflage, Stand: Juni 2000, Köln

Herzfeld, Edgar: Probleme des internationalen Steuerrechts unter besonderer Berücksichtigung des Territorialitätsproblems und des Qualifikationsproblems, Vierteljahresschrift für Steuer- und Finanzrecht, 1932, S. 422

Hintzen, Lothar: Die Systematik des völkerrechtlichen Verständigungsverfahrens der Doppelbesteuerungsabkommen, DB 1979, S. 1907

Hofmann, Heinz: Doppelbesteuerung von Zinsen trotz DBA und Gestaltungen zu deren Vermeidung, Münchner Schriften zum Internationalen Steuerrecht, Heft 9, München 1985, S. 12

Houtte, Jean van: Auslegungsgrundsätze im internen und im internationalen Steuerrecht, Internationales Steuerdokumentationsbüro (Hrsg.), Band 2, Amsterdam 1968

Jacobs, Otto: Internationale Unternehmensbesteuerung, 4. Auflage, München 1999

Jakob, Wolfgang: Einkommensteuerrecht, 2. Auflage, München 1996

Jegzentis, Peter / Kahl, Ilona: Qualifikationskonflikte bei Missbrauch rechtlicher Gestaltungsmöglichkeiten durch beschränkt steuerpflichtige Kapitalgesellschaften, IStR 2001, S. 131

Kegel, Gerhard: Internationales Privatrecht, 7. Auflage, München 1995

Kerath, Andreas: Maßstäbe zur Auslegung und Anwendung von Doppelbesteuerungsabkommen unter besonderer Berücksichtigung des Verständigungsverfahrens, Hamburg 1995

Kirchhof, Paul u.a. (Hrsg.): Staaten und Steuern, Festschrift für Klaus Vogel zum 70. Geburtstag, Heidelberg 2000 (zitiert *Verfasser* in: FS für Vogel)

Klebau, Bodo: Einzelprobleme bei der Auslegung von Doppelbesteuerungsabkommen, RIW 1985, S. 125

Kluge, Volker: Basisgesellschaften und Doppelbesteuerungsabkommen, RIW 1975, S. 525

Kluge, Volker: Die Anerkennung ausländischer Gesellschaften im deutschen Steuerrecht, DStR 1976, S. 365

Kluge, Volker: Das Internationale Steuerrecht, Gemeinschaftsrecht, Außensteuerrecht, Abkommensrecht, 4. Auflage, München 2000

Knechtle, Arnold: Grundfragen des Internationalen Steuerrechts, Basel und Stuttgart 1976

Knobbe-Keuk, Brigitte: Qualifikationskonflikte im Internationalen Steuerrecht der Personengesellschaften, RIW 1991, S. 306

Knobbe-Keuk, Brigitte: Bilanz- und Unternehmenssteuerrecht, 9. Auflage, Köln 1993

Kolbeck, Erich: Fälle internationaler Doppelbesteuerung, die durch Abkommen nicht gelöst werden, Deutsche Vereinigung für internationales Steuerrecht, Vorträge 1962/63, Herne/Berlin 1963, S. 21

Krabbe, Helmut: Das Schiedsübereinkommen zwischen den Mitgliedstaaten der Europäischen Union, IStR 1996, S. 5

Krabbe, Helmut: OECD-Musterabkommen 2000, IStR 2000, S. 196

Krabbe, Helmut: UN-Musterabkommen 2000, IStR 2000, S. 618

Krapp, Franzjosef: De iuris interpretatione. Vom Außensteuerrecht zu einer allgemeinen Auslegungslehre, Mainz 1976

Kroschel, Peter: Die Federal Income Tax der Vereinigten Staaten von Amerika, Düsseldorf 2000

Lang, Michael: Hybride Finanzierungen im Internationalen Steuerrecht, Wien 1991

Lang, Michael: Doppelbesteuerung und innerstaatliches Recht, Wien 1992

Lang, Michael: Irrwege der DBA-Auslegung am Beispiel der Besteuerung von Lehrbeauftragten, SWI 1998, S. 508

Lang, Michael: Qualifikationskonflikte bei Personengesellschaften, IStR 2000, S. 129

Lang, Michael: Personengesellschaften im DBA Recht, SVI 2000, S. 64

Larenz, Karl: Methodenlehre der Rechtswissenschaft, 6. Auflage, Berlin, Heidelberg, New York 1991

Lehner, Moris: Das Verständigungsverfahren – Verfahren und praktische Handhabung, RIW 1981, S. 832

Locher, Kurt: Einführung in das Internationale Steuerrecht der Schweiz, Bern 1996

Loukota, Helmut: Grundsätze für die steuerliche Behandlung international tätiger Gastprofessoren, SWI 1998, S. 456

Loukota, Helmut: Lösung internationaler Qualifikationskonflikte, SWI 1999, S. 70

Lüdicke, Jochen: Steuerermäßigung bei ausländischen Einkünften, Köln 1985

Mancke, Klaus: Personengesellschaften im Internationalen Steuerrecht, JbFfSt 1978/79, S. 333

Menck, Thomas: OECD-Bericht zur Personengesellschaft und zum Qualifikationskonflikt – ein Überblick, IStR 1999, S. 147

Mössner, Jörg Manfred: Zur Auslegung von Doppelbesteuerungsabkommen, in: Böckstiegel, K.-H. u.a. (HrsG.), Völkerrecht, Recht der internationalen Organisationen, Weltwirtschaftsrecht, Festschrift für Ignaz Seidl-Hohenveldern, Köln 1988, S. 403

Mössner, Jörg Manfred: Neue Auslegungsfragen bei Anwendung von Doppelbesteuerungsabkommen, Hefte zur internationalen Besteuerung, Heft 38, Hamburg 1988

Mössner, Jörg Manfred u.a.: Steuerrecht international tätiger Unternehmen, 2. Auflage, Köln 1998

OECD-Report v. 21.01.1999: The Application of the OECD Model Tax Convention to Partnership, Issues in International Taxation, Nr. 6, 1999

Palandt: Bürgerliches Gesetzbuch, Kommentar, 59. Auflage, München 2000

Piltz, Detlev Jürgen: Die Personengesellschaften im Internationalen Steuerrecht der Bundesrepublik Deutschland, Heidelberg 1981

Piltz, Detlev Jürgen: Unentgeltlicher Nießbrauch an Kapitalermögen über die Grenze, FR 1983, S. 190

Piltz, Detlev Jürgen: Doppelbesteuerungsabkommen und Steuerumgehung unter besonderer Berücksichtigung des treaty-shopping, Hefte zur internationalen Besteuerung, Heft 25, Hamburg 1986

Pijl, Hans: The Theory of the Interpretation of Tax Treaties, with reference to Dutch Practice, BIFD 1997, S. 539

Poser und Gross-Naedlitz, Arwed von: Der Qualifikationskonflikt bei Doppelbesteuerungsabkommen, München 1972

Pott, Hans-Michael: Die Kollision unterschiedlicher Formen der Gesellschaftsbesteuerung im Internationalen Steuerrecht, Köln 1982

Preuninger, Reinhard: Rechtsprobleme des Funktionswandels deutscher Doppelbesteuerungsabkommen, Mannheim 1980

Rabel, Ernst: Das Problem der Qualifikation, Zeitschrift für ausländisches und internationales Steuerrecht, 1931, S. 241

Rieger, Horst: Prinzipien des internationalen Steuerrechts als Problem der Steuerplanung in der multinationalen Unternehmung, Berlin 1978

Rose, Gerd: Betrieb und Steuer, 5. Buch, Grundzüge des Außensteuerrechts, Wiesbaden 1982

Schanne, Marcus: Doppelbesteuerungsabkommen und innerstaatliches Steuerrecht, Frankfurt a.M. 1999

Schaumburg, Harald: Internationales Steuerrecht, Außensteuerrecht, Doppelbesteuerungsrecht, 2. Auflage, Köln 1998

Scheffler, Wolfram: Grenzüberschreitendes Leasing als Instrument der konzerninternen Außenfinanzierung, IStR 1993, S. 538

Schmidt, Christian: Zur DBA-Anwendung und inländischen Steuerpflicht bei im Sitzstaat rechtsfähigen ausländischen Personengesellschaften, IStR 1996; S. 14

Schmidt, Ludwig: Einkommensteuergesetz, Kommentar, 20. Auflage, München 2001

Schröder, Siegfried: Abkommensberechtigung und Qualifikationskonflikte nach DBA bei Mitunternehmerschaften, StBp 1989, S. 25
Seidl-Hohenveldern, Ignaz: Völkerrecht, 9. Auflage, Köln 1997
Stobbe, Ludwig: Qualifikationsprobleme und Konflikte bei der internationalen Einkommensbesteuerung, DStZ/A 1989, S. 241
Stoll, Ottmar: Das Steuerschuldverhältnis in seiner grundlegenden Bedeutung für die steuerliche Rechtsfindung, Salzburg 1972
Storck, Alfred: Ausländische Betriebstätten im Ertrag- und Vermögensteuerrecht, Frankfurt a.M. und Deventer 1980
Strobl, Jacob: Zur Auslegung von Doppelbesteuerungsabkommen unter besonderer Berücksichtigung ausländischer Rechtsordnungen, in: Knobbe-Keuk, Brigitte u.a. (Hrsg.), Handelsrecht und Steuerrecht, Festschrift für Georg Döllerer, Düsseldorf 1988, S. 635
Tipke, Klaus: Die Steuerrechtsordnung, Band I, Köln 1993
Tipke, Klaus / Lang Joachim: Steuerrecht, 16. Auflage, Köln 1998
Tipke, Klaus / Kruse, Heinrich: Abgabenordnung, Finanzgerichtsordnung – Kommentar (Loseblatt), 16. Auflage, Stand: 2000, Köln
Vetter, Tobias: Zum Begriff des „Qualifikationskonflikts" im DBA Deutschland-USA, IStR 1997, S. 649
Vischer, Frank: Die rechtsvergleichenden Tatbestände im internationalen Privatrecht, Basel 1935
Vogel, Klaus: Der räumliche Anwendungsbereich der Verwaltungsrechtsnorm, Frankfurt a.M./Berlin 1965
Vogel, Klaus: Doppelbesteuerungsabkommen und ihre Auslegung, StuW 1982, S. 111
Vogel, Klaus: Abkommensvergleich als Methode bei der Auslegung von Doppelbesteuerungsabkommen; StbJB 1983/84, S. 373
Vogel, Klaus: Grundfragen des internationalen Steuerrechts, Köln 1985
Vogel, Klaus: Doppelbesteuerungsabkommen, Kommentar, 3. Auflage, München 1996
Vogel, Klaus: Zur Abkommensberechtigung ausländischer Personengesellschaften, IStR 1999, S. 5
Wassermeyer, Franz: Die Auslegung von Doppelbesteuerungsabkommen durch den Bundesfinanzhof, StuW 1990, S. 404
Wassermeyer, Franz: Internationales Steuerrecht in der Rechtsprechung des RFH und des BFH, Festschrift: 75 Jahre Reichsfinanzhof – Bundesfinanzhof, München 1993, S. 639
Wassermeyer, Franz: Die Beurteilung der Abkommensberechtigung ausländischer Personengesellschaften durch Deutschland als dem Nichtansässigkeitsstaat der Personengesellschaft, IStR 1998, S. 289

Wassermeyer Franz: Soll Deutschland die Abkommensberechtigung von Personengesellschaften in seinen DBA verankern? IStR 1999, S. 481

Wassermeyer, Franz: Handbuch des Außensteuerrechts 2000, Schriften des Deutschen wissenschaftlichen Steuerinstituts der Steuerberater, München 2000

Weber-Fas, Rudolf: Völkerrecht und Steuerhoheit, RIW 1979, S. 585

Weber-Fas, Rudolf: Staatsverträge im Internationalen Steuerrecht, Tübingen 1982

Weber-Fas, Rudolf: Prinzipien der Abkommensinterpretation im zwischenstaatlichen Steuerrecht, RIW 1982, S. 803

Wengler, Wilhelm: Beiträge zum Problem der internationalen Doppelbesteuerung, Berlin/Leipzig 1935

Widmer, Max: Probleme des internationalen Steuerrechts, StbJB 1976/77, S. 395

Peter Lang · Europäischer Verlag der Wissenschaften

Susanne Fischer

Primäres Gemeinschaftsrecht und direkte Steuern

Die Bindung des Steuergesetzgebers an die Grundfreiheiten des EG-Vertrages

Frankfurt/M., Berlin, Bern, Bruxelles, New York, Oxford, Wien, 2001. 360 S.
Europäische Hochschulschriften: Reihe 2, Rechtswissenschaft. Bd. 3215
ISBN 3-631-38085-2 · br. € 50.10*

Im Gegensatz zu den indirekten Steuern ist der Bereich der direkten Steuern europaweit kaum harmonisiert. Dies impliziert Steuersysteme der Mitgliedstaaten, die im Hinblick auf grenzüberschreitende Sachverhalte nicht zwingend aufeinander abgestimmt sind. So ist es letztlich Aufgabe des EuGH, die Grundfreiheiten des EG-Vertrags steuerspezifisch auszulegen, zu konkretisieren und Verstöße nationaler Normen gegen Gemeinschaftsrecht im Einzelfall aufzudecken. Unter dem Primat der unmittelbaren Geltung der Grundfreiheiten untersucht die Arbeit, ob und inwieweit sich aus der Rechtsprechung des EuGH rechtliche Bindungen und verallgemeinerungsfähige Vorgaben für den nationalen Gesetzgeber bei der inhaltlichen Ausgestaltung des Systems der direkten Steuern ableiten lassen.

Aus dem Inhalt: Deutsches Finanzverfassungsrecht und Europäisches Gemeinschaftsrecht · Vorgaben des Gemeinschaftsrechts für die nationalen direkten Steuern · Die Einwirkungen der Grundfreiheiten auf die nationale Steuergesetzgebungshoheit

Frankfurt/M · Berlin · Bern · Bruxelles · New York · Oxford · Wien
Auslieferung: Verlag Peter Lang AG
Jupiterstr. 15, CH-3000 Bern 15
Telefax (004131) 9402131

*inklusive der in Deutschland gültigen Mehrwertsteuer
Preisänderungen vorbehalten

Homepage http://www.peterlang.de

FSC
www.fsc.org
MIX
Papier | Fördert gute Waldnutzung
FSC® C083411

Kolibri 360 GmbH
Ferdinand-Jühlke-Straße 7
99095 Erfurt, Deutschland
produktsicherheit@kolibri360.de

Druck:
CPI Druckdienstleistungen GmbH
im Auftrag der
Kolibri 360 GmbH
Ferdinand-Jühlke-Str. 7
99095 Erfurt